华为财经密码

商业成功与风险制衡

杨爱国 高正贤 著

HUAWEI'S SECRETS

机械工业出版社
CHINA MACHINE PRESS

图书在版编目（CIP）数据

华为财经密码：商业成功与风险制衡 / 杨爱国，高正贤著 .-- 北京：机械工业出版社，2021.9（2025.1 重印）

ISBN 978-7-111-69051-1

I. ①华… II. ①杨… ②高… III. ①通信企业 - 企业管理 - 财务管理 - 经验 - 深圳 IV. ① F632.765.3

中国版本图书馆 CIP 数据核字（2021）第 176320 号

华为成功真正的核心点，除了人力资源体系，还有财经体系。华为财经管理的核心思想和商业逻辑主要表现为：追求长期有效增长；追求有利润的收入，有现金流的利润；业务为主导，财经为监督；成为值得信赖的伙伴和价值整合者。具体到管理方法，华为构建了集成作战的计划、预算、核算体系，打破了法人实体概念的责任中心管理系统，以及防腐败促经营的内控系统。对于企业人力资源经理不懂财务、财务经理不懂人力资源的现象，本书可以帮助读者明白财经管理的本质，理解业务和财经的关系，从而做到业财融合。

华为财经密码：商业成功与风险制衡

出版发行：机械工业出版社（北京市西城区百万庄大街 22 号　邮政编码：100037）

责任编辑：岳晓月　　　　　　　　　　　　责任校对：马荣敏

印　　刷：北京铭成印刷有限公司

版　　次：2025 年 1 月第 1 版第 7 次印刷

开　　本：170mm×230mm　1/16

印　　张：22.5

书　　号：ISBN 978-7-111-69051-1

定　　价：79.00 元

客服电话：(010) 88361066　68326294

版权所有 · 侵权必究

封底无防伪标均为盗版

财经组织是企业价值的综合管理者。

——任正非(华为创始人、CEO)

序　言

2017年，致力于中国企业成长模式研究的陈春花教授问了华为创始人、CEO任正非一个问题："华为成功真正的核心点是什么？"任正非的回答是："财经体系和人力资源体系。"

任正非认为，华为最宝贵的是无生命的管理体系，通过管理体系的建立，以内部规则、制度的确定性来应对外部环境的不确定性。无生命的管理体系最核心的就是财经体系和人力资源体系，这是企业管理的两个"桥头堡"。华为的人力资源体系，我们已经通过《华为奋斗密码》给出了答案，《华为财经密码》所呈现的是华为的财经管理体系。

经过多年的探索和积累，华为的财经管理体系如今已达到世界一流，任正非对华为财经体系的评价是，已经形成全球统一的会计核算与审计监控体系，具有绝对领先优势的全球财务系统。

但其实，华为也走过了和所有中小企业同样的一段历程，就是忙了一年下来，连基本的财务账都算不清楚，不知道自己企业赚了多少钱，账实相符更是如同天方夜谭。

华为所定义的财经管理，是坚持以业务为主导、财经为监督的管理方法与体系建设。这句话很好理解，但具体落实到执行管理的财经组织，往往会因为看到的是风险而强调监督，或者因为对业务的不了解而管控僵化。2015年10月，华为《管理优化报》刊登了一篇名为《一次付款的艰难旅程》的文章，反映了付款过程中遇到的审批多、流程复杂、对一线不信任等问题，这篇文章引发了华为内部激烈的讨论。任正非为此做出批示："据我所知，这不是一个偶然的事件，不知从何时起，财务忘了自己的本职工作是为业务服务、为作战服务，什么时候变成了颐指气使？皮之不存，毛将焉附？"

可见，华为的财经管理虽然已自成体系，也屡见成效，但跟我们所有企业一样，仍然面临诸多挑战，因此我们需要一分为二地看待任何一种管理方法，不能盲目神化，也不能简单复制。

华为认为，企业财经的核心使命首先是确保商业成功，其次才是风险制衡。衡量财经工作是否成功也对应为两点：一是多产粮食；二是做好风险管控。多产粮食，即坚持以业务为主导，从企业战略需要和业务发展的角度出发，支撑员工做出价值贡献，推动企业业务目标的实现；风险管控，即以财经为监督，实现业务的全流程管控，帮助企业实现平衡发展。

华为的这些财经管理思想很朴素，大家也认为理所当然。华为跟我们很多企业的差异主要在于，信与不信、做与不做的问题。这也是本书希望解答的问题。信，不是表面的认同，而是要深层次理解其核心思想，梳理清楚其内在逻辑；做，不是浅尝辄止，而是要总结出适用自己企业的方法论，并一以贯之。"他山之石可以攻玉"只是一个安慰性说法，所有的管理问题都是自己的，别人的方法即便学习，也需要一个深入理解和长期内化的过程，华为每导入一种管理方法，往往都坚持10年以上的时间。

华为财经管理的核心思想和商业逻辑主要表现为以下几方面。

一、追求长期有效增长

做企业的动机是什么？

华为董事会明确指出不以股东利益最大化为目标，也不以利益相关者（员工、政府、供应商……）利益最大化为原则，而是坚持以客户利益为核心的价值观，驱动员工努力奋斗。在此基础上，构筑华为的生存和发展。

华为坚持"以客户为中心、以奋斗者为本"的价值观，其实是在践行一个商业常识，即企业是通过为客户创造价值来获得商业成功的。任正非说："华为要帮助自己的客户成功，否则没有了支撑点，我们是很危险的。"一个以股东利益最大化为目标的企业，或者专为股市定制圈钱的企业，关键时候其必然会背离客户的利益。华为通过践行"以客户为中心、以奋斗者为本"的价值观，最终在顾客、员工与合作者之间结成了利益共同体。

一家企业是赚快钱还是赚慢钱？华为认为，商业成功的直接表现，是企业能够保持长期有效增长，要长期保持饥饿状态，不谋求赚大钱。1988~2020年，华为销售收入的年均复合增长率为17.21%。这个增长速度相对一些互联网企业来说有点慢，但30多年坚持下来，一直保持增长本身就不容易。

二、追求有利润的收入、有现金流的利润

华为追求有利润的收入、有现金流的利润，不重资产化。这是华为对长期有效增长的财务解读。具体来说包括四个方面的内容：一是追求收入的增长，追求规模效益；二是明确经营结果要以利润为中心，但不能追求利润最大化；三是明确提出现金流是企业生存的命脉；四是不进行重资产投资。

《华为基本法》第十一条：我们将按照我们的事业可持续成长的要求，设

立每个时期的合理的利润率和利润目标，而不单纯追求利润的最大化。华为认为，利润最大化会榨干未来，伤害企业的战略地位，华为需要将利润保持在一个合理的尺度上。这个合理的尺度是多少呢？华为定义的标准是每年净利润率控制在7%~8%。基于此，华为每年都将大量的资金投入到技术研发和内部管理变革上，借此转化为面向未来的技术储备和市场竞争力。2020年华为年报披露，华为近10年累计投入的研发费用高达7200亿元人民币。华为的年度研发投入已超越三星和苹果，仅次于Alphabet和微软，成为全球研发投入第三大公司。

三、业务为主导，财经为监督

任正非说，什么是"财务"？一部分是"财"，一部分是"务"，"务"就是指要懂业务，为业务提供专业的服务与支持。如果财务不懂业务，那只是算账的，不叫财务。当财经人员不能识别业务的合理性与真实性时，不仅不能满足业务的合理需求，提供有价值的财经服务，还可能走向相反，一味加强风险管控，慢慢地成为业务的绊脚石。

华为一直坚持"业务为主导，财经为监督"的宏观管理方法与体系建设。什么叫"业务为主导"？就是通过技术创新、人才引进、市场扩张获得业务增长，敢于创造和引导需求，善于抓住机会，取得"机会窗"的利润。什么叫"财经为监督"？就是为保障业务的实现而提供快捷、准确和有序的规范化财经服务，把服务与监控融进全流程，在服务的过程中完成业务监督与风险控制，即财经人员在为业务提供服务与支撑的过程中，同时要履行企业赋予的管理与监控职责。

基于这样的导向，华为内部才有效推动了"一切为了前线，一切为了业务服务，一切为了胜利"的财经变革，才严格区分清楚服务作战和集中管控的财经权力，才有了"权力下沉""三点闭环"的变革成果。

四、成为值得信赖的伙伴和价值整合者

上面三条是华为财经管理的指导思想，具体到管理方法，华为构建了集成作战的计划、预算、核算体系，打破了法人实体概念的责任中心管理系统，以及防腐败促经营的内控系统。

1. 不为汇总一张财务报表

任正非反复要求，要以产品线、地区部、代表处为基本单元，加快建立计划、预算、核算体系。其目的是让财经体系为地区部、代表处及产品线的作战服务，而不是为了汇总一张财务报表。因此，财经组织必须参与战略规划和年度计划的制订过程，从财经角度构建经营管理体系，将"计划—预算—核算"贯穿于规划预算环、预测运营环、计划集成环、项目管理环、绩效基线环五个业务循环中。

2. 全面预算管理

全面预算管理，顾名思义是一项全员参与、全方位管理、全过程控制的综合性与系统性的管理活动。全员包括企业内部各部门、各单位、各岗位；全方位是指企业的一切经济活动，包括人、财、物各个方面，供、产、销各个环节；全过程控制是指企业各项经济活动的事前、事中和事后控制。

华为的全面预算主要包括经营预算、战略专项、投资/筹资预算及集团财务预算（三大报表预算、税务预算等）。华为的全面预算管理实行"弹性获取，率额结合"的原则。

3. 核算权就是战争指挥权

华为对计划、预算、核算体系建设的目标定义是"下放经营权，加强监控权"，核算的本质是满足业务管理的需要。企业的收入核算、费用核算、成本核算，最终能否体现企业的战略规划、年度计划、预算目标的实现，各个维度的核算分析数据是否能支撑未来的业务判断，是否有利于企业相关部门、人员的绩效评价，这几点是衡量核算工作是否优良的标准。核算承载的是管理诉求，而不是为核算而核算。华为在统一会计政策和核算规则的前提下，将二、三级核算的权力授予一线组织。

4. 打破法人实体概念的责任中心

华为建立责任中心的目的是明确责任、简化管理、激活组织。华为责任中心的建设遵循四个原则：关键财务指标要与各责任中心的管理职责适配；职责/责任最大化，尽可能地明确每个财务指标的唯一管理责任人；各内部责任中心的关键财务指标需要与外部报告保持一致，以消除"内部利润""内部收入"等指标；法人实体设置与内部责任中心管理没有必然关系。

5. 防腐败，促经营，建立威慑

华为认为，内控不是为了问责而存在！内控管理的目的是防腐败，促经营，建立威慑。任正非说："监管的根本目的不是为了监管而监管，也不是为了让我们的队伍变成一个无比纯洁的队伍，而是为了威慑，帮助公司沿着既定的政策方针和流程正确前行，避免因为个别人的贪婪葬送了整个公司。"

华为对资金管理权、账务管理权、审计权实行中央集权管理。内部审计部是"司法部队"，关注"点"的问题，通过对个案的处理建立威慑力量（不敢）；财务监控无处不在，关注"线"的问题，与业务一同进行端到端管理，揭示并改进端到端的风险（不能）；道德遵从委员会关注"面"的问题，持续建立良好的道德遵从环境，建立"场"的监管（不想）。华为经过多年的探索，建立了"一点两面三三制"的内控管理框架。

任正非说，前进的道路上不会铺满鲜花。企业管理的核心是价值链的管理，即围绕价值创造、价值评价、价值分配三个点展开，而这三个点都不是非黑即白，其探索的过程充满了灰度和妥协，在企业特定的历史阶段需要寻求一种最佳的平衡关系。企业的财经管理即是对价值链的持续治理过程，本书也力图构建起完整、清晰的价值治理体系。

"治理"一词在古希腊语中是"引领导航"（steering）的意思。全球治理委员会于1995年对治理做出定义："治理是或公或私的个人和机构经营管理相同事务的诸多方式的总和，它是使相互冲突或不同的利益得以调和并且采取联合行动的持续的过程。"治理具有四大特征：治理不是一套规则条例，也不是一种活动，而是一个过程；治理的建立不以支配为基础，而以调和为基础；治理同时涉及公、私部门；治理并不意味着一种正式制度，而是有赖于持续的相互作用。

这四个特征内容正是企业财经组织的职责所在。企业财经组织不仅要看清楚过去，更要从一个价值整合者的角色，思考现在和未来，把资金、技术、人才创造的价值转化为企业的收入、利润和现金流，帮助企业建立起科学、规范、高效和风险可控的管理体系，让企业的利润增长、员工的价值贡献都成为一种必然，而不是偶然。

为什么书名《华为财经密码》用的是"财经"一词，而不是"财务"呢？这主要源于华为内部的使用习惯。华为董事会设有四个专业管理委员会，其中一个委员会就是财经管理委员会，对应的体系组织华为也习惯地称之为

"财经体系""财经系统",各区域组织、项目管理组织、产品组织等也都嵌入财务职能,华为也将其称为"财经人员"。无疑,财经的概念要比财务大很多,网络搜索一下,似乎也不太能找到"企业财经"的说法,就当开拓一下思路吧。假如以后业界普遍使用"企业财经"这个词,也算是本书发出的一点微光。

本书没有阐述晦涩的会计准则,也没有涉及各类推导公式,不仅适合财经人员阅读,而且适合企业高层阅读,因为通过本书可以让你明白财经管理的本质是什么,理解业务与财经的关系,从而妥善地处理好业务与风险的平衡。我们建议从事人力资源专业的人员阅读本书,因为价值链管理是人力资源的核心内容,多一个财经视角、懂得建立核算模型、能衡量员工的价值贡献,是一件非常有价值的事。

最后想说,一切企业管理都应该是面向未来的!我们要相信,企业财经完全可以引领团队穿透过去,看向未来!

杨爱国(咔嚓院长)

2021 年 4 月于厦门

目 录

序言

上篇 业务与财经的融合

第一章 财经导向战略 ┊ 03

第一节 抓战略机会,敢于投入   03
一、30 年一个城墙口   03
二、范弗里特弹药量   09
三、知识大于资本   16
四、放弃非战略性机会   18

第二节 追求长期有效增长   22
一、追求有利润的收入、有现金流的利润   23
二、技术创新和管理变革双轮驱动   25
三、深淘滩,低作堰   27
四、保持饥饿状态,追求长期价值   29
五、平衡资本与劳动的关系   30
六、负熵激活   31

第三节 力出一孔,利出一孔   32
一、力出一孔,压强原则   32
二、利出一孔,贡献利润   36
三、数出一孔,财报真实   40

第四节　坚持以客户利益为核心	42
一、关注客户价值的实现	43
二、帮助客户实现商业成功	46
三、客户利益与自身利润的平衡	49
四、反哺客户	50

第二章　业财融合的衡量标准是业务成功 ┊ 54

第一节　业务为主导，财经为监督	54
一、有效服务和监督的前提是懂业务	54
二、业务承担风险，财经揭示风险	56
第二节　一切为了前线，一切为了业务服务	56
一、权力下沉，三点闭环	57
二、以规则的确定性应对结果的不确定性	60
三、财经日落法	63
四、打击业务造假	68
第三节　从账房先生到业务伙伴	69
一、从算账走向经营	70
二、懂项目经营管理	70
三、从业务伙伴到价值整合者	71
第四节　案例：做好经营的"平衡木"	72
第五节　推行流程管理，在流程中实现监督	74
一、LTC：不仅仅是搬砖头	74
二、IPD：做工程商人	77
三、PTP：一线呼唤炮火	79

中篇　财经管理系统

第三章　构建计划、预算、核算体系 ┊ 82

第一节　集成作战的计划系统	84

　　　　　一、以战略规划为主轮　　　　　　　　　84
　　　　　二、经营分析会　　　　　　　　　　　　91
　　　　　三、滚动预测　　　　　　　　　　　　　92
　　第二节　全面预算管理　　　　　　　　　　　　95
　　　　　一、全面预算的原则与框架　　　　　　　96
　　　　　二、预算的授予与执行　　　　　　　　　102
　　　　　三、预算控制的三招四式　　　　　　　　112
　　　　　四、案例："军团作战"粮食包　　　　　　116
　　第三节　基于中央集权的核算体系　　　　　　　118
　　　　　一、核算是战争指挥权　　　　　　　　　119
　　　　　二、核算也是长江堤坝　　　　　　　　　123
　　　　　三、核算与报告平台　　　　　　　　　　126
　　　　　四、全球财报披露　　　　　　　　　　　128
　　第四节　项目经营管理　　　　　　　　　　　　131
　　　　　一、项目四算　　　　　　　　　　　　　134
　　　　　二、合同与回款　　　　　　　　　　　　137
　　　　　三、项目经营组织　　　　　　　　　　　142
　　　　　四、合同场景师　　　　　　　　　　　　144
　　　　　五、案例：村自为战、人自为战　　　　　146
　　第五节　为我所知、为我所用　　　　　　　　　154

第四章　健全责任中心的管理系统 | 157

　　第一节　责任中心的管理策略　　　　　　　　　160
　　　　　一、建立责任中心的目的　　　　　　　　160
　　　　　二、划小经营单位　　　　　　　　　　　161
　　　　　三、拧麻花与分权制衡　　　　　　　　　164
　　第二节　责任中心的构成　　　　　　　　　　　168
　　　　　一、利润中心　　　　　　　　　　　　　170
　　　　　二、成本中心　　　　　　　　　　　　　177

		三、费用中心	183
		四、投资中心	189
	第三节	支撑责任中心运作的数据"魔方"	194
		一、支撑经营管理与结果评价	196
		二、高效、优质、低成本提供报告	197
	第四节	案例：支撑责任中心建设的组织变革	198

第五章 防腐败促经营的内控系统 ┊ 201

	第一节	内控管理的体系架构	202
		一、内控管理的体系	202
		二、内控管理的治理架构	205
		三、内控管理的结构	206
		四、案例：消费者 BG 组织治理与监管关系高阶方案	207
	第二节	内控的多维运作机制	210
		一、三层防线	211
		二、三角联动	214
		三、三层审结	215
	第三节	内控的目标和重点	216
	第四节	流程内控：流程即防御	221
		一、流程 Owner 是内控第一责任人	222
		二、业务与监控角色双循环	224
		三、流程管理中的财务监控	225
		四、稽查是流程 Owner 的助手	226
		五、内控工具 KCP、CT、SACA	226
	第五节	财报内控：从"移动靶"到"固定靶"	229
		一、财报内控是手段，账实相符是目标	230
		二、业务数据质量是财报内控的基础	232
		三、从"移动靶"到"固定靶"	234

第六节　内部审计与调查　　　　　　　　　　　235
　　一、基于关爱原则实施监管　　　　　　　　236
　　二、审计部是"司法部队"，建立威慑系统　　237
　　三、查处分离，以挽救干部为出发点　　　　240
　　四、无罪推定，问责适度　　　　　　　　　244
　　五、案例：华为反腐政策　　　　　　　　　247

下篇　财经组织与 BP 文化

第六章　组织与变革　｜ 252

第一节　华为财经组织　　　　　　　　　　　253
　　一、财经三支柱　　　　　　　　　　　　　253
　　二、蓝军组织　　　　　　　　　　　　　　261
　　三、CFO 组织　　　　　　　　　　　　　　263
　　四、账务组织　　　　　　　　　　　　　　270
　　五、资金组织　　　　　　　　　　　　　　273

第二节　TIME 模型与能力建设　　　　　　　　276
　　一、TIME 模型　　　　　　　　　　　　　277
　　二、财经任职资格　　　　　　　　　　　　279
　　三、混凝土队伍建设　　　　　　　　　　　284

第三节　财经管理变革　　　　　　　　　　　286
　　一、财务管理"四统一"　　　　　　　　　287
　　二、IFS 财经变革　　　　　　　　　　　　290

第七章　"以客户为中心"的财经 BP 文化　｜ 294

第一节　财经人员的业务思维　　　　　　　　294
　　一、"我非常担忧财务人员内心比较封闭"　294
　　二、"五懂"和"四化"　　　　　　　　　297
　　三、案例：一次付款的艰难旅程　　　　　　299

第二节　财经与组织绩效　　　　　　　　　301
　　一、打粮食，打健康的粮食　　　　　　　303
　　二、收放自如的 TUP 设计　　　　　　　　304
　　三、研发费用节约不归己　　　　　　　　304
　　四、案例：无下属陪同的差旅　　　　　　305

第三节　业务主管的财经责任　　　　　　　306
　　一、成为半个财务专家　　　　　　　　　307
　　二、建立良好的内控环境　　　　　　　　307
　　三、反腐败和业务造假　　　　　　　　　308

第四节　其他组织的财经责任　　　　　　　310
　　一、道德遵从委员会　　　　　　　　　　310
　　二、子公司董事会　　　　　　　　　　　313

附录 A　华为发展历程　　　　　　　　　　　317
附录 B　华为员工商业行为准则（1.0 版）　　326
后记　　　　　　　　　　　　　　　　　　　340

上 篇

业务与财经的融合

未来的企业财经,不应该局限于企业的财务规范和风险控制,因此,本书的开篇首先要明确一下企业财经的使命。

企业财经的核心使命,首先是确保商业成功,其次才是风险制衡。用华为创始人、CEO 任正非的话来表述就是,"商业成功永远是企业生命全流程应该研究的问题"。

商业成功的直接表现是,企业能够保持长期有效增长。长期有效增长,短期看财务指标,中期看财务指标背后的能力提升,长期看格局,以及商业生态环境的健康、产业的可持续发展等。

财经管理所要权衡的基本问题是:现在与未来,短期与长期。平衡好两者之间的关系是财经人员的终极职业追求。

简单说,一边是业务扩张,一边是风险控制。业务扩张,即要坚持以业务为主导,从企业战略需要和业务发展的角度出发,支撑员工做出价值贡献,推动企业业务目标的实现;风险控制,即以财经为监督,实现业务的全流程管控,帮助企业实现平衡发展。

因此，华为赋予财经组织两个使命：服务作战和集中管控。

基于此，财经管理者不仅要把自己看作实际操作者，还要把自己历练为一个理想化的梦想家，做到双眼看世界：一个穿透过去，另一个看向未来。

衡量财经是否成功也同样要用两把尺子，一是实现多产粮食，二是做好风险管控，以此来保证企业发展的可持续性。

企业财经组织的长期价值就是，让企业的利润增长、员工的价值贡献都成为一种必然，而不是偶然。

2017年，致力于中国企业成长模式研究的陈春花教授采访任正非先生时问道："华为成功的真正核心点是什么？"任正非回答说："财经体系和人力资源体系。"

任正非认为，华为最宝贵的资产是无生命的管理体系，以内部规则、制度的确定性来应对外部的不确定性。华为的人力资源体系，我们已经通过《华为奋斗密码》一书给出了答案，《华为财经密码》所呈现的是华为另一个核心管理体系——财经管理体系。

华为所定义的财经管理，是坚持以业务为主导、财经为监督的管理方法与体系建设。

第一章

财经导向战略

今天的钱和明天的钱，哪个更值钱？

从传统财经的角度，答案肯定是今天的钱，因为不需要计算折现率，而且还可能产生利息收入。

华为有两个观点值得结合起来思考：一是华为的最低纲领是活下去，最高纲领也是活下去；二是华为所追求的是一定利润水平下的规模最大化。

落袋为安是投机者的逻辑，对于一个持续经营的企业来说，财务收入的实现是阶段性的，拉长时间来看它是一个价值管理问题。财经，是企业价值的整合者。

价值管理首先应该关注的是企业战略。企业的人、财、物只有在大的战略背景下，才能发挥更大的价值与效用。

第一节 抓战略机会，敢于投入

一、30年一个城墙口

华为起步于电信交换机业务，后来自主研发并推出核心网、传输、无线等产品线，后面再从电信运营商网络向企业业务、消费者领域延伸，形成"端、管、云"的协同发展战略。发展到现在，华为已成为全球领先的信息与通信技术（ICT）基础设施和智能终端提供商。目前，华为的业务遍及170多个国家和地区，服务30多亿人。

现在 ICT 产业正朝着实现"万物感知、万物互联、万物智能"的目标迈进。万物感知是传感器组成的"神经网络"，万物智能是超级计算，中间的万物互联就是网络连接，因此，华为将战略方向定义为"把数字世界带给每个人、每个家庭、每个组织，构建万物互联的智能世界"。网络从服务于人与人的沟通，到人与物的沟通，再到物与物的沟通，因此，"端、管、云"协同纵深发展仍然是华为未来最为核心的战略目标。华为判断，数字洪流将会把人类带入更多的未来领域。

第一，端。万物感知，用什么感知？人类必须借助终端，终端不仅仅是手机，家用路由器、摄像头、可穿戴设备、传感器、物联网终端等都可以称为"端"，端的形态是多样化的。端的特点是，非生物元素和生物元素高度融合，物理世界与数字世界高度融合，并具有边缘计算能力。

第二，管。在端和云走向智能的趋势下，未来的"管"将高度简化，即实现极简的架构。智能社会首先要万物互联，对管的要求是即插即用，实现超宽带、极低时延、海量连接。管道一定是平台化的概念，这对技术、商业模式提出了新的要求，需要突破目前的一些壁垒，推进整个管道平台化，而不是停留在目前的树状结构。

第三，云。云承载了未来的智能运算，代表新的运算模式和服务模式。"端、管、云"都将实现智能分布，但云的智能化将跑得更快，集中与分布、通用与专用并存，并形成复杂的结构。云的发展也将催生更智能化的"端"和"管"。

虽然华为目前战略的定义非常清晰，但当年手机业务是半推半就过来的。早期华为为全球运营商提供各类管道设备的时候，一些运营商主动要求华为同时提供手机产品，以配套它们的业务模式，华为因此通过为运营商定制白牌机的方式误打误撞地进了手机市场。由于是给运营商做贴牌手机，华为手机的定位是超低价、超底价、超低端，虽然出货量大，但基本没有利润，2008 年华为差一点将手机业务整体打包卖给贝恩资本。因为华为蓝军㊀发现了终端具有撑大管道的重大意义，才避免了华为手机业务被出售的命运。

华为开始重视终端业务，将手机产品升级到战略层面的时间是在 2010 年和 2011 年。2010 年 12 月 3 日，任正非组织召开了一次终端骨干员工座谈会，在会上明确了发展手机业务的三大核心策略：第一，下决心走高端路线，关掉低端手机业务；第二，不再寄生于运营商，自建渠道；第三，建立自己的核心生产能力。2011 年年底，华为三亚会议召开，任正非在会上明确提出把最终消费者作为公司客户，下决心砍掉 3000 万部低端智能机和功能机，同时任命余承东为终端业务 CEO。

企业的战略从来就不是规划出来的，而是打出来的，当眼前面临两条路时，只不过是如何取舍的问题。没有谁能够一眼万年。

在华为历史上，还有一次非常重大而又让任正非无比焦虑的战略选择。

1998 年，中国电信为应对中国移动的竞争，开通小灵通运营服务，但华为认为小灵通属于落后技术，没有前景，能预见的 3G 技术才是未来主流技术的发展趋势，最终华为没有上马小灵通项目，而是投入巨资研发 3G 技术。没想到的是，中兴通讯凭借小灵通赚了很多钱，不仅缩小了与

㊀ 蓝军，原意是指在军事模拟演习中，专门组建的扮演假想敌，与"红军"（正面部队）进行有针对性对抗训练的部队。华为于 2006 年成立蓝军组织——蓝军参谋部，主要职责包括：从不同的视角观察公司的战略与技术发展，进行逆向思维、审视、论证"红军"战略、产品、解决方案的漏洞或问题；模拟对手的策略，指出"红军"的漏洞或问题；建立"红蓝军"的对抗体制和运作平台，在公司高层团队的组织下，采用辩论、模拟实践、战术推演等方式，对当前的战略思想进行反向分析和批判性辩论，在技术层面寻求差异化的颠覆性技术和产品。

华为的差距，还用小灵通的利润补贴通信系统，用低价不断打击华为。华为一度被公司内部和外部扣上"战略失误"的帽子。

同时，华为期待的3G技术应用迟迟没有到来，华为2003年就完成了WCDMA系统和芯片技术的研发，但3G牌照到2009年才发放。基于国内的严峻形势，华为被迫将战略目光投向海外，发展国际市场。

任正非后来回忆这段往事时说："我当年精神抑郁，就是为了一个小灵通，为了一个TD①，我痛苦了八至十年。我并不怕来自外部的压力，而是怕来自内部的压力。我不让做，会不会使公司就走向错误，崩溃了？做了，是否会损失我们争夺战略高地的资源？我内心是恐惧的。"②

但华为的这一战略选择让华为先人一步在全球的3G市场上站稳脚跟，继而在4G、5G上陆续突破，实现了行业上的领先。"为什么我们能在行业领先呢？就是因为我们率先提出'管道'这个概念，这也是个假设，当时我们还归纳不出'大数据'这个词。这比别人对管道的认识早几年。但我们当时没有把管道归结为大数据，是后来演变为大数据的。那几年谁愿意做管道呢？'自来水公司'不如阿里、腾讯赚钱。我们现在领先世界一两年，因为早一两年准备了，所以我们的经营效果比其他公司好，不是机遇，是假设。我是假设一个危机来对比华为，而不是制造一种恐慌危机。"③

上述两个战略案例，看似是一个简单的选择题，但其实里面隐藏着一个很重要的战略逻辑：你是想赚今天的钱，还是想赚明天的钱。

华为始终没有走"技术机会主义"这条路。在2000年前后，有部下给任正非提建议："反正咱们现在这么有钱，要不顺便投点钱去做房地产吧！轻轻松松地就能赚百亿元。"任正非回答说："挣完大钱，就不会再想

---

① TD全称TD-SCDMA，是中国电信行业百年来第一个完整的移动通信技术标准。移动TD网络就是移动3G网络。
② 任正非在华为上研专家座谈会上的讲话，2014年。
③ 任正非，《为什么我们今天还要向"蓝血十杰"学习》，2014年。

挣小钱了。"

2016年3月，新华社记者采访任正非，有这么一段对话。

记者：华为成长过程中，正逢中国房地产爆发，您是否动摇过？

任正非：没有。没炒过股票，没做过房地产。

记者：没有受诱惑吗？

任正非：没有。那时，公司楼下有个交易所，买股票的人里三层外三层，我们楼上则平静得像水一样，都在干活。我们就专注做一件事情，进攻"城墙口"。

在这一点上，华为高层的意见非常一致。轮值董事长徐直军说："我们走的路都是爬北坡的路，不是一般人理解的民营企业应该走的路，完全不是。别人该上市的时候上市，我们不上市；别人该投房地产的时候投房地产，我们不投；别人有钱就投到其他领域，我们天天投研发。"㊀

任正非后来反思说："我个人的性格是窄窄的，所以让我们公司前面的道路也是窄窄的，千万不要做房地产，千万不要做赚钱的东西，我们做世界上最难的、最不赚钱的东西，因为人们不愿意做。最难、最不赚钱的东西就是通信，就是电信，就是5G。"㊁

华为在通信领域默默坚持了30年，终于做到了上千亿美元的规模，2020年实现销售收入8914亿元人民币，而号称很赚钱的中国房地产行业的龙头企业——恒大集团，2020年的销售额为5072亿元人民币。从未来来看，华为的增长潜力无疑比恒大大得多。

华为的历年收入及增长率如表1-1和图1-1所示。

华为爬珠峰的北坡，做最不赚钱的东西，终于做到了令人敬仰的程度。2013年，联想创始人柳传志在央视《对话》节目接受记者采访时说："跟任正非先生比，我不如人家的地方就是，任正非比我敢冒险，他确实

㊀ 财富中心网，https://finance.qq.com/a/20121203/002741.htm。

㊁ 任正非接受美国哥伦比亚广播公司（CBS）采访纪要，2019年。

从技术角度一把敢登上,他是走险峰上来的,他摔下来的时候会很重。我基本上都是领着部队行走50里,然后安营扎寨,大家吃饭,再接着往上爬山。"

表1-1 华为的历年收入及增长率

年度	销售收入(百万元)	增长率	年度	销售收入(百万元)	增长率
1988	5.53	—	2004	31 674.17	42.10%
1989	15.26	175.90%	2005	48 272.00	52.40%
1990	33.53	119.70%	2006	66 365.00	37.50%
1991	50.20	49.70%	2007	93 792.00	41.30%
1992	104.89	108.90%	2008	125 217.00	33.50%
1993	238.39	127.30%	2009	149 059.00	19.00%
1994	555.41	133.00%	2010	185 176.00	24.20%
1995	876.51	57.80%	2011	203 929.58	10.10%
1996	1 242.29	41.70%	2012	220 198.00	8.00%
1997	3 210.80	158.50%	2013	239 025.00	8.60%
1998	5 958.24	85.60%	2014	288 197.00	20.60%
1999	7 696.93	29.20%	2015	395 009.00	37.10%
2000	16 001.13	107.90%	2016	521 574.00	32.00%
2001	19 921.87	24.50%	2017	603 621.00	15.70%
2002	17 616.65	−11.60%	2018	721 202.00	19.50%
2003	22 297.43	26.60%	2019	858 833.00	19.10%

资料来源:华为各年年报。

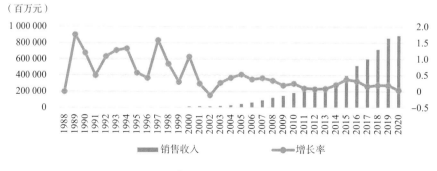

图1-1 华为的历年收入及增长率

这与其说是冒险，还不如说是任正非给华为设定了战略边界，明确了发展逻辑和投资方向。任正非说："28年来我们从几十人对准一个'城墙口'冲锋到几百人、几千人、几万人、十几万人，不怕流血牺牲，英勇奋斗，还是对准这个城墙口。而且现在我们轰炸这个城墙口的炮弹，每年是200亿美元左右（研发是500亿～600亿元人民币，市场与服务是500亿～600亿元人民币），轰炸同一个城墙口28年之久，所以在大数据的传送上我们领先了世界。"⊖

30年来，华为坚定不移地只对准通信领域这个"城墙口"冲锋。这个城墙口，就是战略聚焦，华为只要认定为战略机会，就敢于做战略投入，饱和攻击⊜。

二、范弗里特弹药量

我们知道，立足于企业的经营行为，战略指引有四个维度。

一是开发产品。开发和生产满足客户需求、给客户带来价值或解决客户痛点的产品。

二是市场销售。通过跟客户的连接产生销售行为，然后挖掘商业线索、市场机会，实现从线索到机会点，到挖掘合同，再到合同的签署、交付、回款。

三是财经管理。通过资源的配置和管理，达到经营成本的控制和盈利目标的实现。

四是人才培养。企业经营的落地最终靠人才，人才既是战略发展的基石，也是企业价值管理的核心要素。

⊖ 巴塞罗那通信展小型恳谈会纪要，2016年。
⊜ 饱和攻击，军事术语，第二次世界大战（简称"二战"）时苏联针对美国制定的一种战术，是采用大密度、连续攻击的突防方式，在短时间内，从空中、地面、水下不同的方向，不同层次向同一个目标发射超出其抗打击能力的攻击，使敌人在短时间内处于无法应付的饱和状态，已达到突破敌人防护和摧毁目标的目的。

立足于财经角度，战略指引主要包括战略投入、增长与盈利的平衡、客户界面的投入、合理资本架构等。

战略规划解读到财经，体现为八个字——规模、盈利、效率、风险。规模：基于对市场机会的洞察，回答销量、收入、回款等规模指标的增长问题。盈利：回答主营业务的产品、服务及解决方案的获利能力问题。效率：回答资源配置过程中的投入产出比问题，反映内部运营的质量，如费效比、人均销售额、人均利润等指标。风险：回答对重大业务风险和财务风险的识别、评估、防范及应对的问题。㊀

不管是从战略规划角度，还是从经营行为角度，或是从财经导向角度，对华为来说，就是不惜一切代价搞研发。华为在《华为基本法》中明确规定，研发投入要确保达到销售收入的 10% 以上。

《华为基本法》（研究开发政策）第二十六条：顾客价值观的演变趋势引导着我们的产品方向。我们的产品开发遵循在自主开发的基础上广泛开放合作的原则。在选择研究开发项目时，敢于打破常规，走别人没有走过的路。我们要善于利用有节制的混沌状态，寻求对未知领域研究的突破；要完善竞争性的理性选择程序，确保开发过程的成功。我们保证按销售额的 10% 拨付研发经费，有必要且可能时还将加大拨付的比例。

华为 2008～2019 年的研发投入及占比情况如表 1-2 所示。

华为 2008～2019 年的研发投入已超过 6000 亿元人民币。欧盟委员会 2020 年 12 月发布的《2020 欧盟产业研发投资记分牌》统计显示，2019 年华为已超越三星和苹果，仅次于 Alphabet 和微软，成为全球研发投入第三大的公司。

华为为什么要有那么大的研发投入呢？《任正非：天道酬勤》一书中提到了任正非在 2006 年说的一些话：

㊀ 何绍茂，《华为战略财务讲义》，中信出版社，2020 年。

表 1-2　华为 2008~2019 年研发投入数据

年度	销售收入（亿元）	研发投入（亿元）	研发投入占比
2008	1 252	112	9%
2009	1 491	143	10%
2010	1 852	177	10%
2011	2 039	237	12%
2012	2 202	297	13%
2013	2 390	316	13%
2014	2 882	408	14%
2015	3 950	596	15%
2016	5 216	764	15%
2017	6 036	897	15%
2018	7 212	1 015	14%
2019	8 588	1 317	15%

资料来源：华为各年度审计报告。

华为没有背景，也不拥有任何稀缺的资源，更没有什么可依赖的，除了励精图治、打开心胸、自力更生，我们还有什么呢？最多再加一个艰苦奋斗，来缩短我们与竞争对手的差距。公司高层管理团队和全体员工的共同付出和艰苦奋斗，铸就了今天的华为。

我们在 GSM 上投入了十几亿元的研发经费，多少研发工程师、销售工程师为之付出了心血、努力、汗水和泪水。在 1998 年我们就获得了全套设备的入网许可证，但打拼了 8 年，在国内无线市场上仍没有多少份额，连成本都收不回来。

2G 的市场时机已经错过了，我们没有喘息，没有停下来，在 3G 上展开了更大规模的研发和市场开拓，每年近 10 亿元的研发投入，已经坚持了七八年，因为收不回成本，华为不得不到海外寻找生存空间……

自创立那一天起，我们历经千辛万苦，一点一点地争取到订单和农村市场；另一方面，我们把收入都拿出来投入到研发上。当时我们与世界电信巨头的规模相差 200 倍之多。通过一点一滴锲而不舍的艰苦努力，我们用了十余年时间，终于在 2005 年，销售收入首次突破 50 亿美元，但与通信巨头的差距仍有好几倍。最近，不到一年时间里，业界发生了几次大兼并：爱立信兼并马可尼，阿尔卡特与朗讯合并、诺基亚与西门子合并，一下子使华为与它们已经缩小的差距又陡然拉大了。我们刚指望获得一些喘息，直一直腰板，拍打拍打身上的泥土，没想到又要开始更加漫长的艰苦跋涉……

华为茫然中选择了通信领域是不幸的，这种不幸在于，在所有行业中，实业是最难做的，而所有实业中，电子信息产业是最艰险的；这种不幸还在于，面对这样的挑战，华为既没有背景可以依靠，也不拥有任何资源，因此华为人尤其是其领导者将注定为此操劳终生，要比他人付出更多的汗水和泪水，经受更多的煎熬和折磨。唯一幸运的是，华为遇上了改革开放的大潮，遇上了中华民族千载难逢的发展机遇。公司高层领导虽然都经历过公司最初的岁月，意志上受到了一定的磨炼，但都没有领导和管理大企业的经历，直至今天仍然是战战兢兢、诚惶诚恐的，因为十余年来他们每时每刻都切身感受到做这样的大企业有多么难。多年来，唯有更多身心的付出，以勤补拙。他们牺牲了与家人团聚、自己休息的时间以及正常的生活，牺牲了平常人拥有的很多亲情和友情，销蚀了自己的健康，经历了一次又一次失败的沮丧和受挫的痛苦，承受着常年身心的煎熬，以常人难以想象的艰苦卓绝的努力和毅力，才带领大家走到今天。

18年来，公司高层管理团队夜以继日地工作，有许多高级干部几乎没有什么节假日，24小时不能关手机，随时随地都在处理随时发生的问题。现在，更因为全球化后的时差问题，总是夜里开会。我们没有国际大公司积累了几十年的市场地位、人脉和品牌，没有什么可以依赖，因此只有比别人更多一点奋斗，只有在别人喝咖啡和休闲的时间努力工作，只有更虔诚地对待客户，否则我们怎么能拿到订单？

为了能团结广大员工一起奋斗，公司创业者和高层领导干部不断地主动稀释自己的股票，以激励更多的人才加入这从来没有前人做过和我们的先辈从未经历过的艰难的事业中来，我们一起追寻着先辈世代繁荣的梦想，背负着民族振兴的希望，一起艰苦跋涉。公司高层领导的这种奉献精神，正是用自己生命的微光，在茫茫黑暗中，带领并激励着大家艰难地前行，无论前路有多少困难和痛苦，有多少坎坷和艰辛。

中国是世界上最大的新兴市场，因此世界巨头都云集中国。华为创立之初，就在自己家门口碰到了全球最激烈的竞争，我们不得不在市场的狭缝中求生存；当我们走出国门拓展国际市场时，放眼一望，所能看得到的良田沃土，早已被西方公司抢占一空，只有在那些偏远、动乱、自然环境恶劣的地区，它们动作稍慢，投入稍小，我们才有一线机会。为了抓住这最后的机会，无数优秀的华为儿女离别故土，远离亲情，奔赴海外，无论是在疾病肆虐的非洲，还是在硝烟未散的伊拉克，或者海啸灾后的印度尼西亚，以及地震后的阿尔及利亚……到处都可以看到华为人奋斗的身影。我们有员工在高原缺氧的地带开局，爬雪山，过丛林，徒步行走了8天，为服务客户无怨无悔；有员工在国外遭歹徒袭击，头上缝了30多针，康复后又投入工作；有员工在飞机失事中幸存，自己惊魂未定却还救助他人，赢得了当地政府和人民的尊敬；有员工在恐怖袭击的爆炸中受伤，或者几度患疟疾，康复后继续坚守岗位；我们还有三名年轻的非洲籍优秀员工在出差途中因飞机失事不幸罹难，永远地离开了我们……

18年的历程，10年的国际化，伴随着汗水、泪水、艰辛、坎坷与牺牲，我们一步一步艰难地走过来了，面对漫漫长征路，我们还要坚定地走下去。⊖

对于这种战略聚焦和密集性投入，华为喜欢用一个词来表达——范弗里特弹药量。⊜

"在我们有这么多钱的时候，还像农民一样节约着搞研发，那就错了，就是要敢于在研发上大规模投入，抢占战略制高点。打下了战略制

⊖ 张继辰，《任正非：天道酬勤》，海天出版社，2016年。
⊜ 1951年8月18日6时，美国第二师师长拉夫纳少将集中全师火力攻击983高地。战斗中9天时间所消耗的弹药仅炮弹就约36万发，相当于1门炮发射了2860发炮弹。美军消耗的弹药是平常的5倍，这就是所谓的"范弗里特弹药量"。它意指不计成本地投入庞大的弹药量进行密集轰炸和炮击，对敌实施强力压制和毁灭性打击，意在迅速高效地歼灭敌人的有生力量，使其难以组织有效的防御，最大限度地减少己方人员的伤亡。

高点，站在山顶上，下面全是你的战士；打不下战略制高点，下面就是一大堆尸体。我们要使用饱和攻击、范弗里特密集弹药量。要到达上甘岭的目标，我们有几条道路可以走，不一定只走一条路。当越来越明显是其中一条路的时候，就要把其他路的资源向这条路聚集，集中资源实现突破。"㊀

没有千层底，走不了万里路。华为大量的研发投入，除了将研发产品推向市场之外，还形成了大量的专利成果。截至 2019 年年底，华为在全球共获得授权专利 85 000 多项，其中中国授权专利 30 000 多项，欧美授权专利 40 000 多项，85 000 项专利中发明专利占 90%（截至 2020 年 12 月 31 日，华为在全球共获得授权专利已超过 10 万项，其他未公布具体数据）。

从财务记账角度，研发投入归属于管理费用，或者单独列支为研发费用，对当期损益有非常大的影响。2020 年华为实现销售收入 8914 亿元，实现净利润 646 亿元。2020 年华为的研发投入为 1419 亿元，假如将研发费用减少一半，全年净利润就可提升至 1356 亿元（见表 1-3）。如果华为是上市公司，这种操作几乎可以把公司市值提高一倍之多！

这么大的研发投入，从财务报表的视角来看是不合算的，但从战略财经的视角来看却是非常重要的。企业的利润就好比人身上的脂肪，当你通过锻炼将其转变成肌肉时，虽然没有带来直接的面包和金牌，但对于你的未来却大有裨益。

企业追求的利润最大化，从财经角度来看需要重新审视。虽然当期财务报表做漂亮了，却可能严重伤害企业的未来。

㊀ 任正非在 2015 年 8 月 28 日 EMT 办公会议上的讲话，2015 年。

表 1-3　华为 2020 年年报数据（无形资产部分）　（单位：百万元）

	商誉	软件	专利权及特许权使用费（附注（a））	商标使用权及其他	合计
成本：					
于2019年1月1日	4 382	2 690	10 649	963	18 684
汇率调整	115	12	12	3	142
本年增加	—	642	1 674	1 409	3 725
购买子公司	108	29	277	20	434
重分类至持有待售资产	(136)	—	(111)	(156)	(403)
本年处置	—	(967)	(1 080)	(139)	(2 186)
于2019年12月31日	4 469	2 406	11 421	2 100	20 396
于2020年1月1日	4 469	2 406	11 421	2 100	20 396
汇率调整	(250)	(20)	(16)	(20)	(306)
本年增加	—	549	3 105	1 013	4 667
购买子公司	21	—	—	538	559
重分类至持有待售资产	—	(4)	(51)	(30)	(85)
本年处置	—	(192)	(1 080)	(303)	(1 575)
于2020年12月31日	4 240	2 739	13 379	3 298	23 656
累计摊销及减值：					
于2019年1月1日	4 005	1 950	4 255	510	10 720
汇率调整	97	9	10	4	120
本年摊销	—	513	1 802	632	2 947
减值	—	11	—	—	11
重分类至持有待售资产	—	—	(10)	(54)	(64)
本年处置	—	(964)	(1 059)	(137)	(2 160)
于2019年12月31日	4 102	1 519	4 998	955	11 574
于2020年1月1日	4 102	1 519	4 998	955	11 574
汇率调整	(243)	(16)	(27)	(15)	(301)
本年摊销	—	495	1 986	804	3 285
减值	17	25	1 324	—	1 366
重分类至持有待售资产	—	(3)	(8)	(7)	(18)
本年处置	—	(191)	(967)	(261)	(1 419)
于2020年12月31日	3 876	1 829	7 306	1 476	14 487
账面价值：					
于2020年12月31日	364	910	6 073	1 822	9 169
于2019年12月31日	367	887	6 423	1 145	8 822

资料来源：华为 2020 年年报。

三、知识大于资本

华为大量的研发投入必然带来另外一个战略问题，即知识产权的重视和保护。华为在 2019 年年报中阐述："华为坚持长期投入研发，不断丰富自身的知识产权积累，华为是目前全球最大的专利持有企业之一。华为坚信尊重和保护知识产权是创新的必由之路。作为创新者以及知识产权规则的遵循者、实践者和贡献者，华为注重自有知识产权的保护，也尊重他人的知识产权。华为与全世界主要 ICT 企业达成了专利交叉许可，并积极通过自身实践致力于行业和国家的创新以及知识产权环境的完善。"

截至 2019 年 6 月，华为累计对外支付超过 60 亿美元的专利授权费用，以合法使用其他公司的专利。同时，自 2015 年以来，华为获得的知识产权收入累计超过 14 亿美元。另外，还有大量的交叉授权，华为与美国、欧洲、日韩的主要 ICT 厂家签署了 100 份以上的专利交叉许可协议。如果没有自己的专利，何来交换呢？

任正非认为，知识产权和技术诀窍的潜在价值和支配力远远超过资本，资本只有依附于知识，才能保值和增值。同时他认为，拥有知识产权是为企业争取更大的发展空间，不是为谋求霸权，拿来阻碍行业的进步。"要成为行业领袖，不能狭隘地采取在高速公路上丢小石子的方式来形成自己的独特优势。这样只会卡住世界的脖子，这不是我们要走的道路。我们要走的道路是站在行业领袖的位置上，为世界做出贡献。什么叫'领袖'？领袖就是为了世界强盛，对建立世界信息网络大构架做出贡献，舍得给周边的人分享利益。我们是一个负责任的大公司，怎么会去阻挠信息流的前进呢？即使你阻挠信息流前进，别人不走你这条路也终究会走到目的地，而你就必然会被历史边缘化。"

"万里长城今犹在，不见当年秦始皇""一纸书来只为墙，让他三尺又何妨"，虽然华为有这个心胸，但是别人卡你脖子怎么办？华为在 2003 年经过与思科专利官司一战之后，任正非认识到，华为未来在基础技术和知识产权上仍然可能会被卡脖子。

2019年5月16日，美国宣布将华为及70家关联企业列入其所谓的"实体清单"，禁止美国众多企业向华为供货。第二天，华为海思总裁何庭波在致员工的一封内部信中称："命运的年轮转到这个极限而黑暗的时刻，超级大国毫不留情地中断全球合作的技术与产业体系，做出了最疯狂的决定……今天，是历史的选择，所有我们曾经打造的备胎，一夜之间全部'转正'！多年心血，在一夜之间兑现为公司对客户持续服务的承诺。是的，这些努力，已经连成一片，挽狂澜于既倒，确保了公司大部分产品的战略安全，大部分产品的连续供应……今后的路，不会再有另一个10年来打造备胎然后再换胎了，缓冲区已经消失，每一个新产品一出生，将必须同步'科技自立'的方案。"

历史回拨到2004年，任正非下决心做华为自己的芯片和操作系统，当面对何庭波说："我每年给你4亿美元的研发费用，给你2万人……一定要站立起来，适当减少对美国的依赖。"

战略安全，科技自立，很难从财经角度给出一个盈亏模型，但对于一个身处远大抱负企业的财经管理者来说，至少应该能够理解和认同不在路上丢小石子的做法。

德国专利数据库公司IPlytics发布的关于"5G标准专利声明的实情调查"报告显示，截至2020年1月1日，在全球共计21 571项5G标准专利项声明中，华为以3147项5G标准专利超越三星、诺基亚，排名全球第一。

任正非一直强调，华为永远不会利用知识产权去谋求霸权。但善良不代表软弱，2020年2月6日，华为宣布在美国得克萨斯州东区和西区法院向美国电信运营商威瑞森（Verizon）提起专利诉讼，起诉威瑞森侵犯华为在美国授权的12项专利。这12项专利涉及计算机网络、下载安全和视频通信等领域，以及威瑞森正在提供的相关技术和服务，如思科集成服务路由器、聚合服务路由器、网络融合系统、Nexus 交换机、Catalyst 交换机和云服务路由器 1000V 系列等，都侵犯了华为的专利权，华为因此要求威瑞森支付 10 亿美元的知识产权费并且停止侵权。

中国难得有一个企业在世界上能如此理直气壮！

四、放弃非战略性机会

德国陆军元帅埃里希·冯·曼施坦因（Erich von Manstein）在他的"二战"回忆录《失去的胜利》中说道："德军的攻击力是德国在欧洲战场上的决定性力量，将其消耗在局部目标上，实不可取。"

任正非读完这本书后深有同感。2015 年，他在一次内部讲话中说："聚焦在主航道上创新，是非常非常难的，我看到你们做的各种各样的研究创新工作，都是在主航道上添砖加瓦，不做到一定的修炼，这个前沿阵地是无法突破的。但是，我认为人类社会出现大数据流量，应该是几千年来的第一次。当人类第一次出现大数据流量时，我们公司提供的支撑系统设备已排在世界前列，这是难得的光荣，也是难以承担的责任。我们以后还要走在世界最前列，如果我们不能走在世界最前面，我们公司就会落后，落后了公司慢慢就会收缩，那我们前面的努力就白费了，所以我们要聚焦在主航道上创新，不在非战略机会点上消耗战略竞争力量。我们聚焦能量还不一定能成功，分散了肯定不行。技术进步太快了，我们稍有迟疑，就会被抛弃。"⊖

华为的战略定位是做"管道"和"联接"，"云、管、端"构成联接的产业链，形成一个通路，一个闭环，相互依赖，又相互支援。任正非说的"不在非战略机会点上消耗战略竞争力量"，即意味着企业完成战略聚焦后，也需要懂得战略退却，要有战略放弃的能力和勇气。

⊖ 任正非与英国研究所、北京研究所、伦敦财经风险管控中心座谈纪要，2015 年。

任正非在一次内部讲话中说，不懂战略退却的人，就不会战略进攻。"华为随便抓一个机会就可以挣几百亿，但如果我们为短期利益所困，就会在非战略机会上耽误时间从而丧失战略机遇。所以，华为的'傻'还体现为不为短期挣钱机会所左右，不急功近利，不为单一规模成长所动，敢于放弃非战略性机会，敢赌未来。敢赌，就是要具有战略眼光，就是聚焦于大的战略机会，看准了，就集中配置资源压在关键成功要素上。华为多年来只做了一件事，就是坚持管道战略，通过管道来整合业务和产业。通信网络管道就是太平洋，是黄河、长江，企业网是城市自来水管网，终端是水龙头，沿着这个整合，都是管道，对华为都有用。当然，管道不仅限于电信领域，我们可以做到太平洋的流量能级，未来物联网、智能制造、大数据将对管道基础设施带来海量的需求，我们的责任就是提供联接，这是一个巨大的市场。"①

"对于ICT业务，我希望做强，而不是做大，所以'喇叭口'不要张得太大，避免攻击力被削弱。选择机会的时候，只有市场规模大，技术上又足够难，才能建立起门槛。没有门槛我们就只能在红海中挣扎。"②

华为在发展过程中先后出售过一些不在主航道上或者已完成历史使命的企业，如华为电气、华三、华为海洋等，有选择性地做出战略放弃。

1. 华为电气

莫贝克是华为电气的前身，是华为于1993年与当时的邮电系统联合发起成立的合资企业，其中华为出资5000万元，邮电系统出资3900万元。莫贝克的成立和发展帮华为打开了C&C08数字万门程控交换机的国内市场。

1995年3月，华为决定将华为电源事业部并入莫贝克，公司因此改名为"华为电气"，2001年又更名为"安圣电气"。

---

① 彭剑锋专访任正非纪要，2015年。
② 任正非，《不懂战略退却的人，就不会战略进攻》，2009年。

2000年前后，互联网泡沫破灭，这一年华为实现销售收入160亿元，2001年这个数字仅为200亿元，增长率由2000年的108%回落到25%，2002年销售收入减少到176亿元，这是华为历史上首次出现负增长。

2001年5月24日，华为将安圣电气以7.5亿美元（折合人民币60亿元）卖给了艾默生电气有限公司。

2001年，任正非发表了那篇著名的文章《华为的冬天》。他在文章的最后说："沉舟侧畔千帆过，病树前头万木春。网络股的暴跌，必将对二三年后的建设预期产生影响，那时制造业就惯性进入了收缩。眼前的繁荣是前几年网络大涨的惯性结果。记住一句话，'物极必反'，这一场网络、设备供应的冬天，也会像它热得人们不理解一样，冷得出奇。没有预见，没有预防，就会冻死。那时，谁有棉衣，谁就活下来了。"

华为通过出售安圣电气所获得的这7.5亿美元，无疑是非常重要的"过冬棉衣"，华为因此得以度过那个寒冬。

2. 华三

2002年6月，华为的北美子公司Future Way在美国亚特兰大举办的SUPERCOMM 2002展览会上亮相，间接宣告华为正式进军北美市场。2003年1月22日，思科向位于美国得克萨斯东部的马歇尔镇联邦法院起诉华为侵犯其知识产权。思科CEO钱伯斯（John Chambers）曾说："在今后几年里，思科将只有一个竞争对手，那就是华为！"因此，这是思科蓄谋已久的以知识产权为核心的"打击华为"的计划之一。

此时处于下滑状态的3Com公司，正在寻求与华为的合作，思科对华为的诉讼推动了这一合作步伐。2003年3月20日，华为和3Com达成合资协议。协议规定，在中国和日本市场将以合资企业的品牌销售产品，而在中国和日本之外的市场以3Com的品牌销售合资企业的产品。合资企业既可以销售华为以前开发的并已转入合资企业的网络产品，也可以依据合资企业与 3Com 达成的 OEM 协议，销售 3Com 现行产品线中的产品。

华为通过合资向思科表明，即使思科竭力阻止华为直接进入北美市场，华为也可以借道 3Com 的销售平台曲线进入。这一合作对思科的撤诉决定在很大程度上起了策略性推动作用。

2003 年 11 月，Huawei3com（H3C，华三）在中国香港成立，3Com 投入 1.6 亿美元取得了合资公司 49% 的股份，后又收购 2% 的股份，从而取得了控股地位。

2006 年 11 月，华为以 8.82 亿美元（折合人民币 68.69 亿元）的价格将持有的华三 49% 的股份出售给了 3Com。华为为何要出让其在华三的股权？时任华为高级副总裁的郭平说："华为出售华三的股份后，将更加聚焦于核心业务，进一步巩固华为在基于全 IP 网络的 FMC 解决方案的领先地位。"

聚焦核心业务只是其中的一个理由，更为重要的是，华为需要更多的真金白银去开拓国际市场，而此时华为国际化拓展的收获期还未到来，资金比较紧张，近 70 亿元人民币对当时的华为来说无疑是一笔大钱。

3. 华为海洋

2019 年 6 月 3 日，亨通光电宣布收购华为海洋 51% 的股权。其采用发行股份和支付现金的方式，向华为非公开发行 4764.13 万股股份，并支付现金 3.01 亿元，交易总额为 10.04 亿元。

华为海洋成立于 2008 年，是华为与全球海事系统有限公司成立的合资企业，华为占 51% 的股份。华为海洋在全球范围内提供高可靠性、高灵活度、高性价比、一站式海缆网络解决方案，经过多年的努力已发展成为全球第四大海底电缆工程商，其全球市场占有率超过 15%。

海底光缆是跨国互联网连接的最重要通信链路之一，传输能力和经济性超越卫星通信等技术手段，是当前最主要的跨洲通信技术。美国电信市场调研机构 TeleGeography 的报告显示，全球 95% 以上的国际数据通过海底光缆进行传输。正常理解，这应该是华为管道战略很重要的一部分，华为出售华为海洋有些令人费解。

2019 年 6 月 17 日，在美国学者与任正非的一次咖啡对话过程中，彭博社的记者提问任正非，华为出售海底光缆业务是因为拆分需要，还是因为业务不成功？任正非回答说，海缆业务是很成功的，不是因为最近遭受美国的打击受到影响而卖掉，其实很早就想卖掉，因为华为认为这个业务与主航道相关性不大。华为做一些战略收缩，把收缩战线上的员工投入到主战线上，是为尽快把主战线做好。

从华为海洋的业绩来看，2017 年、2018 年和 2019 年上半年，分别实现营业收入 16.5 亿元、18.25 亿元和 6.16 亿元，实现净利润分别为 2.23 亿元、1.62 亿元和 0.65 亿元。业务增长和盈利能力都极其有限。这些数据基本能印证任正非的说法，或许华为早就不把华为海洋看作主航道业务，所以，在华为的相关报道中，也鲜见华为海洋的身影。

第二节　追求长期有效增长

1988～2020 年，华为销售收入的年均复合增长率达到了 17.21%，除了 2002 年出现过唯一一次负增长（–12%）外，其他年度都保持了增长态势，有的年度的增长率高达 150%。

30 年的持续增长，正验证了华为的一个提法——追求长期有效增长。

什么叫"长期有效增长"？追求长期有效增长的财务解释，就是追求企业的价值。这里的价值概念对华为这样的非上市公司来说不是资本市场的估值，而是回归价值的本质，即现实的获利能力和未来潜在获利机会的货币化。因此，华为定义长期有效增长，短期看财务指标，中期看财务指标背后的能力提升，长期看格局，以及商业生态环境的健康、产业的可持续发展等。

即便短期看财务指标，也不是追求利润最大化，不唯股东利益最大化，不唯员工利益最大化，华为强调为客户服务是华为公司存在的唯一理由。

一、追求有利润的收入、有现金流的利润

华为对"长期有效增长"的定义，与价值创造的评价标准如出一辙。价值创造的评价标准是，多产粮食，增加土地肥力。多产粮食，就是看当期业绩，即销售收入和利润，可以用财务指标衡量；增加土地肥力，就是看财务指标背后的能力提升，这是支撑公司未来发展的关键因素。

多产粮食，用财经语言表示，就是不仅要实现销售收入，还要有利润和现金流。收入是有利润的收入，利润是有现金流的利润。

以生存为底线，实现有利润的收入、有现金流的利润，不重资产化，这是华为对长期有效增长下的财务指标的根本体现与要求。对华为来说，具体包括四个方面的内容：一是追求收入的增长，追求规模效益；二是明确经营结果要以利润为中心，但不能追求利润最大化；三是明确提出现金流是企业生存的命脉；四是不进行重资产投资。

一个企业必须保持合理的规模效应和成长速度。华为所在的通信产业，新产品和新技术的生命周期越来越短，每次必须紧紧抓住机会窗开启的时间，获得规模效益和发展机会。每一次机会窗都可能是一次战略转折点，抓住了就能获得足够的利润来支撑公司全球范围的巨大服务网络，支撑庞大的管理体系。同时，足够的成长速度和规模效益，能够形成马太效应，给员工提供更多的发展机会，从而吸引更多的优秀人才。另外，做大规模也是竞争的必要策略，不然很容易落后于竞争对手，最终导致企业衰亡。

一个商业组织追求利润是无可厚非的，也是其存在的主要目的，但一

个企业要不要采用"利润最大化"原则，则取决于股东做企业的动机和态度，以及对企业未来走向的思考。实施利润最大化原则，势必会考虑压缩各类成本，甚至包括本该投入的研发费用，同时也有可能挤占供应商和客户的利益。

《华为基本法》第十一条：我们将按照我们的事业可持续成长的要求，设立每个时期的合理的利润率和利润目标，而不单纯追求利润的最大化。华为认为，利润最大化会榨干未来，伤害企业的战略地位，华为只需要将利润保持在一个合理的尺度上，这个合理的尺度是多少呢？华为的标准是每年的净利润率控制在 7%～8%。华为把大量的资金投入到技术研发、内部管理上，以提高企业的竞争力。

"华为矢志不渝地追求企业核心竞争力的不断提升，从未把利润最大化作为目标。核心竞争力不断提升的必然结果就是企业的生存、发展能力不断被提升。我们认识到，作为一个商业实体，必须至少拥有两个要素才能活下去，一是客户，二是货源。因此，首先，必须坚持以客户的价值观为导向，持续不断地提高客户满意度。提升客户满意度是十分综合复杂的，要针对不同客户群的需求，提供实现其业务需要的解决方案，并根据这种解决方案开发出相应的优质产品和提供良好的售后服务。只有客户的价值观通过我们提供的低成本、高增值的解决方案能够得到实现，客户才会源源不断购买我们的产品。其次，企业必须解决货源的低成本、高增值问题。解决货源的关键是必须有强大的研发能力，能及时、有效地提供新产品。由于 IT 行业的技术换代周期越来越短，技术进步慢的公司，其市场占有率可能会很快萎缩。因此，迫使所有的设备制造商必须世界领先。IT 行业的技术每 49 天就刷新一次，这对从事这个行业的人来说太残酷了。华为追赶世界著名公司最缺少的资源是时间，要在 10 年内走完它们几十年走过的路程。华为已提供七种世界领先的产品，四五种产品为业界

最佳之一，这是一代又一代创业者以生命的销蚀换来的。"⊖

对于现金流的重要性，每一位财经管理者都有非常深刻的认知，但现实中死于现金流干涸的企业屡见不鲜。其背后涉及激进投资、销售合同及应收账款等管理问题，相关内容会在后面相关章节做分析，此处略过。

任正非还力求把华为做成一个轻资产的企业，因为他认为，华为既不具备资产经营的能力和经验，也不愿意让重资产将企业的流动性变得越来越差，影响公司的有效增长。

总之，华为要求，经营结果必须稳健、均衡，这样才能支撑起一个企业的长期生存和发展。

二、技术创新和管理变革双轮驱动

在华为看来，不断提升公司的核心竞争力，才是实现规模持续扩张、利润同步增长的根本保障，也是确保公司长期有效增长的必然要求。提升核心竞争力主要从两个方面着手：一是在资源配置上，加大前瞻性、战略性投入，构筑公司面向未来的技术优势，引领行业发展；二是在驱动要素上，明确提出"技术创新和管理变革双轮驱动"。

在技术方面，华为不是采用"一招鲜吃遍天"的做法，而是在坚守"端、管、云"战略方向的基础上，加大对芯片、操作系统、平台软件等基础技术的研究，以及对未来一二十年的技术思想、数学模型、算法等进行探索；在资金充足的情况下，密集投资，多路径、多梯次进行技术研究与创新，把技术和产品的喇叭口做大。"只要多路径，就不会出现僵化；只要多梯次，就不会出现惰怠行为。"即使有些方向会失败，也能够从失败中提取成功的因子，同时锻炼人才。

在技术人才结构上，华为做了 A、B、C 角的定义，A 角定位现实主义，B 角构建理想方案，C 角实现自立。A、B、C 角之间可以轮换，相互竞

⊖ 任正非，《创新是华为发展的不竭动力》，2000 年。

争,激活组织平台。"A 角是直攻山头,他们的目标是胜利,来不及顾及更远、更宽的未来。当攻上山头,他们已精力耗尽,但成功的喜悦促使他们带着产品走向市场、走向服务、走向制造,走上领导一个产业发展的道路。同时,部分员工继续沿产品研发前行,他们也应轮换休整,也可以去市场体验一下产品的应用效果。休整好了,继续投入优化产品的道路。这时 B 角也补上来了,在 A 角攻山头的时候,他们广开视野,研究'空天一体战'如何优化对山头的攻击。这 A、B 两股力量汇在一起,承前启后,进行产品更深、更广的改造。C 角是在某些零件得不到供应时,实现自立。我们要求无线要自立,终端要自立,光领域要自立……用普通的零件、便宜的零件、安全的零件,也能做出最好的产品,这就是容差设计。还要考虑政治环境、竞争……越难的环境,越能成长起有能耐的人,不怕配不上你经历的苦难。C 角之难,难于上青天,若能上青天,就是一代领袖崛起了。我们也要有优秀的员工愿意长期默默无闻地做 C 角,我们要承认 C 角是伟大队伍中的一员,一定不要忘了暂时做不出贡献的 C 角,这样才能保证我们的公司长久不衰。"⊖

管理变革,在华为已成为一种常态。华为为什么要持续进行管理变革?任正非在阐述华为的核心价值观时说:"要达到质量好、服务好、运作成本低、优先满足客户需求的目标,就必须进行持续管理变革;持续管理变革的目标就是实现高效的流程化运作,确保端到端的优质交付。只有持续管理变革,才能真正构筑端到端的流程,才能真正职业化、国际化,才能达到业界运作水平最佳,才能实现运作成本低。端到端流程是指从客户需求端出发,到满足客户需求端去,提供端到端服务,端到端的输入端是市场,输出端也是市场。这个端到端必须非常快捷,非常有效,中间没有水库,没有三峡,流程很顺畅。如果达到这么快速的服务,降低了人工成本,降低了财务成本,降低了管理成本,也就是降低了运作成本。其

⊖ 任正非,《未来的胜利是极简的胜利》,2018 年。

实,端到端的改革就是内部进行最简单的、最科学的管理体系的改革,形成一支最精简的队伍。"㊀

从 1997 年开始,华为不断引进国外管理经验推动公司的管理变革,在 IBM、埃森哲、合益(Hay Group)、波士顿咨询等的帮助下,华为逐步建成了集成产品开发(IPD)、供应链管理(ISC)、集成财经服务㊁(IFS)等流程体系,通过"先僵化,后优化,再固化"的方法不断提升管理水平,这些管理体系的建设奠定了华为成为一家全球化公司的基础。华为花在引入外部管理咨询机构上的费用达近百亿美元。

任正非在管理变革中有一个三段论。

(1)触及自己的灵魂是最痛苦的。必须自己批判自己。

(2)别人革自己的命,比自己革自己的命还要困难。要允许别人批评。

(3)面子是无能者维护自己的盾牌。优秀的儿女,追求的是真理,而不是面子。只有"不要脸"的人,才会成为成功的人。要脱胎换骨成为真人。

在管理变革中,华为坚决反对形而上学、幼稚浮躁、机械教条和唯心主义。在管理进步中一定要实事求是,特别要反对形左实右。

三、深淘滩,低作堰

实现长期有效增长,长期看格局,以及商业生态环境的健康、产业的可持续发展,因此构建健康友好的商业生态环境非常重要。华为将构建健康友好的商业生态环境上升到战略的高度。从财务的角度来看,构建健康友好的商业生态环境,一是强调互利共赢,合理追求利润的同时,将部分利益让给合作伙伴和客户,这样合作才能长久;二是不低价竞争,维护良

㊀ 任正非,《华为公司的核心价值观》,2004 年。
㊁ 集成财经服务(integrated financial service, IFS),是支撑和监控企业研发、市场销售、供应链和交付等端到端业务运作的财经流程体系。

好的行业竞争环境。

"深淘滩,低作堰",这是 2000 年前李冰父子留下的治理都江堰的古训。"深淘滩"是指每年岁修时,河床淘沙要淘到一定深度,淘得过深,宝瓶口进水量就会偏大,造成涝灾;淘得过浅,宝瓶口进水量就会不足,难以保证灌溉。为此,相传李冰在河床埋下石马,作为深淘的标志。"低作堰"是指在修筑飞沙堰时,堰顶宜低作,便于排洪排沙,起到"引水以灌田,分洪以减灾"的作用。不能用高作堰的方式在枯水季节增加宝瓶口的进水,这样的后果是,在洪水季节容易造成严重淤积,破坏整体工程。

任正非从中得到启发。"深淘滩,就是不断地挖掘内部潜力,降低运营成本,为客户提供更有价值的服务。客户决不肯为你的光鲜以及高额的福利多付出一分钱。我们的任何渴望,只能通过努力工作获得,别指望天上掉馅饼。公司短期的不理智的福利政策,就是饮鸩止渴。低作堰,就是节制自己的贪欲,自己留存的利润低一些,多让一些利给客户,以及善待上游供应商。将来的竞争就是一条产业链与一条产业链的竞争。从上游到下游的产业链的整体强健,就是华为的生存之本。物竞天择,适者生存。"⊖

"深淘滩,低作堰",已成为华为处理客户关系、改善竞争环境的重要原则。在产业价值链中,一定会存在竞争对手,与对手保持合理的竞争边界,甚至共享市场资源,既是维护行业竞争秩序的基础,也是未来生存的有力保障。"我们收窄战略面,在针尖领域,踩不着别人的脚。我们在主航道上是针尖战略。针尖战略就是冲到最前面,不与别人产生利益冲突。""华为不是要灭掉谁家的灯塔,而是要竖起自己的灯塔,也要支持爱立信、诺基亚的灯塔永远不倒,华为不独霸市场……"2012 年前后,欧盟发起对华为反倾销和反补贴的"双反调查",包括爱立信、诺基亚等竞争对手都站出来为华为背书,称华为并非低价倾销。"华为今年还要买高通 5000 万套芯片,我们永远不会走向对立,我们都是为人类在进行创

⊖ 任正非在运作与交付体系奋斗表彰大会上的讲话,2009 年。

造。我们与英特尔、博通、苹果、三星、微软、谷歌、高通等会永远是朋友。"2019～2020年，在美国采用"实体清单"打压华为的过程中，没有一个竞争对手对华为落井下石。

任正非提醒内部员工，华为跟别人合作不能做"黑寡妇"。黑寡妇是拉丁美洲的一种蜘蛛，这种蜘蛛在交配后，母蜘蛛就会吃掉公蜘蛛，作为自己孵化幼蜘蛛的营养。"华为发展壮大的过程中，不可能只有喜欢我们的人，还有恨我们的人，因为我们可能让很多小公司没饭吃。我们要改变这种现状，要开放、合作，实现共赢，不能一将功成万骨枯。……前20年我们把很多朋友变成了敌人，后20年我们要把敌人变成朋友。"○

任正非说，要多栽花少栽刺，多些朋友，少些敌人。"在与媒体关系上，也要低作堰，而不是高筑坝。媒体辛辛苦苦来了，要采访任何一个员工都可以，员工想说啥就说啥，批评华为公司更好，不一定要说华为公司的好话，事实自会被鉴别。华为有什么事，捅捅也好，小不振则大震。早些知道什么错了，总比病重了好。此外，公共关系部也不要那么僵化，要善待人家，允许人家采访一下，人家也就不恨华为了。其实媒体现在的一些说法是气话，是对我们封闭和傲慢的反弹。媒体群起而攻的时候，大家不要认为这完全是阴谋分子策划的，阴谋分子没有这么大的能量，应该是因为媒体群体对华为公司愤怒而形成的，我们要适当改善和媒体的关系，这是很重要的。"○

四、保持饥饿状态，追求长期价值

华为坚持以价值为中心，而不是以技术为中心。什么是价值？华为认为，"价值表现为公司现实的获利能力和未来潜在获利机会的货币化"，这意味着价值不仅是眼前获利的多少，还包括了未来的获利潜力。因此，在

○ 任正非，《以客户为中心，加大平台投入，开放合作，实现共赢》，2010年。
○ 任正非，《华为要改善和媒体的关系》，2010年。

企业发展过程中，必须平衡短期与长期、现在与未来。华为认为，其商业模式是"长期保持饥饿状态，不谋求赚大钱"，这揭示了华为是怎么看待长期与短期、平衡眼前与未来利益的。

华为提醒管理干部要放眼外部，放眼世界，要适应外部环境的运作，趋利避害。华为处在一个多变的世界，和煦春光与万丈深渊并存，无法准确预测未来，但仍要大胆拥抱未来，矢志不移地继续推动组织向长期价值的方向进行改革。"华为也曾多次动摇过。有人说我们做芯片不挣钱，人家做半导体的公司才挣大钱，但是挣大钱的死得也快，因为大家眼红，拼命进入该行业。我们挣小钱怎么死呢？我们这么努力，比不上一个房地产公司，上帝先让我们死，就有点不公平了。我和欧盟副主席聊天，他问我，全世界的经济都这么困难，你怎么敢大发展？我说，第一点，我们的消费是小额消费，经济危机和小额消费没关系，比如你欠我的钱，我还是要打电话找你要钱，打电话就是小额消费。第二点，我们的盈利能力（毛利润）还不如餐馆高，也不如房地产公司高，我们还能垮到哪儿去，我们垮不了。所以，当全世界都在摇摆，都人心惶惶的时候，华为公司除了下面的人恐慌以外，我们没有慌，我们还在改革。至少这些年你们还在涨工资，而且有的人可能涨得很厉害。我们为什么能稳定，就是因为我们长期挣小钱。"㊀

五、平衡资本与劳动的关系

既要追求长期有效增长，也要平衡内部各方的利益，其中最重要的就是如何进行利益分配。《华为基本法》中明确指出，是劳动、知识、企业家和资本创造了企业的全部价值。前三者的主体都是人，是各层次人员通过劳动来创造价值，因此，在利润分配过程中，要处理好劳动和资本的关系。

㊀ 任正非在华为"2012诺亚方舟实验室"专家座谈会上的讲话，2012年。

在发展初期，华为作为民营企业缺少融资渠道，于是采用内部增发股票的方式解决资金问题，大量员工持有公司股票，享受年终分红。由于分红极其可观，也逐步形成了食利阶层，因此而演化为"拉车人"（劳动）与"坐车人"（资本）之间的矛盾。利益分配越来越不公平，越来越背离"以奋斗者为本，长期坚持艰苦奋斗"的核心价值观，也背离了华为强调"人力资本不断增值的目标优先于财务资本增值的目标"的初衷。

2016年，时任华为轮值CEO郭平在新年致辞中明确提出，"2016年持续优化激励制度，实现劳动所得与资本所得3:1的目标"。华为通过获取分享制改革，一方面，管理好员工的分配结构，关注到公司的每个角落，让每位员工都能分享到公司成长的收益；另一方面，管理好拉车人和坐车人的分配比例，让拉车人比坐车人拿得多，拉车人在拉车时比不拉车时拿得多。通过调整和优化，华为将劳动所得（包括TUP[1]、工资、奖金等收入）与资本投入所得（虚拟受限股收入）的比例控制在3:1。

六、负熵激活

任正非引入热力学第二定律"熵"的概念，来定义企业的发展之道。"我把热力学第二定律从自然科学引入到社会科学中来，意思就是要拉开差距，由数千中坚力量带动15万人的队伍滚滚向前。我们要不断激活我们的队伍，防止'熵死'。我们决不允许出现组织'黑洞'，这个黑洞就是惰怠，不能让它吞噬了我们的光和热，吞噬了活力。"[2]

关于华为如何通过"熵减"（负熵）将市场竞争压力层层传递到每一道流程、每一个人，从而激活组织，在《华为奋斗密码》中有详细阐述，此处不再赘述。总之，"追求长期有效增长"体现的是一种战略耐心。

从财经管理的角度来说，企业首先需要树立"追求长期有效增长"的

---

[1] TUP（time-based unit plan），时间单位计划。
[2] 任正非在华为"2012诺亚方舟实验室"专家座谈会上的讲话，2012年。

管理理念，并将这种理念深入到日常各项财经管理工作当中。

其次，企业需要将资产、收入、利润、现金流等各财务指标及其增长关系纳入核心监控指标体系，以确保各指标维持在一个均衡的增长状态下，追求"有利润的收入、有现金流的利润"。

最后，在实际财经管理工作中，需要将上述各项财务指标及其均衡增长关系纳入全面预算管理体系，制定各指标均衡增长的财务目标，并纳入绩效考核体系。

第三节　力出一孔，利出一孔

一、力出一孔，压强原则

有一项统计，在全世界所有的组织中，90%的组织战略都以失败告终，没能落地。虽然华为的战略不太多，但能真正落地实施，为什么？

力出一孔和压强原则是华为战略管理的核心。华为"力出一孔"的灵感源于两点。一是水切割钢板的原理。造船厂切割钢板不是用燃烧法，而是用水切割，只要水流的压力达到一定程度，就可以产生超乎想象的巨大力量。二是火箭拉瓦尔喷管。喷管的前半部是由大变小向中间收缩至一个窄喉，窄喉之后又由小变大向外扩张至箭底。箭体中燃烧后的气体受到高压流入喷嘴的前半部，穿过窄喉时因受到挤压流速超过音速，从而产生巨大推力推动火箭升空。

力出一孔，即划定战略边界，有所为有所不为，保证战略的集中度。很多公司喜欢讲战略，但往往是制定一个战略推翻前一个战略，然后再制定一个新战略，或者把战略面铺得很宽，美其名曰"打造生态"。

华为多年来一直在坚持管道战略，一直在解读"云、管、端"之间的战略呼应关系。2014年，华为整合成立了产品与解决方案业务组织，致力于开发管道类产品与解决方案。2018年，华为整合组建了Cloud & AI BU[⊖]，致力于开发云端类产品与解决方案。2019年，华为消费者BG[⊜]宣布实施"1+8+N"全场景战略，丰富终端类产品与解决方案：1代表华为手机，8代表华为旗下平板电脑、电视、音响、眼镜、手表、车机、耳机、PC等各种终端产品，N代表移动办公、智能家居、运动健康、影音娱乐及智能出行等延伸产品与解决方案（见图1-2）。2020年，华为将Cloud & AI BU升级为Cloud & AI BG，加大了云端类产品资源的投入力度。

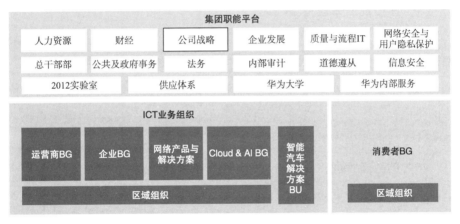

图1-2　2019年华为业务与组织架构图

华为还组建了智能汽车解决方案BU，这一业务有望成为华为未来业务的增长点，但与华为手机一样，同样属于"端"产品。华为不断通过云和端两头用力，云和端产品不仅能给公司带来巨大的收益，还可以进一步撑大管道，带动管道业务的发展。

在战略清晰的前提下，华为采用"压强原则"，在某些技术点上形成局部突破，通过技术的领先获得机会窗利润，然后逐步在主航道、主战略上建立优势地位，再以垂直业务整合为中心，夯实战略基础，形成长期优

⊖　BG（business group），不是一个特指的部门，是指华为的一个业务集团。每个BG下又分多个BU。

⊜　BU（business unit），业务单元。

势，以保障长期有效增长和盈利的持续性。

《华为基本法》第二十三条有关资源配置有这么一段描述："我们坚持'压强原则'，在成功关键因素和选定的战略生长点上，以超过主要竞争对手的强度配置资源，要么不做，要做，就极大地集中人力、物力和财力，实现重点突破。在资源的分配上，应努力消除资源合理配置与有效利用的障碍。我们认识到，对人、财、物这三种关键资源的分配，首先是对优秀人才的分配。我们的方针是，使最优秀的人拥有充分的职权和必要的资源去实现分派给他们的任务。"

一个企业，不管有多大的雄心壮志，有多完善的战略意图，它们最终都需要落地，需要进行资源配置，以支撑战略分解和战略实施。

董事会是华为公司战略、经营管理的最高责任机构，承担带领公司前进的使命，行使公司战略与经营管理决策权。职能平台设有战略与市场营销部，专门负责华为的战略管理。

华为的战略管理，一般通过每年循环的战略规划和战略专题研究两个层面来运作。战略专题是指对公司及各BG、BU、区域、功能领域的业务及未来发展有重要影响的问题，包括但不限于业务增长、盈利、竞争、新技术、新产业机会、客户关系、质量运作、人才等重大战略问题。各BG、BU的战略规划部每年会对战略专题进行管理。

从2006年开始，华为逐步引进IBM的业务领先模型（Business Leadership Model，BLM），作为战略规划的工具，并以此统一战略规划语言。

一般情况下，华为每年4～9月做五年的战略规划（SP），10～12月做下一年的业务计划（BP），并持续滚动（见图1-3）。

华为的战略规划采用的是"五看三定"模型（详见《华为奋斗密码》）。

年度业务计划，即一个战略解码的过程，华为的战略解码基于两个逻辑：第一个逻辑，将各个组织的考核指标与战略目标对齐；第二个逻辑，把这些目标需要的组织能力分解清楚，将人力、财务预算与目标对齐。

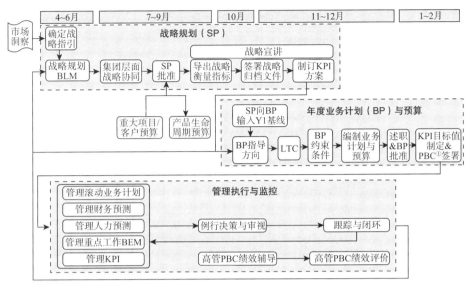

图 1-3 华为战略规划与年度业务计划的关系

① PBC（personal business commitment），个人绩效承诺。

通过年度业务计划可以将很虚的战略意图、战略思考变成很实的人力预算、财务预算等的考核指标。战略从虚到实的落地过程，也是一个闭环的管理流程。

财经领域的战略管理，"一般围绕业财一体化、财经与业务的结合、业务—财经—业务的循环、增长与盈利的平衡、经营安全与健康度、战略投入和客户界面投入、财务资源获取能力、合理资本架构"㊀等展开，即规模、盈利、效率、风险（见表1-4）。其仍然对应华为一贯要求的"多打粮食，增加土地肥力，内外合规"的价值评价标准。

战略落实到财务指标上，企业往往会根据不同产品的成熟度以及在市场上的竞争地位选择不同的考量重点（见表1-5）。华为运营商业务以有效增长、利润、现金流、人均效益等为重点，而终端业务以销售收入和利润为重点，云业务则以市场开拓为重点。

㊀ 何绍茂，《华为战略财务讲义》，中信出版社，2020年。

表 1-4 战略解码与财经指针

	战略解码	财经指针
规模	市场空间、竞争对手、客户需求、产品竞争力	销售量、销售收入、回款
盈利	市场定价、成本结构	产品利润、净利润
效率	资源配置、投入策略	费效比、人均销售额、人均利润
风险	预测外部和内部环境变化、业务流程的风险评估、当地政策合规	遵从性测试、流程审计报告、内控报告

表 1-5 不同市场的考量重点

	销售收入	贡献利润	现金流	市场份额	市场格局
成熟市场	★	★★	★★	★	
增长市场	★★	★		★★	
拓展市场					★★★

2005年,华为推出以开放式模块化为重要特征的分布式基站系列,从而叩开了欧洲高端市场的大门,成功进入德国、法国、荷兰、英国、西班牙、意大利等主流发达国家,在欧洲市场取得历史性胜利。即便在开端如此良好的情况下,任正非仍提醒内部员工说:"未来 3~5 年是整个行业最困难的时候,全行业的毛利率都会下降,客户对价格有完全的话语权,说降价我们就只能降价,即使送也很难,一些业界喊得很响的战略市场几乎没希望赚钱。所以,我们不能被销售规模的增长迷惑了,以为形势一片大好。其实该行业近几年的经营性净利润率在不断下降,而鉴于研发、市场都必须持续高投入的行业特点,经营性净利润率低于 6% 就很难支撑了,所以现在这个盈利水平,我说给客户听,他们都很吃惊。"⊖

一个企业的战略支撑,除了规模,还要有足够的利润。这一点对于财经人员来说很容易理解,但对于战略和业务部门来说,却很容易被忽略。

二、利出一孔,贡献利润

2010~2014 年,华为经过两轮的组织变革,由原来的基于 BG 和区

⊖ 任正非,《全流程降低成本和费用,提高盈利能力》,2006 年。

域两个维度的组织架构，调整为基于客户、产品和区域三个维度的组织架构。三个维度的相应组织都是公司为客户创造价值的组织，共同对公司的财务绩效（收入、利润和现金流）、有效增长、市场竞争力的提升和客户满意度负责，但所承担的责任各有侧重。

（1）基于客户的组织，分为运营商 BG、企业 BG 和消费者 BG。华为对这三个 BG 的责任划分做出了清晰的定义：

- 运营商 BG，是面向运营商的解决方案营销、销售和服务的管理和支撑组织，并对解决方案的规划、设计及验证负责。运营商 BG 对所有产品和服务在运营商客户群的业务有效增长、市场竞争力和客户满意度负责。
- 企业 BG，是面向企业/行业客户的产品和行业解决方案营销、销售和服务的管理和支撑组织，并对行业解决方案的规划、设计及验证负责，对公司所有产品和服务在企业/行业客户群的业务有效增长、市场竞争力和客户满意度负责。
- 消费者 BG，是面向终端产品的端到端经营组织，对利润、风险、市场竞争力和客户满意度负责。

（2）基于产品的组织，将分属原运营商网络 BG 和企业 BG 的各产品组织整合为公司统一的产品与解决方案部门。

（3）基于区域的组织，将地区部定义为能力中心、资源中心和利润中心，地区部对上承接集团组织要求，对下支持各类代表处的业务运作。代表处是经营单元和利润中心，是战略规划在代表处所辖区域落地的执行者。

1. 贡献利润

基于以上组织架构，华为将每一个组织都定义为责任中心，以责任中心的贡献利润来衡量产出，并为此编制专门的利润表。贡献利润和财务专业中的净利润是两个不同的盈利概念。贡献利润适用于企业内部业务单元盈利能力的考量，是各组织进行年终绩效核算和奖金分配的重要依据，以此引导各组织实现自我激励和自我约束。

以产品销售为核心的业务单元（如代表处），其利润表的核心要素包括销售订货、销售收入、产品成本与费用（扣减项）、直接费用（扣减项）、贡献毛利、产品线分摊费用（扣减项）、公司平台分摊费用（扣减项）、贡献利润。利润表大体结构如表1-6所示（示例，非实际）。

表1-6 业务单元的利润表

	损益科目	A业务单元	B业务单元	C业务单元	合计
①	销售收入				
②	产品成本				
③	毛利③=①−②				
④	直接费用				
⑤	贡献毛利⑤=③−④				
⑥	应分摊研发费用⑥=①×15%				
⑦	应分摊平台费用⑦=①×6%				
⑧	贡献利润⑧=⑤−⑥−⑦				

以产品研发为核心的产品与解决方案组织，同样与相应产品的销售收入挂钩，扣减项主要包括产品直接成本、研发费用、应分摊的区域费用和平台费用。产品线的利润表的主要结构如表1-7所示（示例，非实际）。

表1-7 产品线的利润表

	损益科目	A产品线	B产品线	C产品线	合计
①	销售收入				
②	直接成本				
③	毛利③=①−②				
④	直接费用				
⑤	贡献毛利⑤=③−④				

（续）

	损益科目	A产品线	B产品线	C产品线	合计
⑥	应分摊区域费用⑥=①×10%				
⑦	应分摊平台费用⑦=①×6%				
⑧	贡献利润⑧=⑤-⑥-⑦				

2. 获取分享制

贡献利润的核算，是华为实施获取分享制非常重要的基础。

获取分享制，是指任何组织与个人的物质回报都来自其创造的价值和业绩，作战部门（团队）根据经营结果获取利益，后台支撑部门（团队）通过为作战部门提供服务分享利益。

有利润贡献，才有收入的分配权。贡献利润将员工收入分配的关注点，从上级分配引导到价值创造，这也是华为"以客户为中心"价值观的重要基础。

华为还根据上面的利润表设立各类奖金包，以牵引不同目标的实现。例如，设立订货/收入奖金包，以牵引规模扩张；设立贡献毛利奖金包，以牵引提升本业务单元的运营效益；设立贡献利润奖金包，以牵引提升端到端的运营效益；设立市场布局奖金包，以牵引市场长期稳定的发展。相应地也有处罚，体现为扣减项，如超长回款、资金积压等。

3. 全员虚拟持股

华为员工的收益分短期、中期、长期三类：短期收益源于工资、奖金、各类补贴（如差旅）等；中期收益主要是指 TUP 分配，5 年为一周期；长期收益主要源于虚拟股票的增值与分红。

华为从 1990 年开始实施股权激励，让员工以每股 1 元的价格购入公司股票；2001 年年底互联网泡沫破灭后，华为开始了"虚拟受限股"改革；2008 年全球经济危机时，华为推出"饱和配股"制度，即规定员工的配股上限,每个级别达到上限后,就不再参与新的配股。

2019年年报显示,华为通过工会实行员工持股计划,员工持股人数为104 572人(截至2019年12月31日)。员工持股计划将公司的长远发展与员工的个人贡献有机地结合在一起,形成了长远的、共同奋斗的分享机制。

华为员工之所以都非常积极地参与配股,一个非常重要的原因就是分红高。华为的年度分红回报率始终保持在25%以上。华为2010～2019年分红数据如表1-8所示。

表1-8 华为2010～2019年分红数据

年度	股价(元/股)	分红(元/股)	分红收益率	股权增值	综合收益率
2010	5.42	2.98	54.98%	—	54.98%
2011	5.42	1.46	26.93%	—	26.93%
2012	5.42	1.71	26.01%	—	26.01%
2013	5.42	1.47	27.10%	0.24	31.50%
2014	5.66	1.90	33.60%	0.24	37.80%
2015	5.90	1.95	33.10%	0.91	48.50%
2016	6.81	1.53	22.50%	1.04	37.60%
2017	7.85	2.83	36.00%	1.05	49.36%
2018	7.85	1.05	13.40%	1.56	33.20%
2019	7.85	2.11	26.90%	—	26.90%

注:2017年分红拆成两部分:直接分红1.02元/股,另外1.81元转为虚拟股。

从华为大比例分红可以看出,华为是一个只允许成功不允许失败的企业,一旦没有利润、没有分红,良好局面的维持是难以想象的。

三、数出一孔,财报真实

财经本身并不产生数据,数据源于业务,业务数据的真实、完整和准确,直接决定了财经工作的质量,而两者之间首先必须统一语言和逻辑。

因此，华为早在 2000 年就提出了在财经管理上要实现制度、流程、编码和表格的"四统一"，并通过在全球建立财务共享中心，建立 4 天内完成财务信息收集和结账的能力。

华为集团财经副 CFO 史延丽在她的一篇文章《做最真实的财报》中做了这样的情景描述：

我们的报告发布后，不停地有人来找我，说报告数据有问题，有个项目的收入不对。然后我们分析了一下，发现这个合同中一根光缆竟拆分了很多的收入，原本项目是亏的，可是这根光缆一发货验收，项目就盈利了。前端给的数据错了，我们不知道，也没有手工调账，结果误导了大家。

那时候我是总账的部长，听到大家吐槽，心里很不好受。数据质量实在太差了，尽管很多问题不是我们的原因造成，但报告是我们发布的，大家的第一反应就是财务没有做到位。

那么，我们能做些什么呢？思来想去，我们觉得只管算账已经不够了，必须跳出自家"一亩三分地"，于是专门成立了一个十几个人的"找碴儿小分队"，负责审核各个地方报过来的数据，架上望远镜、显微镜，去查前端哪里可能有问题，然后去手工调账。

但坦率讲，收效不大，只靠财务在后面堵是不行的，这就好比长江水，如果上游水污染了，那下游就只能喝脏水。也是从那时候开始，我们意识到，要么痛苦一辈子，要么主动拥抱挑战，到前端去解决数据质量问题，把整个流程打通。

引入外部审计师后，这种愿望就更强烈了。"这么大笔费用你们干什么用的呢？""合同在哪？""交付周期是多长？"当时的我们只能看到数据结果，看不到数据背后的业务，审计师连珠炮式的问题，我常常一个都回答不了，只好到处打电话"骚扰"业务部门。

那时候，审计师要在我们提供的财报初稿上做出大量的数据调整，有些差异连我们自己都不明白为什么要调整，甚至连财务报告的附注，都是审计师帮我们写的，因为我们完全不知道应该从什么角度，以什么样的尺度来陈述我们的财报。

后来华为又将"四统一"升级为"新四统一",即统一编码、统一流程、统一制度、统一监控。通过 IFS 变革,构建更科学的数据架构,以及高度集成的全球结账管理系统、核算系统和 iSee 业务数据分析系统。

华为利用分布于全球的 7 个共享中心的时差优势,建立起了全球 7×24 小时的循环结账机制,实现了"日不落"循环结账。到目前为止,华为实现了 3 天内出具财务报告初稿,5 天内出具终稿,10 天内出具年度报告终稿,并能按区域、产品、客户三个维度出具管理报告。

第四节　坚持以客户利益为核心

华为在 2019 年年报中提出这样一个问题:我们为世界带来了什么?

答案中的第一条就是:为客户创造价值。"华为携手合作伙伴,为电信运营商提供创新领先、极简智能和安全可信的网络产品与解决方案;为政企行业客户提供开放、智能和安全可信的 ICT 基础设施产品与服务。华为智能终端正在帮助人们享受高品质的数字工作、生活、出行和娱乐体验。"

《华为基本法》中明确提出,华为不以股东利益最大化为目标,也不以利益相关者(员工、政府、供应商……)利益最大化为原则,而是坚持以客户利益为核心的价值观,驱动员工努力奋斗。

2004 年,华为 EMT[⊖] 经讨论和审议,高度统一了一个认识,即为客户服务是华为存在的唯一理由,客户需求是华为发展的原动力。"华为公司的愿景是丰富人们的沟通和生活。使命是聚焦客户关注的挑战和压力,提

⊖ EMT(executive management team),经营管理团队,是华为负责经营、客户满意度的最高责任机构。

供有竞争力的通信解决方案和服务，持续为客户创造最大价值。战略涉及四个方面：①为客户服务是华为存在的唯一理由，客户需求是华为发展的原动力；②质量好、服务好、运作成本低，优先满足客户需求，提升客户竞争力和盈利能力；③持续管理变革，实现高效的流程化运作，确保端到端的优质交付；④与友商共同发展，既是竞争对手，也是合作伙伴，共同创造良好的生存空间，共享价值链的利益。"㊀

华为给客户带来什么价值呢？华为致力于把数字世界带给每个人、每个家庭、每个组织，构建万物互联的智能世界：让无处不在的联接，成为人人平等的权利；为世界提供最强算力，让云无处不在，让智能无所不及；所有的行业和组织，都因为强大的数字平台而变得敏捷、高效、生机勃勃；通过人工智能（AI）重新定义体验，让消费者在家居、办公、出行等全场景获得极致的个性化体验。

一、关注客户价值的实现

其实，华为践行的是一个商业常识，即企业是通过为客户创造价值而获得商业成功的。但华为稍有不同的是"唯一"二字，这两个字把为客户服务提高到了相比其他企业更高的格局。

2008 年，华为在确立以客户为中心的核心价值观以后，再进一步强调直接或间接地解决客户需求，为客户提供有效服务，作为员工价值评价的标尺，并要求所有部门、流程、人员都必须围绕为客户创造价值展开，否则，人是多余的人，部门是多余的部门。任正非对此有一个非常形象的"马车"比喻，他说马拉车的时候，看到哪根绳子不受力，就是哪匹马没有出力。企业也是如此，要剪掉不受力的绳子，连同在这根绳子上的部门及人员，因为这些是不创造客户价值的部门和人。

㊀ 任正非，《华为公司的核心价值观》，2004 年。

从 1998 年起，华为开始考虑全面构筑客户需求驱动的流程和管理体系，为此系统地引入世界级管理咨询机构的管理经验，华为与 IBM、合益、毕马威（KPMG）、普华永道（PwC）、弗劳恩霍夫协会（FhG）、美世、盖洛普等公司合作，从业务流程、组织结构、品质控制、人力资源、财务、客户满意度等方面进行系统变革，把公司的业务管理体系聚焦到创造客户价值这个核心上来。经过长达一二十年的不断坚持和改进，华为的管理已与国际接轨，不仅承受了公司业务持续高速增长的考验，而且赢得了海内外客户及全球合作伙伴普遍认可，有效地支撑了公司的全球化战略。

从投资定义上也可以看出华为对客户价值的关注，华为做投资有两个关注点：一个是客户需求牵引，另一个是技术牵引。虽然是两个关注点，但逻辑其实是一个，即华为持续保持对技术的投入，始终围绕的是解决客户需求。

在华为的发展史上，有一个非常具有代表性的案例，即华为分布式基站解决方案，就是以客户需求为中心，通过技术牵引创造客户价值。

2000 年，互联网泡沫陆续破灭，3G 的春天还没有到来，华为国内市场增长乏力，这迫使华为将眼光投向国外市场。2001 年，华为欢送大量将士出征海外，任正非因此发表了《雄赳赳，气昂昂，跨过太平洋》的讲话，"青山处处埋忠骨，何必马革裹尸还"，这些出征将士"背负着公司生死存亡的重任"，可见华为当时的困境。

但是，华为想要叩开海外市场大门谈何容易，特别是西欧市场，作为诺基亚、爱立信等国际巨头的粮仓，根本不可能给华为留有什么机会。

荷兰有一家叫 Telfort 的运营商，是荷兰四家运营商中最小的一家，它于 2002 年购买了一张 3G 牌照，但建网时遇到了一个非常棘手的问题——机房空间很小，没办法再摆下新增的 3G 机柜。Telfort 找到为其提供全网设备的诺基亚，说："能不能给我们开发一种小型机柜，以便我们的 3G 机柜也能放进去。"诺基亚说："不好意思，我们没有这种产品，单独给你们开发，规模太小。"然后 Telfort 找当时的通信市场老大爱立信，但爱立信并没有把这么小的 Telfort 看在眼里，回复说："对不起，我们不可能为了你们改变我们的产品路标。"

2003 年，华为在欧洲的拓展团队听说这件事后，特意上门拜访 Telfort，在走投无路的情况下，Telfort 终于没有拒绝毫无知名度的华为。此时的华为，时任项目负责人的李昌竹形容说"像孤魂野鬼一样，在欧洲飘荡了两三年"。

华为了解完情况后，承诺说："请给我们一个机会，我们可以帮你们解决问题。"然后画了几幅草图给对方看。对方说："你们能做出来我们就买……"接下 Telfort 的任务后，华为才发现，传统的基站，射频和基带处理单元都在一个柜子里，体积大，功耗高，笨重且不易安装，而且欧洲国家非常注重环保，要安装新基站必须经过业主的同意，并支付高昂的费用。经数据分析，更让人大吃一惊的是，客户的建设成本构成中，设备成本只占 15%，而站址获取成本占比则高达 43%。以租用机房来分析，租用一个放置基站的位置，一个站址一年大概需要 7000 欧元，10 年就是 7 万欧元，如果客户网络有 3000 个基站，10 年站址的费用就高达 2.1 亿欧元。

经过数月的站点现场调研和反复研究后，华为创造性地提出把基站的基带部分放在运营商现有的机柜里，射频部分做成具有防水性、可安装在抱杆上的分布式架构的构想。这样基站就可瘦身为两个分离的小巧的单元：基带单元（BBU）和射频单元（RRU），帮助客户省去机柜的占地面积，从而极大降低基建成本，同时还具有安装方便、搬运成本低和省电等诸多优点。

2004 年，华为成功与 Telfort 签署了价值超过 2500 万美元的合同；2005 年，创新灵活的 BBU+RRU 分布式基站解决方案首次在 Telfort 部署。产品交付后，Telfort 测算了运营成本的实际降幅，比之前交流方案时提出的估算还要大。华为分布式基站解决方案解决了欧洲客户高资本性支出（CAPEX）和运营成本（OPEX）的痛点，彻底打动了客户。

2006年，当时世界第一大运营商沃达丰遇到一个难题，它在西班牙的主网竞争不过当地龙头运营商 Telefonica。沃达丰决定采用华为的分布式基站，这一决定让沃达丰在竞争力上逐步超过了 Telefonica。

此后，华为逐渐获得了欧洲更多客户的认可，在欧洲市场慢慢打开局面。分布式基站也迅速成为全球新一代无线基站的主流形态。

二、帮助客户实现商业成功

研发型企业很容易迷恋技术，研发人员以突破尖端技术和技术难点为荣，很容易陷入"以技术为中心"的陷阱，华为早期也未能幸免。

2000年9月1日，任正非特意将华为研发体系的几千人组织起来，开了一个"在中研部将呆死料作为奖金、奖品发给研发骨干"的颁奖大会，华为把因研发各种问题而产生的呆死料单板器件，以及因此救火花费的机票，用镜框装裱起来，作为"奖品"颁发给研发系统的几百名骨干，由此发起对"唯技术论"的自我反思和批判。

任正非特别善于从别人的失败中找到成功因子。他极其关注日本20世纪七八十年代成功后，高度以技术为中心所带来的伤害，"日本在20世纪七八十年代是非常成功的。日本这个国家电子工业革命后差点把美国给买下来，美国在这方面几乎输给日本，但是成功带来很重的包袱，日本是资本家的国家，资本家在整个国家投资技术设施已经数千亿美元，而且模拟电子发展到如此大的市场规模，为什么要抛弃模拟电子走向数字化呢？所以日本在数字化上走慢了。走慢了以后，美国在数字电子上迅速超过日本。日本发现自己错了以后，就犯了更大的错误，要跨越时代，做出更先进的产品，如第五代计算机，20世纪90年代初，做出400G的ATM交换机。日本的400G ATM交换机在我国香港开起来时，我们公司ATM项目实质上还没有启动，但是 400G ATM 在香港开起来有什么用呢？它领先了客户需求三步，所以它成了先烈，先进产品就这样死掉了"。○

2003 年 5 月，任正非在干部管理培训班上讲话说："为什么不能技术导向呢？技术创新到今天来说，所有人都已经伤痕累累，为什么？由于互联网及芯片的发明，使人的等效当量大脑容量上千倍地增长。美国只有 2.9 亿人，但是却相当于美国有 4000 亿个大脑。这么多的大脑一起工作，产生新的技术、新的知识和新的文化，它会大大超越人类的真实需求。因为人类的需求是随生理和心理的进步而进步的，人的生理和心理的进步是缓慢的。因此，过去一味像崇拜宗教一样崇拜技术，导致很多公司全面破产。技术在哪个阶段是最有效、最有作用的呢？我们就是要去看清客户的需求，客户需要什么我们就做什么。卖得出去的东西，或略微抢先市场一点点的产品，才是客户真正的技术需求。超前太多的技术，当然也是人类瑰宝，但必须以牺牲自己来完成。"○

基于此，任正非举旗"主宰世界的是客户需求"，并大声疾呼"只关注技术不关注体验的模式不会成功"，要求大家改变思维方式，做工程商人，不把自己的意志强加给客户。客户需求并不一定是高大上的技术，而往往是最简单的功能，因此，企业初级阶段的任务是提供真正能满足客户需求的产品和服务。

正常理解，企业能做到这个程度就不错了，把设备卖给客户，保障设备正常运行，企业"以客户为中心"的目标就算已经实现。但华为不这么想。2013 年，时任轮值 CEO 徐直军在一次内部讲话中提出："运营商客户是我们 25 年来从存在到成长的基础，也许未来相当长时间内是我们利润和收入的主要来源。未来 5 年内，我们要与运营商黏在一起，实现它们的战略目标，那么我们与运营商的合作层次要有从简单的量到质的飞跃，才

○ 任正非，《在理性与平实中存活》，2003 年。

○ 同上。

可能与运营商构筑起真正的战略合作关系。"

怎么才算黏在一起呢？立足客户视角思考两个问题：一是帮助运营商做业务转型，由语音运营向数据业务运营转型；二是关注运营商的商业模式，帮助它们增加收入和盈利。一句话，就是帮助客户实现商业成功。

把设备卖给客户了，它能不能用好，能不能赚钱，跟我们有什么关系！其实细一想，这仍然属于基本商业常识的范畴。试想，客户如果不能用你的设备赚到钱，它后续再买你设备的可能性几乎为零，客户最终会离你而去。

这个商业常识很容易被我们忽略，当然要做到也并不容易。那么华为是怎么来帮助客户实现商业成功的呢？其经历了三个阶段。

第一阶段，1998年之前，只要有好的设备提供给运营商客户，运营商投资下去就能获得高额回报。这个阶段，华为除了卖设备之外，还为运营商提供配套融资，帮助运营商抢占更多市场。

第二阶段，随着移动通信的发展速度越来越快，有线和无线交织在一起，各种传输技术也交织在一起，单一产品已不能解决客户复杂的网络问题。这一阶段，华为开始帮助客户部署解决方案，从单站点、单产品、单技术到客户的综合体验。

第三阶段，随着互联网和大数据的冲击，运营商语音和短信业务急剧萎缩，数据业务如洪水漫溢，但运营商不知道如何定义和管理数据所产生的信息流。这个时候，一方面，华为与运营商一起深入探讨产业的发展趋势，帮助运营商重新定义战略投资要素，提出商业模式由原来的投资驱动转向新的价值驱动，由此帮助运营商确立"最大化网络价值""全云化支持5G发展""敏捷数字化运营""数字业务云化"等发展思路，同时构建视频、窄带物联网（NB-IoT）、云服务、Telco 2.0、数字生态等新领域，从以技术架构和用户体验为中心，向以商业价值为中心不断深化；另一方面，华为改变对代表处销售负责人的考核模式，其业绩考核与运营商总裁的 KPI 直接关联，一线代表处必须关注运营商的商业模式、运营效率、投入产出和用户体验，站在客户的角度，从所在国或地区整体运营的视角思考问题。

任正非在 2015 年 8 月的一次 EMT 会议上说："我们公司有三大问题需改善：第一，改善对客户的服务质量（这里指广义的服务质量，包括产品质量等）；第二，改善和供应链的关系；第三，我们给奋斗者好评，把奋斗分享机制往上延伸覆盖到供应商，往下延伸覆盖到客户。"近些年，华为开始向客户输出管理思想和运营能力，这是比帮助客户实现商业成功更难的一个维度。

关于客户成功的意义，任正非一语中的："华为要帮助自己的客户成功，否则没有了支撑点，我们是很危险的。"可以说，帮助客户实现商业成功是企业生存和发展的恒定法则。

三、客户利益与自身利润的平衡

《华为基本法》第五条：华为主张在顾客、员工与合作者之间结成利益共同体。任正非说，通过对客户、企业、供应商在利益链条上的合理分解，各得其所，形成利益共同体，这对促进华为产品的销售发挥了巨大作用。这么多年来，华为不是单纯地追求利益最大化，而是考虑把市场做大，让合作方得到合理的回报，以利益共同体来促进命运共同体的形成，从而实现事业上的结盟，这是华为成功的秘诀。"我们不要太多钱，只留必要的利润，只要利润能保证我们生存下去。把多的钱让出去，让给客户，让给合作伙伴，让给竞争对手，这样我们才会越来越强大。"⊖

华为从来不主张压榨客户，而是尽量通过技术投入获得机会窗的利润。"我们将取得的点滴利润几乎全部集中到技术开发上，以形成局部的突破，逐渐取得技术的领先和利润空间的扩大。技术的领先带来了机会窗

⊖ 任正非，《以客户为中心，加大平台投入，开放合作，实现共赢》，2010 年。

利润，我们再将积累的利润投入到升级换代产品的研究开发中，如此周而复始，不断地改进和创新。"①

四、反哺客户

2017年7月26日，任正非签发了一封电子邮件，电子邮件的内容是转发华为内部员工吴辉的一篇文章《以客户为中心，一家百年老店的基业长青之魂》，文章所指的百年老店是俄罗斯联邦储蓄银行（Sberbank）。

俄罗斯联邦储蓄银行创立于1841年，是俄罗斯最大的商业银行，即使已活了近180年，仍然焕发着强大的生命力与活力。作者在参加俄罗斯联邦储蓄银行年度高层战略峰会时，感受最深的是其无处不在的"以客户为中心"的价值观和方法。

吴辉在文章中有这样的一段描述："来到俄罗斯联邦储蓄银行位于莫斯科的总部大楼，首先映入眼帘的是树立在正门前的一座3米高的雕像。我们开始以为雕像人物是俄罗斯历史上的某位伟人，或者是这家企业的创始人，或者是某位对企业有巨大贡献的人，但猜了半天都不对。主人笑着指着雕像底座的一段文字解释道：'尼古莱·安东维奇，俄罗斯联邦储蓄银行第一位储蓄者，他是俄罗斯联邦储蓄银行历史上的第一位客户，1842年3月13日在俄罗斯联邦储蓄银行存入10卢布，开立了第一个账户。'这座雕像让我对俄罗斯联邦储蓄银行肃然起敬！他们将自己的第一位客户敬奉在总部大楼的正门前，强烈地传递着客户在这家企业心中享有最尊崇的地位。"②

基于对市场的深刻理解以及极具创新的精神，俄罗斯联邦储蓄银行于2015年提出了"银行即平台"战略，希望将自己打造成全球首家把核心

---

① 任正非，《创新是华为发展的不竭动力》，2000年。
② http://xinsheng.huawei.com/cn/index.php?app=forum&mod=Detail&act=index&id=3580805& search_result=202&p=1.

业务放在开放架构上的银行。其董事长说："我们不是一家银行，只是一家'有银行牌照的科技公司'。"

以客户为中心，首先对客户要有敬畏之心，然后才会有回报，有反哺客户的意愿和动作。

华为目前有两类客户：一类是以运营商为主的 B 端客户，另一类是针对手机用户等的 C 端客户。经过多年的努力，华为在全球与 B 端合作伙伴建设了 13 个开放实验室和 36 个联合创新中心，[一]这些实验室和创新中心成为华为与客户、合作伙伴联合创新、开发、验证以及体验的中心，而建设这些实验室和创新中心的运营资金全部由华为负担。

2006 年 10 月，华为和沃达丰集团在西班牙正式成立了第一个联合创新中心——移动创新中心（MIC），而后陆续与中国、欧洲、北美、中东及东南亚在内的重量级电信运营商合作成立联合创新中心。联合创新中心所涉及的技术研究领域，已经从最初的无线接入侧，扩展到网络通信技术、业务支撑系统、能源等多个领域，成功合作的重要创新课题超过 100 个，并形成了许多有影响力的创新成果，如 SingleRAN、IP 微波、融合计费平台等，已经成为现在业界的主流部署模式，为运营商节省了大量的网络成本，用户也享受到了更好、更便宜的通信服务。

同时，华为投入大量资金以产业牵引学术研究。华为推出的"华为创新研究计划"（HIRP）已与全球 30 多个国家和地区的 400 多所大学、研究机构以及 900 多家企业开展创新合作；在欧洲，华为 HIRP 累计投入 1 亿美元，与欧洲 140 所高校、研究咨询机构建立了广泛深入的合作；与超过 230 位欧洲学者专家、150 多个学术机构展开技术合作。

超过客户预期是回报客户的另一种方式。任正非在接受国际媒体采访时举例说："全世界的运营商都会继续信任我们。我举几个例子，在日

[一] 华为 2016 年年报公布的数据，以后未再公布。

本海啸引发福岛核电站泄漏时，与难民逆向前进的是华为员工，他们冒着生命危险在两周内恢复了 680 个基站，为抢险救灾做出了贡献；孟晚舟也是这个时候从我国香港奔赴日本，整架飞机上只有两个乘客。我们不是见到灾难就逃跑，而是为了人类安全，迎着灾难向前进。印尼海啸，我们有 47 个员工，在 13 小时内就把海啸灾区 668 个基站恢复了，支持了抢险救灾。在智利 8.8 级大地震的时候，我们有 3 个员工在地震中心区失去联络……当这些失联的员工第一个电话打给他们的主管，主管说了哪个地区的微波站坏了，他们三个人继续背着背包去抢修这个微波站……大家知道非洲不仅有战争，而且是疾病频发的地区，我们有很多员工都得过疟疾……"①

华为也出现过反例，曾经驻安哥拉的负责人因国家动荡私自撤离而造成难以挽回的后果。任正非回忆说："我们的职业操守是维护网络的稳定，这是与其他行业所不同的。豆腐店、油条店……可以随时关掉，我们永远不能。曾经在安哥拉，我们当地负责人不请示公司，就背弃了当地政府，背弃了运营商及合作伙伴，私自撤离，酿成大错。事后多年，当地政府坚决拒绝华为再进入安哥拉，我们为此付出了多大代价才得以重返安哥拉。任何时候都会有动乱发生，任何地方、任何时候我们只对网络的基本稳定承担责任，任何地方、任何时候我们决不会介入任何国家的政治。放弃网络的稳定，会有更多的人牺牲。日本福岛 50 死士他们不牺牲，事故扩大就会有成千上万的人牺牲。任何事业都不是一帆风顺、布满鲜花的，我们选择的职业是有一定责任的，而且企望担当重要职务的员工责任更加重大。各级部门对员工开展入职教育时，要深刻地讲清这一点。员工表态、承诺后，也许在现场仍然心理上承受不了，对压力大的员工，应尽快从一线撤回，一是保障他们的安全，二是不影响他人。我们所有的干部，要如

---

① 任正非接受国际媒体采访纪要，2019 年。

解放战争期间的共产党员一样,'冲锋在前,退却在后;吃苦在前,享受在后';我们的各级骨干,也应是这种选择。"㊀

2017年11月,华为在安哥拉天主教大学启动了"华为学术"计划;2020年,华为在安哥拉建设了价值6000万美元的技术园,帮助安哥拉培养信息和通信技术人才。

据华为高级副总裁、董事陈黎芳透露,华为从2008年起发起"未来种子"项目,帮助全球各地培养本地ICT人才,截止到目前,108个国家和地区的400多所高校的30 000余名学生从中受益。

㊀ 任正非在伊拉克代表处与员工座谈时的讲话,2011年。

第二章

业财融合的衡量标准是业务成功

近些年,财务领域开始流行"业财融合"这个概念,这是财务职能变革的一种趋势。财务不再是躲在后面的账房先生,而是要勇敢走向前台,实现职能转型以及角色的重新定位,成为企业价值的整合者,推动企业变革,实现企业价值的持续增长。

未来对财经的衡量标准,不再仅仅是业务监督和风险控制,而是推动业务成功。华为的说法叫"多打粮食",财经的角色加进来以后,就是"多打健康的粮食"。

第一节 业务为主导,财经为监督

一、有效服务和监督的前提是懂业务

任正非说,什么是"财务"?一部分是"财",一部分是"务","务"就是指要懂业务,为业务提供专业的服务与支持。如果财务不懂业务,那只是算账的,叫会计员,不叫财务。

财经部门和相关人员虽然不是决策者,但是可以成为建议提供者和业务监督者。当财经不能识别业务的合理性与真实性时,不仅不能满足业务

的合理需求，提供有价值的财经服务，还可能走向相反，一味采取严格的风险管控，成为业务的绊脚石。

华为一直坚持"业务为主导，会计为监督"的宏观管理方法与体系建设。什么是"业务为主导"？就是通过技术创新、人才引进、市场扩张获得业务增长，敢于创造和引导需求，善于抓住机会，取得"机会窗"的利润。什么是"会计为监督"？就是为保障业务的实现提供快捷、准确和有序的规范化财经服务，把服务和监控融进全流程，在服务的过程中完成业务监督与风险控制，即财经在提供服务与支撑的过程中，同时要履行企业所赋予的管理与监控职责。在华为内部，根据场景需要分别使用"会计为监督""财经为监督"这两种提法。

任正非说："财经体系要服从业务体系的发展，我们的目标还是高速发展。当机会出现时，财务既要保障这些机会的实现，又要支撑及时、准确、优质、低成本交付，并完成有效监管。公司将计划预算下放到了地区部，现在更重要的是把核算权也放到前线去，核算权其实也就是战争指挥权。我们正在对代表处的组织结构进行整改，从明年开始，我们也要对地区部进行整改。在整改过程中，会加大对基层的授权。组织改革过程中，基层在用权时可能不会那么准确、科学和讲究方法，因此需要更多的监管。财经和审计等部门就要在这个监管过程中对关键点不断进行抽查，建立威慑系统，从而保证大家能够更加科学地用权。"㊀

立足财经的角度看业务，需要做好两件事：其一，服务业务，为业务协调资源，为业务决策提供支持；其二，监督业务，对业务成果的真实性进行审核，并做记录。

从财经专业来说，对业务进行监督和风险控制很容易想到和做到，会计准则和相关教科书也对此强调特别多。但服务业务则很难，一方面财经

㊀ 任正非，《CFO 要走向流程化和职业化，支撑公司及时、准确、优质、低成本交付》，2009 年。

人员放不下架子，习惯充当监督者的角色，这似乎也是一份权力；另一方面自己并不了解业务，不明白如何帮助业务，甚至担心自己的帮忙与监督职能发生冲突。

财经人员如何与业务人员沟通，怎样做好工作对接？对此，华为财经管理部提出了"四化"标准：财务理论大众化、财务语言通俗化、财务制度统一化、财务输出模板化。这"四化"有语言的艺术，有工作的技巧，为财经切入业务提供了方向。

二、业务承担风险，财经揭示风险

华为认为，业务主管是第一责任人，负有承担管辖范围内的经营风险及内控的责任，其不仅要对业务增长与稳健经营负责，也应对利润负责，还要对法律遵从负责。财务是各级业务主管的助手，既要服务业务，也要提供风险分析和揭示风险，其监督职责的有效履行，既能保证财务数据真实反映业务实质，也能帮助业务主管做出正确的选择和决策。

第二节　一切为了前线，一切为了业务服务

财经与业务唇齿相依，共同成长，财经做得不好，业务也不能独善其身。企业各级业务干部负有财经管理的责任，要实现发展与制约的平衡管理。虽然财经的职责是监督，但仍然要以支撑业务发展为首要责任，这也是实现监督的前提，不能因为要监督而设置重重关卡。

2015年10月，华为《管理优化报》刊登了一篇名为《一次付款的艰难旅程》的文章，文章反映了一线人员申请客户预付款时遇到审批多、流程复杂等问题。任正非予以高度关注，并做出批示："据我所知，这不是一个偶然性事件。不知从何时起，财务忘了自己的本职是为业务服务、为作战服务，什么时候变成了颐指气使？皮之不存，毛将焉附？"华为财经

管理团队对此召开民主生活会进行反思，提出"一切为了作战，一切为了业务服务，一切为了胜利"，持续进行工作改进。

经过"一次付款的艰难旅程"事件后，华为财经确立了八项整改要点：①服务向前迈一步；②"争议"升级机制；③"例外"弹出机制；④权力下沉；⑤投诉反馈；⑥流程整合；⑦三点闭环；⑧时间优先机制。从而竖起了"硫磺岛上的那面旗帜"[1]。

"'一切为了前线、一切为了业务服务、一切为了胜利'，也许会成为变革时代的一个标志性口号。我们要在 10 年内实现大体系支撑下的精兵战略，逐步实行资源管理权与作战指挥权适当分离。指挥权要不断前移，让优秀将领不断走向前线，灵活机动地决策。以代表处为利润中心，对结果承担责任，指挥权、现场决策权首先前移至代表处。当然，监督权也要不断前移。子公司董事会经过几年的发展，通过立足一线，不断摸索，在内外合规的管理上逐步成熟，效果开始显现，我们在个别国家可以开始对一线业务部门实施授权试点。要扩大在代表处审结的内容和范围，这就是权力下放。流程要纵向、横向打通，要让听得见炮声的人能呼唤炮火，能呼唤到炮火。要努力提高合同质量，才能及时做出炮弹，每个项目应配项目 CFO，从合同策划到合同关闭，全程参与。"[2]

一、权力下沉，三点闭环

"一次付款的艰难旅程"事件之后，华为财经开始持续展开变革。

---

[1] 硫磺岛战役是"二战"太平洋战争中最为激烈的战役之一，从 1945 年的 2 月 19 日持续到 3 月 26 日。硫磺岛是美军直接攻击日本冲绳及日本本土的战略要地，日军在岛上集结陆军 1.5 万人、海军 7000 余人、飞机 30 余架，日军凭借其险要地势近距离大量杀伤美军的有生力量，美军的推进一度受阻。1945 年 2 月 23 日，美军陆战第 4 师以 2 号机场为目标再次发起总攻，经过 4 天血战，陆战第 5 师 28 团由哈罗得·希勒中尉率领的 44 人组成的小分队，终于攻上折钵山的山顶，升起一面美国国旗。4 小时后，希勒的 6 名士兵又插起了一面更大的美国国旗，美联社记者乔·罗森塔尔将插旗时的情景拍摄了下来。这幅插国旗的照片也因此成为美国民族的象征，成为胜利的象征。

[2] 任正非，《决胜取决于坚如磐石的信念，信念来自专注》，2016 年。

2015年12月16日，华为集团财经发出名为《"权力下沉""三点闭环"的优化指引》的改革文件，文件就"权力下沉""三点闭环"的优化方向及目标做出如下批示。

一、权力下沉

1. 财经权力主要分为集中管控和服务作战两类。

    1.1 集中管控的财经权力，如银行账户管理、资金调度及拨付、关联交易定价、全球利润分布等，应由集团层面集中调度和协同，各COE①据此形成保留权力清单。

    1.2 服务作战的财经权力，应全部下沉到BP组织。此类财经权力应授予各个作战组织的CEO或CFO。

2. 2016年第一季度，应实现90%的财经权力授予作战组织。也就是说，集中管控的财经权力约占整体财经权力的10%，保留在集团财经；服务作战的财经权力约占整体财经权力的90%，授予作战组织。

3. 建立清晰的流程及规则，使得作战组织能够规范行权。

4. 权力下沉后，财经各COE组织不再负责常规业务的审批工作，而是着力聚焦在专业能力的持续建设和成长上，以领先的行业实践和政策指引，支撑公司战略目标的实现。

5. 权力下沉后，财经各BP组织应建立和积累与行权范围相匹配的专业能力，用好手中的权力，支撑各级作战组织目标的实现。

6. 辅助行权机制。

    6.1 权力下沉后，若BP组织由于前期经验和能力积累不足，仍需要COE组织为其决策意见背书，需以书面形式注明该项权力的过渡期，过渡期应在6个月以内。

    6.2 在过渡期内，由BP组织进行判断和决策，COE组织提供专业建议并联签，决策差错或失误的责任由COE组织承担。

---

① COE（center of expertise），专家中心，华为内部习惯称之为"能力中心"。

6.3 过渡期方案不在流程设计中体现。COE 组织仅在过渡期内,以手工作业的方式参与到审批环节中。

7. COE 组织保留对各项财经权力的监督责任,通过对关键事件的回溯来校正作战组织的行权方向及尺度。

二、三点闭环

1. "三点闭环",是指一项财经活动应在三个环节以内完成,这三个环节包括提单人、审核人、审批人。

2. "三点闭环"是对服务作战类财经权力提出的优化要求。服务作战类财经权力,应该以简便、高效的方式完成行权。

3. 集中管控的财经权力,因为涉及大量的内部协调与平衡,而且与一线作战目标的关联度低,不适用于"三点闭环"的优化要求。

4. 不符点确认(付款事项)。

4.1 涉及收入及成本事项的争议,由×××负责的收入仲裁小组处理;涉及费用报销、薪酬及福利、行政费用的争议,由×××负责的费用仲裁小组处理。

4.2 账务建立"不符点再确认"机制,来解决一线在付款申请时遇到的例外情况。

4.3 在付款事项中,如若存在与现行制度或要求不符,由进入账务处理前的最后一个审批人对"不符点"进行确认,由他对业务的合理性和合规性负责。

4.4 取消账务处理环节的例外审批,"不符点"由前一个环节的权签人确认后,直接由会计进行处理并支付,不再由账务的各级主管例外审批。

"权力下沉""三点闭环",是强调将作战权力全部授予一线,在流程中实现权力的"提单人、审核人、审批人"三层闭环,这是华为财经流程在从"管控"走向"服务"的道路上迈出的具有实质性意义的一步。

二、以规则的确定性应对结果的不确定性

任正非在一次内部座谈会上阐述了华为为什么要建设财经流程体系，他说："首先为什么我们要搞 IFS，实际上我们要做一件事情，我们要以规则的确定来对付结果的不确定。我们对公司未来的发展实际上是不清楚的，我们不可能非常清楚公司未来能走到哪一步，因为不是我们可以设计这个公司的，而是整个社会和环境同时来设计这个公司的。所以，我们不可能理想主义地来确定我们未来的结果是什么。但是我们可以确定一个过程的规则，有了过程的规则，我们就不会混乱，由规则的确定来对付结果的不确定，这就是我们引入 IFS 的原因。IFS 是不是一定要找到一个最佳的形式？我没有本事去拿别人公司的东西来，拿来了也未必能综合（成自己的）。好好向一个明白的老师学不好吗？IBM 的东西也不是拿来就能用的。什么是业界最佳？我不知道最佳是什么，我认为这个世界上就没有最佳，适合我们使用的东西就是最好的东西。"⊖

建立规则，不单单是 IFS 流程体系（在第六章专门阐述）的相关规则，还要围绕企业规模扩展、实现有效增长的方方面面确立规则。2009年，华为 CFO 孟晚舟在《以规则促进公司可持续可盈利的增长》一文中，针对资源配置、运营效率、流程变革、客户管理和内控等方面阐释了如下相关规则：

规则一：呼唤炮火的同时必须承担成本，实现资源优化配置

在公司以前的运作机制中，机关拥有最有价值、最丰富的资源，但远离"需求"，远离"战场"。我们正在把公司的决策权逐步前移，将更多的指挥权下放给贴近客户、听得到炮声的组织和人员。以后，一线作战单位将拥有资源调配权，根据自身需要呼唤与之相匹配的资源。在此背景下，就需要加强核算体系建设，使作为利润中心的地区部和代表处实现责、权、利的统一，

⊖ 任正非与 IFS 项目组及财经体系员工座谈纪要，2009 年。

在呼唤炮火的同时，承担发生的费用和成本。否则，利润中心拥有了更多的资源调配和业务决策权力，却不能保证增长和盈利，就会造成资源的巨大浪费，使公司受损。20世纪40年代初，陕甘宁边区政府将边区银行定位为"政府的出纳"：各单位要钱要物直接找领导批示，然后从银行直接拿走，只记一笔账。由于没有成本意识，造成了物资的滥领滥用，进而引发了通货膨胀和抢购风潮。为维持金融稳定，边区政府相继出台新的政策，制定了一系列规矩，例如，确立了银行的企业性质，政府财政不能随便对银行予取予求，即使从银行借款，到期也必须还，等等。这些做法根治了货币的发行无度，使银行能够根据市场需要控制边币发行量，稳定金融市场。

公司加强核算体系建设，就是要按照"谁呼唤，谁承担"的原则，将炮火成本核算到受益组织甚至项目，只有做到这一点，利润中心的主管才会真正关心成本、利润、现金流和人均效益的改进。

通过核算和监控，对增长好、盈利好、现金流好的区域，公司优先牵引配置资源和加大投入；对增长好、盈利差、现金流差的区域，推动业务部门主动调整策略和盈利模式，尽快扭亏为盈，实现良性的现金流；对增长慢或没有增长，并且亏损较大的单元，在资源配置和业务拓展上将有所取舍。通过精细化的资源配置，各个区域市场根据市场情况、拓展策略自然而然地"自我弹性"发展。资源从而得以有效配置，创造出最大的价值。一线作战组织也最大限度地发挥主动性，积极寻找战机，灵活应对市场。

规则二：商业行为必须以盈利为目标，全流程都要对回款和盈利负责

从机会点到开票、回款，是公司赖以生存、发展的核心业务流，该业务流跨越了投标与报价、合同谈判与评审、合同签订与注册、生产制造与发货、工程交付与回款等多个业务环节。在每个业务环节，我们都投入了大量的资源，尤其在交付环节，更是投入了巨大的物料和人力成本，所有这些环节最终的输出，就是回款。没有回款，前面的所有资源和投入，都将付之东流，更谈不上盈利。所有的销售与交付行为都是为了回款，如果从机会点到交付，都不能有效促进回款的话，那么所有的活动又意义何在？因此，从机会点到回款的业务流，我们必须对准"回款"这个目标，设定明确的业务规则，让每个环节都对"回款"和"盈利"负责。

全流程对回款和盈利负责,要求客户合同信息能充分共享和有效利用。目前,合同及履行信息分散在销售、客户服务、市场、制造和物流及财务等部门的各个流程和IT系统中。这些零散的信息既不能有效地帮助我们分析客户需求、掌握客户动态,也不能帮助我们及时了解合同执行状况,及时规避可能的履约风险。这常常使得各个部门以自己的"面孔"和"数据"面对客户。因此,我们建立以客户PO[○]为核心的管理体系,尽可能地有效整合从机会点到回款各环节的合同及履行信息,使各专业部门能在信息透明、对称和完整的基础上,服务客户、管理合同并实现盈利。

规则三:均衡服务与监控,建立有效的风险控制机制

现代企业在经营过程中风险无处不在。尤其我们海外业务持续快速拓展,去年已占到公司业务75%的海外交易所蕴含的风险更高,这就需要加强内控、系统化、流程化地辨识可能发生的风险,预测各种风险发生后对资源及营运造成的负面影响,以便使企业尽最大可能有效运作。

从2007年开始,公司系统地引入IFS变革,围绕"计划、预算、预测""管理报告与分析""资金管理""关联交易""内控与审计"等,建立了保障公司各项业务在"高速公路"上顺畅行驶的"交通规则"。这些规则实现了管理、监控与服务的统一,既有效地支撑了业务发展,又系统性地降低了公司的经营风险。

例如,在近两年的坏账核销中,因客户资信原因造成的坏账比例高达90%,其中72%的超常应收是由于客户原因造成的,如果再考虑国家及外汇风险因素,此比例则高于84%。通过财务工具,我们可以系统化、结构化地分析客户履约的风险,为市场决策提供支撑和建议,通过退出机制和保障机制的建立,使合同利润得到保障,这就是"信用管理"的意义。根据客户的付款意愿、财务能力和历史交易记录,确定客户的信用等级及信用额度。根据每个项目的交易规模、交易条件确定项目预计损失,进而确定和客户签订什么样的条款以规避风险。在"机会点—回款"业务流程中,将信用评估、

○ PO(purchasing order),采购订单。

信用申请、信用检查和争议管理等六个活动融入其中,使信用管理有效地与销售、交付联系在一起。

控制与效率是相辅相成的,适当的控制可以帮助提升效率,提高一次性把事情做对的可能性。例如,遵从性测试可以帮助我们找到方法改进流程,提高一次性把事情做对的能力。正所谓"磨刀不误砍柴工",现在的控制措施实际上是在帮我们磨刀,通过识别流程设计中的改进点,使端到端流程更有效率。

暗夜中航行的轮船能够在风浪中顺利抵达彼岸,靠的是能够量化客观环境的众多仪表和始终如一的目标。企业运营面临的是复杂的外部环境及不确定的变化因素,只有以确定的规则运作,才能在激烈的市场竞争中不断提高竞争力,最终存活下来。以规则的确定来对付结果的不确定是亘古之道。

规则的确定、执行与可控,其关键在于管理。管理是一门至繁至简的学问。至繁,是因为涉及太多的人和事;至简,是因为它完全靠规则来推进。讲规则,其实质就是讲管理。从这个意义上可以说,一个企业的成功,就是管理上的成功。

另外,任正非还特别强调,规则具有进取性。他说:"我们应该有一个严格有序的规则、制度,同时这个规则、制度是进取的。这个规则、制度的重要特性就是确定性,这是我们对市场规律和公司运作规律的认识,规律的变化是缓慢的,所以我们是以确定性来应对任何不确定性。"㊀

以规则的确定来应对结果的不确定,既是企业业务管理必不可少的要素,也是从一个胜利走向另一个胜利的基础。

三、财经日落法

日落法(Sunset Law),又称"夕阳法",就是美国国会在批准成立一个新的行政机构或者批准一个联邦计划项目时,明确规定该机构或该项目

㊀ 任正非,《变革的目的就是要多产粮食和增加土地肥力》,2015年。

的终止日期。在政府行政管理中，建立一个机构和批准一个项目是比较容易的，但要撤销它们却很困难，因为这将使许多人失去工作，会损害多方面的利益。如何控制自然趋于膨胀的行政机构，对于任何政府来讲都是一个让人头疼的问题。制定"日落法"这种特殊形式的法律，就是为了对抗机构自我膨胀的趋势。

2016年11月30日，经华为EMT会议讨论，正式出台了《关于"1130日落法"暂行规定》㊀，其规定如下：

1. 在IPD、SUP、MFIN、LTC、DSTE、SD等的成熟流程领域，每增加一个流程节点，要减少两个流程节点，或者每增加一个评审点，要减少两个评审点。随着其他流程领域走向成熟，逐步覆盖到所有流程领域，并由各GPO㊁负责落实。

2. 行政文件、流程文件的发布要有明确的有效期，而且有效期不超过5年。相应责任组织要对有效期进行管理，若有效期后要继续执行，则优化后重新发布。此规定发布前已发布的、没有有效期的行政文件和流程文件，从发文之日开始有效期统一为5年。超过5年有效期的流程文件和行政文件，2017年12月31日前要完成优化或重新发布，否则废止。

3. IT应用要根据使用情况，对提出需求的部门进行问责制。对于生产IT应用，业务部门要承担决策责任；对于办公IT应用，质量与流程IT管理部要承担决策责任。流程IT要对IT应用基于使用量进行日落法管理。

4. 质量与流程IT管理部做支撑机构，要对日落法在各流程领域、责任组织、业务部门的执行落地提供工具和方法支撑。

为支撑业务的发展，提高业务效率，在适当的时候要进行组织优化，并减少不必要的流程和文件。表2-1列举了华为财经于2018年针对财报内控的优化所做的日落法改进。

㊀ http://app.huawei.com/paper/newspaper/newsPaperPage.do?method=showSelNewsInfo&cateId=11288&pageId=14445&infold=34956&sortId=1&commentLanguage=1&search_result=3.

㊁ GPO(global process owner)，全球流程责任人。它通常由业务管理者担任，负责流程的设计、运作、测评和优化等。

表 2-1　财经日落改进举例

序号	改进事项	改进措施
1	月度测评频率高，导致沟通成本高	（1）基于公司整体财报内控结果已达基本满意，以及业务简化管理的诉求，将测评与管理周期由月度改为季度，但为保证公司月度财报结果的准确及支撑业务决策，账务对财报发布前的检查与修正机制不变 （2）月度财报发布过程中账务识别的问题不应用于财报内控测评 （3）季度财报发布过程中账务识别的问题，如果影响季度财报的准确性，应作为异常问题进行登记并应用到财报内控测评
2	系统问题的定位需要一线联系 IT 及行政管理部门多轮确认，耗费精力	（1）2018 年 IT 类问题不在测评范围 （2）账务对 2017 年已经发生的各类 IT 系统导致的财报问题，梳理其典型案例与场景 （3）流程 IT 部门对问题做根因分析，并分类确定改进计划，明确责任人，并落实改进
3	财报内控是最快的一把刀，比绩效考核还刚性	（1）2017 年开始，仅对 CFO 设置了 KPI 考核，机关层面杜绝排名赛马，也不鼓励一线进行排名赛马、考核问责等管理方式，但是在全球范围内仍然存在目标考核排名和考核不达标要问责等现象 （2）2018 年起，财报内控不再进行单独的目标设置与考核，测评结果可作为 SACA[①]的参考。同时，牵引各级 CFO 在各业务单元内也参照此管理方式，避免对所属责任单元层层加码进行考核管理
4	财报内控结果应用过于刚性，与代表处的经营、主管的考核和是否末位直接相关	在机关层面，2018 年不再针对各业务单元单独设置具体的财报内控目标，测评结果作为 SACA 评估要素之一纳入公司内控成熟度管理（基本满意为底线）。机关财报内控项目组也将牵引各级 CFO 转变管理方式，避免对所属责任单元层层加码进行考核管理
5	业务自检发现问题仍被纳入财报内控。如代表处为了确保符合业务实质，CFO 和 PMO 主动联系账务，要求将按合同金额 100% 确认的收入调整为 90%，直接被计入不合规	对业务自主发现并申请账务调整的事项，如果未影响财报结果，而且业务有长效机制管理，可以不登记财报内控问题

（续）

序号	改进事项	改进措施
6	财报内控项目组及各级CFO加强对财报内控管理规则、授权方案、例外场景备案等机制的沟通与赋能，有问题及时解决，避免对一线产生干扰	（1）华为中国区充分调研代表处意见，对仲裁授权规则进行优化 （2）全面梳理例外备案场景
7	对1月1日至财报测评规则发布日之间的业务均按照新规则测评（区域测评规则通常在Q1发布），属于新规则追溯旧业务，测评不合理	（1）2018年，华为中国区对测评字典发布前的财报问题，仅测评影响季度财报的差错，不溯及以往；对2018年测评字典再次审视，剔除不合理的测评指标 （2）明确年度测评指标字典刷新规则：机关在12月31日前发布次年要求，中国区在当年1月31日前发布区域适配后的测评规则 （3）对于新增场景、业务规则不清晰情况下发现的财报内控问题明确缓冲原则
8	无合同启动交付转销售场景责任，中国区归属不明确，导致转售不及时、不准确，影响收入	地区部2017年已经明确 NSF[②] 问题责任人为 SSD，从流程界定看，专业服务预销售目前尚在流程之外，不属于 MO 流程管理范畴
9	ISDP 上线率回归业务管理，中国区财报内控定性测评不再考核 ISDP 上线率	（1）取消 ISDP 财报定性指标考核、财报测评业务结果指标 （2）由业务自我管理，落实其行政管理的目标要求
10	按流程 Owner[③] 管理诉求纳入，间接影响财报的指标被纳入测评管理。例如，采购 PO 验收后超过90天未开票，纳入财报内控管理	（1）对验证后属于重复验收、错误验收等业务操作错误造成的验收未开票问题，由于对财报结果有直接影响，纳入财报内控管理 （2）对于其他间接影响财报结果的问题，以流程 BPO 管理要求为准，审视是否纳入财报内控管理范围
11	小金额问题影响大，导致管理不聚焦，例如，代表处存货1 800元的账差，直接导致代表处整体定量少10分	进一步加大对 CFO 的授权，由地区部 CFO 根据重要性水平进行决策，低于重要性水平且有长效管控机制的，不纳入财报内控登记测评
12	全球财报内控管理中存在培训赋能不足、财务语言与业务语言未对齐等问题，需要财报内控项目组及各级 CFO 进一步加强与业务部门的沟通和协作	（1）财报内控项目组及各级 CFO 加强对财报内控管理规则、授权方案、例外场景备案等机制的沟通与赋能，有问题及时解决，避免对一线产生干扰 （2）对于复杂问题，由财报内控项目组或区域 CFO 牵头，梳理清单，成立专项小组，联合流程 PC[④]、BC[⑤]、CA[⑥] 就问题进行分析，快速定位与决策

（续）

序号	改进事项	改进措施
13	代表处订货预测准确率、分BU订货预测准确率居然也要纳入财报内控严管，影响代表处财报内控的成熟度，预测不准还要影响销管费用的预算，而且指标作为管道数据质量之一，纳入BG部长考核	从简化管理的角度，分BU订货预测准确性作为影响子公司的财报和外部遵从的间接因素，同时订货预测规范录入并做LV3产品的预测是LTC流程本身的要求，且管理要求比现有的财报内控要求（到LV1产品）更为严格，在流程Owner有效管理本流程执行质量和效益的前提下，可以将分BU订货预测准确率从财报内控的管理范围内剔除
14	机关流程方案存在缺陷，长效机制不长效（如软硬件对应关系维护方案存在缺陷，工程采购PO部门存在维护错误，服务合同交付配置发布方案存在优化空间，专业服务预销售流程待完善等）	（1）软硬件关系维护纳入方案优化考虑 （2）工程采购PO部门流程维护的问题已完成IT系统优化，且在4月21日已上线 （3）服务配置自动发布方案正在设计中，2018年完成方案试点
15	收入不合规问题排查涉及多个流程，海外还在用收入排雷表，合同逐单进行自检，财报内控问题无预警	（1）客户DTC：开发客户DTC履行监控平台 （2）收入端到端（E2E）可视+一站式报告，及时预警财报内控问题——站点DTC、服务、软件；软件单独销售以及捆绑销售中有单独软件PU的场景；软件后付费场景；软件年费
16	软件授权许可收入触发需提供加载截屏，但存在客户购买授权后自行加载的情况，无法提供加载截屏支持收入确认，收入确认规则未考虑此类场景	经排查，软件收入确认方案可覆盖全球大部分业务场景，但针对个别区域的特殊场景，或存在无法支撑的情况，机关流程提供相关协助，支撑区域适配方案

① SACA（semi-annual control assessment），半年控制评估。
② NSF（no sales contract fulfillment），销售合同提前启动支付平台，适用于未与客户签订销售合同，或者销售合同已签订，但合同未正式生效的项目。
③ 流程Owner，即流程责任人，这是华为内部约定俗成的叫法。
④ PC（process cortorller），流程控制人。
⑤ BC（business control），业务控制。
⑥ CA（chief accountant），总账会计。

四、打击业务造假

财务数据应该是业务的真实反映，而财经的直接责任就是反映和监督业务数据是否真实。由于业务造假能给个人带来直接的经济利益或职务晋升，所以总有人存在造假的冲动。如果业务造假不能被发现，不仅鼓励了投机，又扭曲了业务数据，所以业务造假一直是华为严厉打击的行为。

华为于2014年9月在EMT《关于对业务造假行为处理原则的决议》中列示了四种业务造假行为。

（1）伪造、变造、篡改印章或签名，签署虚假合同或其他文件。

（2）签署阴阳合同（同一次交易中，在客户界面和公司界面分别签订两份不同的合同）。

（3）伪造交付文档、提供与业务实质不相符的交付进度信息或交付文档、隐瞒业务真实信息等，虚假确认销售收入。

（4）伪造或提供虚假业务单据（含文档）、做虚假的财务信息导致财务报告不真实。

华为规定，业务造假一经发现，首先业务数据要把造假部分增加120%以上的系数给扣回去，情节严重者会被降职降薪、冻结晋升。

2017年8月10日，华为道德遵从委员会（CEC）以[2017]011号文的名义，又发布了一个通知——《重申及组织学习〈关于对业务造假行为处理原则的决议〉通知》。通知要求，所有员工均应诚实守信，禁止业务造假。并呼吁"已经走错一步"的员工进行"自我救赎"，即主动申报，坦白全部违规事实，积极配合调查，主动采取措施减少公司损失；或是举报其他违规人。

文件称，造假行为一经发现，对直接责任人解除劳动关系，如果给公司造成损失，按公司相关规定进行赔偿；对触犯国家法律的，移交司法机关处理。对于责任人的直接主管、间接主管，按公司相应规定承担管理连带责任。对于"自我救赎"的人员可适当减轻或免于问责。

2018年1月17日，任正非在华为"烧不死的鸟是凤凰，在自我批判中成长"专题仪式上，发表了题为《从泥坑中爬起来的是圣人》的讲话。他在讲话中说："跌倒算什么，爬起来再战斗，我们的青春热血、万丈豪情，谱就着英雄万古流。伟大的时代是我们创造，伟大的事业是我们建立，伟大的错误是我们所犯，渺小的缺点人人都有……英雄万岁，青春万岁，敢于改正错误缺点的人，青春永存。"

就在当天晚上，华为下发了2018年第15号文——《对经营管理不善领导责任人的问责通报》。通报全文如下："公司一直强调经营质量管理，杜绝作假。近年，部分经营单位发生了经营质量事故和业务造假行为，公司管理层对此负有管理不力的责任。经董事会常务委员会讨论决定，对公司主要责任领导做出问责，并通报公司全体员工。任正非罚款100万元；郭平罚款50万元；徐直军罚款50万元；胡厚崑罚款50万元；李杰罚款50万元。"也就是说，在华为，不仅业务造假者要被处罚，监管不力者也负连带责任。

第三节　从账房先生到业务伙伴

任正非曾经感慨说："我们这个时代已经从创业者、英雄的时代走向职业经理的时代，不走向职业化，就会被历史边缘化。在这个转型过程中，我们每个人可能都是残缺不全的，懂业务的不懂财务，懂财务的不懂业务，如果两个人绑在一起就会好一些，要发扬团队合作精神，只有团队合作才有明天。万事不求人的人就是无能的人，片面追求个人的轰轰烈烈，也注定会失败。"⊖

财经人员要懂业务，要实现从账房先生到业务伙伴的转型，就必须进

⊖ 任正非，《CFO要走向流程化和职业化，支撑公司及时、准确、优质、低成本交付》，2009年。

入战场，支撑作战。

一、从算账走向经营

华为 CFO 孟晚舟认为，传统财经组织无非是发挥会计、出纳、融资等基础功能，扮演的是"记分员"角色，是数据的处理者。当今对财经组织的要求是，有效执行核心财务活动，积极协同业务共同管理经营绩效及风险，通过公允、准确的财务信息支撑业务持续提高经营绩效，在扩张与控制中实现平衡。

华为对财经人员有一个"三下两见"的要求：三下，即下站点、下仓库、下项目组；两见，即见客户、见分包商。

财经人员只有多下站点、多下项目组，才能真正了解业务场景，学习产品知识，了解不同站型的配置和技术特点及难点，理解成本的构成和基线，如此才有可能发现存货管理和成本管理中的改进机会，提出切实可行的改进建议，从"算账"走向"经营"，参与更多的交易活动并创造价值。

多见客户和分包商，包括参与客户谈判、分包商合同谈判，细微感知客户关注的核心点和非核心点，助力合同条款和交易质量的改善，发现冗余的流程、交付浪费的问题点并建立相应的规避机制。通过谈判了解分包商的盈利空间，助力分包商招标，找到交付过程中可能产生的寻租问题并推动建立关键控制点等。

华为财经人员见客户还有一个很重要的目标，那就是拿到客户预算，如果能拿到，对业务侧的帮助无疑是很大的。

二、懂项目经营管理

财经人员最重要的修炼和积累是项目经营管理，财经人员只有懂得项目管理，识别经营中的机会点和改进点，才能支撑项目做好全面经营。

华为认为,在项目管理过程中,财经人员不承担业务的合理性,即不承担炮弹是否应该打出去的责任,但按业务的需求算出应该打多少炮弹出去,是财经人员的责任。

任正非有一次讲话说:"项目财务要实行有效的核算,要产生合理的利润,富士康的所有生产都是标准化的,所以它的人员能力不需要很强,而且每个人都可以做好工作。但是我们的项目非常复杂,我们渴望每个人都深度卷入项目经营的过程,而不是简单地把数据收集起来。你只有深入到业务里面去,才可能提供有价值的建议。"㊀

销售型项目经理往往不重视项目的成本和利润,这种情况是企业的通病。所以,华为逐步在项目管理中增加了一个角色——PFC㊁,PFC通过参与项目合同的成本核算,以及项目交付管理,向运营要效益。

三、从业务伙伴到价值整合者

成为业务伙伴,是华为对财经人员定位的基本要求,成为价值整合者,是财经管理的更高追求。通过价值整合,企业提升端到端的作战能力,构建企业经营机制,支撑企业战略目标的实现。

何谓价值整合?财经最大的优势在于拥有大量的业务数据,基于业务数据的分析与决策是企业价值管理非常重要的基础。面对市场环境的不确定性,财经在关注和理解商业模式、企业战略、组织机构、业务设计、产品竞争、员工绩效管理、客户谈判与沟通等的前提下,从信用、资金、预算、税务、融资、会计、外汇等各个领域进行资源整合,帮助企业有效创造客户价值。

因此,在企业的价值创造过程中,财经管理担负着价值整合者的角

㊀ 任正非与罗马尼亚账务共享中心座谈会纪要,2011年。
㊁ PFC(project financial controller),项目财务经理。华为PFC是项目层面协助项目经理进行项目经营管理的财务角色,支撑项目的概算、预算、核算、预测和决算等经营活动。

色,肩负把资金、技术和人才创造的价值转化为企业的收入、利润和现金流,帮助企业建立起科学的、规范的、高效的和风险可控的管理体系。

同时,财经组织有义务建立合理的利润模型,要有效控制业务部门对利润的贪欲,不因某些部门短期绩效而牺牲企业长远利益。

第四节 案例:做好经营的"平衡木"

华为财经吴小慧于 2017 年出任尼日利亚 CFO,她后来在《无限风光在险峰》一文中讲述了在此过程中她如何与客户打交道,解决客户痛点实现收款的操作过程:

尼日利亚 G 客户是当地第二大运营商,由于历史项目格局等原因,签订了大量超长赊期合同,导致到 2017 年年底客户欠款高达××亿美元,虽然尚未到期,但对代表处经营效率影响极大,在风险国家,高额的敞口也成了潜在的隐患。

通过信用经理对客户及其关联公司财务状况的分析,我们发现,该客户财务状况良好,年收入××亿美元,税息折旧及摊销前利润(EBITDA)有××%,资产负债率低,同时还有石油、银行、地产等众多产业,其中石油每年可为其带来相对稳定的美元收入,即使在汇困⊖最严重的时期,该客户仍然保持设备服务费 100% 的美元回款。

明确了客户的付款能力后,客户的回款流程和回款意愿成了清理敞口的关键点。G 客户是尼日利亚本土企业,管理风格封闭和保守,对于交易习惯的改变接受度非常低。2018 年以前从未成功完成过全面对账,是整个区域共享中心的难点客户。系统部财务在和客户的多次交流中,察觉到客户在对账上也是有痛点的,他们吐槽每次对账都很痛苦,数据口径维度繁多,内部审批流程冗长(客户内部需经过财经、审计和法务部门审批),漫长的对账周

⊖ 汇困,即外汇匮乏。华为在巴西等一些拉美汇困国家,销售合同要考虑取得外汇的数额,或者换取红酒、牛肉等物品。

期……我们立即意识到机会来了，随即提出想与客户建立更清晰和更高效的对账流程，并立即联合共享中心给客户做了一次对账方案的沟通展示，客户抱着怀疑的态度勉强接受了。为了打消其顾虑，在大半年的磨合与试运行过程中，我们与客户不断地调整实施细节和对账格式，最终方案得以建立并趋于成熟，客户最初的怀疑也被打消。对账周期从之前的 2~3 周降为 3~5 天，且基于发票维度的账目清晰度大大提高，对后期回款效率的提升起到了积极作用。

付款能力充足，账务清晰，接下来的工作就是强化客户的付款意愿。G 客户有一个特点，就是该公司大大小小的事情全部由集团主席一人决策，对这种有身份有地位的大咖，我们格外珍惜每一次见面的机会。

财经团队与代表和系统部主任组建了谈判小组，每次见该集团主席前都会进行多轮沙盘演练，做好角色扮演与分工。在前期的沟通中，客户更希望将资金主要用于新增项目，但这无疑会导致敞口进一步增加。在对风险管控的主目标达成一致的基础上，业务与财经讨论形成了"新增发货与存量回款互锁，以发货交付提升客户满意度，推动每批次回款大于发货，整体降低敞口"的策略，在支撑客户业务发展的同时逐步降低风险。

经过几轮与集团主席的见面，沟通渠道逐渐顺畅，渐渐获得了该主席的信任。趁热打铁，经过精心的筹备与策划，我们邀请该主席参加了在迪拜举办的双方高层论坛，让他感受到被充分尊重。在会议中，我们顺势提出了准备已久的回款计划书，希望他能够以书面形式承诺回款。通过一系列运作和双方高层的良好互动，最终该集团主席在峰会期间签署了 2018 年回款计划。

经过一年的努力，G 客户 2018 年全年回款××亿美元，同比增长 296%，达到 5 年来历史最高，在全年收入同比增加 37% 的情况下，风险敞口同比降低 15%。同时，为了避免后续项目新增敞口过大，我们还在售前阶段将历史 1.5~2 年的赎期改善为 1 年内付清，并乘胜追击，在 2019 年将平均赎期进一步优化为 90 天以内，为后期的经营奠定了良好的基础。

无论是回款计划还是条款优化的背后，实质上是客户关系的大幅改善，交付方案的持续优化，客户商业成功的大背景下顺势而为的结果。也让我明白了，财务人员不能孤立地只盯着回款指标与条款，更要与业务配合，借助团队的力量去管控风险。硬币的另外一面，财经人员在做好风险的守门人的同时，也要发挥自身的专业价值，帮助业务达成经营诉求。有人把在高风险国家做生意比作"走钢丝"，那财经就是走钢丝人手中的那根"平衡木"。㊀

第五节　推行流程管理，在流程中实现监督

业务流程，是为达到特定的价值目标而由不同的人共同完成的一系列活动。活动之间不仅有严格的先后顺序限定，而且活动的内容、方式、责任等也都必须有明确的安排和界定，以使不同活动在不同岗位角色之间进行转手交接成为可能。

华为轮值董事长徐直军说，流程是业务流的一种表现方式，是优秀作业实践的总结和固化，是为了不同团队执行流程时获得成功的可复制性。越符合业务流，流程就越顺畅。

任正非说，流程的作用就三个：一是正确及时地交付；二是赚到钱；三是没有腐败。任正非说的这三点，也正是财经在业务流程中所应起的作用。

财经作为业务的价值整合者，在服务于业务创造价值的同时，需要将监控融于流程，也就是在流程中实现对业务的监督，降低流程的内控风险。

财经主要应在 LTC、IPD、PTP 三大业务流程中发挥积极作用。

一、LTC：不仅仅是搬砖头

LTC（lead to cash），即线索到回款，是华为的核心业务流程，销售

㊀ http://xinsheng.huawei.com/cn/index.php?app=forum&mod=Detail&act=index&id=4463659& search_result=6.

机会、投标、合同签订、交付、开票、回款是贯穿企业运作的主业务流，承载着大量的业务数据，也包括物流和资金流。这是业务流程中的大江大河，而非小河小沟，因此需要非常重视。

在LTC流程中，财经肩负以下三个使命。

一是要从源头上控制合同质量

客户需求的本质，是希望得到技术先进、质量优良、价格合理的产品和服务，因此，控制和提升合同质量，先要从理解客户需求开始，做到熟悉合同场景，以确保源头的准确性。合同质量的提升不是靠拍胸脯、拍脑袋，而是基于非常多场景的设计，交付界面的把握，财经人员在合同场景中做好角色扮演，要跳出合同看交易。任正非说："交易质量不等同于合同质量，合同质量不等同于合同条款。公司的最终目标是提升交易质量，从而实现公司的经营目标，而不是简单地提高合同条款质量。搬砖头的时候不能忘了在修教堂。合同是运作出来的，不是评出来的。提升合同质量的关键是要在前期项目动作和客户关系上下功夫，不能只盯着合同条款，更不能单纯地商务让利和无限承诺。"[一]

华为强调，必须建立端到端的合同质量理念、管理体系和考核制度，将合同质量落实到考核激励机制上，考核要素更多地与销售收入、利润与现金流挂钩。即便在合同签署上，华为也建立了统一的交易管理中心，建立了合同与签约的批准机制，由授权人按照要求进行签署，同时，所有面向客户的"契约性文件"都统一出口。契约性文件包括标书、报价单、澄清函、合同、附件及按照当地法律被作为合同构成部分的胶片、邮件等。

二是打通回款、收入、项目预核算

针对"线索到回款"业务流上的经营痛点，华为形成了"面向客户合

[一] 任正非，关于提升合同质量汇报的纪要，2011年。

同 /PO^㊀，打通回款、收入、项目预核算"的解决方案，使得交易流程与财经流程有效集成，支撑以合同信息流为中心的全面流程打通，实现内部履行 PO 与客户维度 PO 的一致性。

开票，是依据合同开具客户认可的发票。开票看似是一个简单的动作，但对于项目交付来说，一旦客户认可开票，就标志着客户正式承认项目交付的完成，即从法律上确立了客户的付款责任。因此，华为认为，要以开票为统领来梳理和理顺主业务流的活动与工作要求，即基于"开票"的要求把前后环节的工作协同一致，从结果回溯去看合同怎么签署、工程如何交付等环节。

货款回收是销售的末端环节，同时也是全流程矛盾的集中点。合同签订付款方式的好坏、设备的交付、工程安装与项目验收等无论哪个环节出现问题，都会直接影响货款回收。因此，回款不只是销售人员的责任，而是所有流程节点的责任，包括财经组织。财经人员要帮助销售人员研究出好的回款策略，走出办公室了解客户的资金状况，甚至帮助客户进行项目融资；财经人员还应该对交易方式引起的回款问题进行审视，以便为交易方式的调整提供建议。

所以，华为非常重视开票与回款的铁三角建设，销售融资（回款）经理，向前与合同负责人手拉手，向后与交付负责人手拉手，形成稳定的三角形，并以此实施开票连锁责任制度，铁三角共同承担开票和回款的责任。

PO 处理效率、合同配置信息的打通、计算开票金额三个问题是制约一线业务流运作效率的关键，而其中最核心的是合同配置信息的打通，财经组织要协同 IT 部门将客户化的销售物料清单，直接和基础物料清单进行转换，尽量减少全流程各环节的手工操作，甚至与客户的 IT 系统实现对接，有效支撑一线作战。

㊀ PO（purchasing order），采购订单。

三是建立一站式支撑组织

华为在地区部或大代表处都建有 CSO[1]。任正非在一次内部讲话中详细阐述了 CSO 的职责与使命。

CSO，对外提供面向客户的一站式服务，对内作为综合性的支撑平台，具体负责管理合同交接、合同信息录入与发布、实施订单验证、提供支撑收入确认的信息和文档、开具发票等工作，并对端到端合同的履行进行监控，保持与客户的沟通。

CSO 是合同基本信息管理责任主体，合同信息由这个组织统一录入，各部门不要再各自录入。合同管理、备货发货、交付履行、收入确认、开票、回款等动作都通过这个平台来完成，销售、交付、财务手拉手完成开票与回款就是通过这个组织的支撑来实现的。

这个组织中的人员，可以从在艰苦地区奋斗过、有工作经验、努力工作的员工中进行选择，多开放一些机会给艰苦奋斗的员工。只要劳动态度好、愿意学习，在华为公司就有工作的权利。哪里有困难，哪里就有资源池，哪里就有干部。尽快组建平台，建立资源池，办培训班。[2]

二、IPD：做工程商人

IPD（integrated product development），集成产品开发。最先将 IPD 付诸实践的是 IBM 公司，1992 年，在激烈的市场竞争下，IBM 遭遇到了严重的财政困难，公司销售收入停止增长，利润急剧下降。经过分析，IBM 发现自己在研发费用、研发损失费用和产品上市时间等几个方面远远落后于业界最佳。为了重新获得市场竞争优势，IBM 率先导入和实施了 IPD 管理方法，不管在财务指标还是质量指标上，其效果都得到了验证，主要表现在：产品研发周期显著缩短；产品成本降低；研发费用占总收入

---

[1] CSO（contract sales organization），合同销售组织。
[2] 任正非，《围绕客户 PO 打通，支撑"回款、收入、项目预核算"》，2008 年。

的比率降低，人均产出率大幅提高；产品质量普遍提高；花费在中途废止项目上的费用明显减少。

1998年，华为与IBM合作启动IPD体系建设，任正非称之为"穿美国鞋"。一直推行了18年，IPD才得以逐步适用于华为。2011年，时任华为轮值CEO郭平总结说："我们终于可以制度性、体系性地推出有竞争力的产品和解决方案了。"任正非有一次在与IBM的CFO交流时说："感谢IBM，IPD变革将华为从小公司变成了大公司。"

我们知道，任何先进的技术、产品和解决方案，只有转化为客户的商业成功才能产生价值。所以，华为一直坚持客户需求导向优于技术导向，任正非也一直提醒内部，不要把IPD行为变成研发部门的行为，IPD是全流程的行为，各个部门都要走到IPD里来，要深刻理解IPD的核心理念，要以商业的眼光看问题，要做工程商人。

IPD从商业角度来看产品开发项目，其中非常大的一个方面就是财务，即财务如何与整个IPD相配合，如何衡量开发项目的成本和效益。只有在产品开发过程中构筑速度、质量和成本的综合优势，企业才能在竞争中获得优势地位。

华为为此在产品线上设立了"产品与解决方案财经管理部"，财经通过专业的投资评估方法，支撑投资战略的落地，并通过财经管理，实现宏观与微观互锁，财经与产品线一道，共同承担投资、经营和内控管理的责任，支撑业务持续有效增长。

产品与解决方案财经管理部在投资管理方面的职责有三个：一是建立健全的投资管理规则及与之匹配的数据报告体系；二是深度参与DSTE（战略到执行）和IPD流程，输出产品投资分析，支撑业务投资决策；三是基于业务战略和财务战略，监控并促进资源的正确使用，建立投资风险预警和上升管理的机制，促进资源的高效使用。

不仅如此，华为在产品线集成投资组合管理团队中还设立了财经委员一职。财经委员有如下职责。①为保障产品线的收入、费用和业务战略的实现，贡献财经领域的建议和机会点；监控和跟踪产品线和产品成本，确保其在期望的范围内。②在评审产品投资组合和指导单个 BMT[一]/SPDT[二]时，贡献财经领域的指导和专家意见；评审商业计划书中财经领域具体信息的完整性和准确性，对交付质量签字负责。③审视产品开发投资建议与投资基线的一致性，并要求对差异做出说明。④确保产品线财经数据和产品版本预核算数据的及时性和准确性，支撑产品线的经营和精细化管理。⑤监控并管理所承诺的财经部门能力提升活动，确保产品线具有合适技能的财经领域的人员，为项目和投资组合提供最具竞争力的财经领域的支撑；维护财经领域当前的资源清单（包括人力、费用、资产等），并在 DCP（决策评审点）时分配相应的 PDT（产品开发团队）。⑥通过例会制度，指导财经领域 BMT/SPDT 成员在通常的业务问题决策和具体的 BMT/SPDT 层级的问题上，能够行使其职责并提供反馈信息。⑦落实 IPMT 关于财经领域的决议和要求，监控财经领域 BMT/SPDT 成员的绩效，并对他们的绩效考核提供输入。[三]

三、PTP：一线呼唤炮火

PTP（procurement to payment），采购到付款。如何从财经角度优化采购到付款的流程，以项目来驱动采购呢？

首先，财经应发挥自身的优势，利用"四统一"（制度、流程、编码、表格的统一）来推动采购核算与国际接轨。由于华为面对的供应商大部分为国际化大企业，采购核算工作完全可以实施和贯彻"四统一"，财经组织帮助其切换与国际接轨的会计编码，借此完善采购结算的相关管理制

[一] BMT（business management team），业务管理团队。
[二] SPDT（super product development team），超级产品开发团队。
[三]《华为 IPD 管理体系指南》，2016 年。

度，并建立完善的采购职责分离矩阵与评估机制。

其次，华为强调一线呼唤炮火，以项目来驱动采购，项目财经帮助其提前 1～3 个月制订出项目的采购计划，根据计划来驱动采购，打破原有盲目的中央集权计划；同时，谁发起采购就由谁承担成本，迫使项目组织做精细化管理。

另外，需要建立和完善末端的供应商发票和付款处理流程，华为在供应商开立发票方面建立了清晰的指引，发票在内部的收集、传递、审批、录入、查询等方面的流程也逐步得以完善；在六大 AP（应付账款）支付流程中，华为借助 IBM 的经验，按照发票接收与处理、发票匹配、重复付款检查、支付等进行模块化设置，做到总体架构清晰，便于指导业务操作。

中 篇

财经管理系统

第三章

构建计划、预算、核算体系

"要加快以财务管理为中心的计划、预算、核算体系的建设,我们要以产品线、地区部、代表处为基本单元,建立计划、预算、核算体系。目的是为地区部、代表处及产品线的作战服务,而不是为总部汇总一张财务报表服务。"⊖ 2007年,任正非对如何通过计划、预算、核算来构建经营管理体系进行了明确定位。

基于支撑作战服务的思想,华为财经组织建立了自己的愿景和使命——成为值得信赖的伙伴和价值整合者。财经组织在企业经营过程中如何发挥其独特价值?华为提炼了三个价值点。

1. 支撑经营

参与战略循环:通过PB&F⊜的集成运作,优化资源配置,牵引业务持续增长。

聚焦客户痛点:提供增值的财经解决方案,提升业务的竞争力。

保障资金供给:确保纳税遵从,支撑业务稳健发展。

⊖ 任正非,《敢于胜利,才能善于胜利》,2007年。
⊜ PB&F(plan, budget &forecast),计划、预算和预测。

2. 提供报告

聚焦公司内外部需求，提供及时、准确、合规的会计核算报告，客观反映经营结果和财务状况。

3. 管控风险

构建并实施风险管控体系，识别与管理财务风险，平衡业务风险与回报，保障公司持续经营。

从这三点可以看出企业财经在商业成功与风险制衡中的关系，财经的第一使命仍然是支撑业务发展。因此，从财经角度构建的经营管理体系，一定要参与从企业战略到计划、到绩效的全过程。

从华为来看，这个过程包括从市场洞察到战略规划（SP），到战略衡量指标（第一次战略解码），到制订年度业务计划（BP），到年度重点工作任务（第二次战略解码），到制定全面预算，到制定人力资源预算，到制定KPI、BP与述职，到PBC的沟通与签署，到战略的执行与绩效落地。

任何经营管理体系建设的目的都是"多打粮食"。在"多打粮食"的财经定义中，粮食不仅包括销售收入，还包括利润和现金流。收入是有利润的收入，利润是有现金流的利润。

如何确保收入是有利润的收入，利润是有现金流的利润呢？这需要构建计划、预算、核算等为核心的经营管理体系，通过"预测、计划、预算、核算"的循环，为实现利润的管理与考核打下重要基础。

在华为，产品线是纵向计划线，地区部是横向计划线，由此形成纵横交错的计划预算核算管理体系。这一体系对地区部主管负责，对代表处主管负责，对产品线主管负责，这些主管也是经营管理的第一责任人。经营分析会，是华为经营管理体系中管理业务的重要抓手，指导并管理业务改进，支撑经营目标的达成。

预算是资源配置支持战略实现的手段，预算管理部门是秘书机构，帮助地区部、代表处、产品线主管管理经营指标和经营过程；预算与经营目标弹性连接，经营指标分别落实到组织 KPI 和主管的个人 PBC 中。

核算是预算结果的评价，在绩效应用中完成计划、预算、核算、绩效的闭环。

第一节　集成作战的计划系统

在华为，如何做市场洞察、SP、战略解码、BP 等内容，参见《华为奋斗密码》的第一章和第二章，此处不再赘述。本章从财经角度适当解读 SP 和 BP。

一、以战略规划为主轮

任正非说，只有计划做好了，后面的预算才有依据，才可以通过核算来修正、考核计划与预算。

战略和经营计划是企业的龙头，是集成的"作战计划"。华为将 SP 作为"主轮"，牵引公司关注长期战略，定期进行战略审视，同时，提高业务单元（BU）、市场单元（MU）、功能单元（FU）等的中长期战略规划能力，加强区域、产品线和各部门的战略协同性，保障战略对标，以及战略与行动的一致性，确保战略从公司规划，到组织目标，到部门和岗位目标，到个人目标，实现体系的贯通和衔接，另外，这一体系的循环管理机制要实现与财务计划的衔接与落地。

华为战略分解流程如图 3-1 所示。

在华为，除了 SP、BP 之外，还有一个很重要的计划内容，就是项目计划（PP）。华为的核心业务是运营商业务，其运作方式以项目为单位，因此，经营计划下沉至代表处，其表现为日常 PP。

SP、BP、PP 都包含"计划—预算—核算"的闭环管理，从而形成

PDCA 的管理运作过程。这三个关键业务环节的流程、组织与管理体系、工具及 IT 支撑的详细内容如图 3-2 所示。

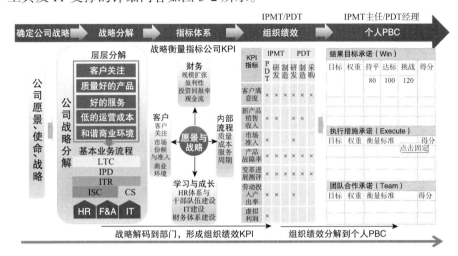

图 3-1　华为战略分解流程示意图

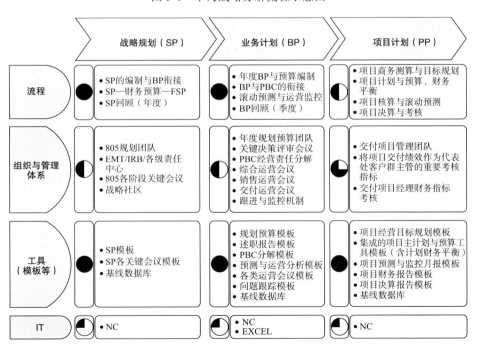

图 3-2　SP、BP、PP 关系矩阵

在华为区域组织或代表处，"计划—预算—核算"的经营管理体系贯穿于五个业务循环中（见图3-3）：第一循环为规划预算环，主要包括从SP到BP，再到预算签署PBC，这是一个中长期规划到年度规划的流程；年度PBC签署以后就进入季度和月度的管理、月度预测更新等；第二循环为预测运营环，主要由综合运营会议、销售运营会议和交付运营会议三个关键会议构成；第三循环为计划集成环，主要包括代表处的计划流程，从滚动订货到滚动要货，到生产采购，到运输发货，到滚动到货，到工程安装计划；第四循环为项目管理环，从项目机会到投标，到交付，到回款，到决算整个项目流程；第五循环为绩效基线环，主要包括PBC指标分解落地和基线建设与维护两项工作。

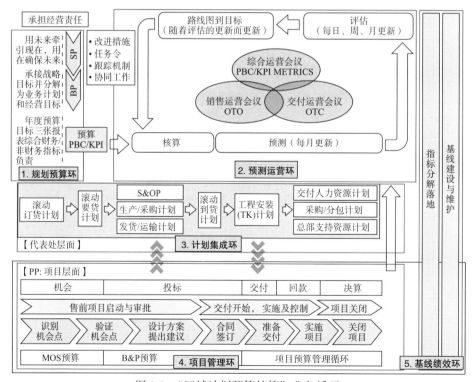

图3-3 "区域计划预算核算"业务循环

华为各组织、各层级都会参与到 SP/BP 的制订和分解过程中，以确保让每个执行者都能明白意图、目标、方法、标准和措施等。各组织参与 SP/BP 分工，如图 3-4 所示。

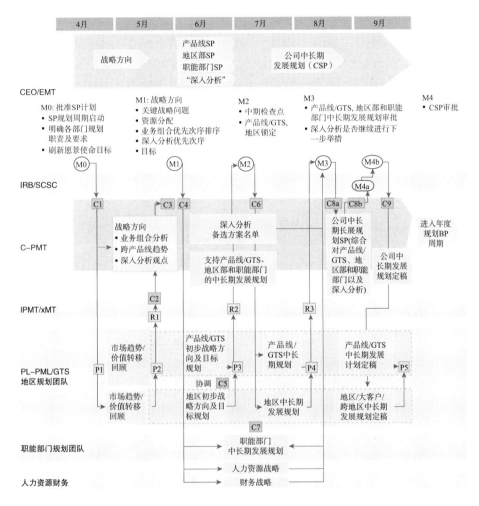

图 3-4　SP/BP 各组织的角色分工

SP 确定后，BP 如何制订、分解和落实呢？图 3-5 是经营目标制定与分解的流程，分别界定了业务负责人（如代表处的代表）与财经人员在此流程中的具体分工。

图 3-5 代表处预算与经营目标制定分解流程

具体来讲，完成年度经营目标可以分解为以下 10 个步骤。

第一步：审视机会，根据历史产出，确定产出目标（主要是订货）。

第二步：细分目标，做出目标测算。

第三步：分析全流程的成本问题，找出要因；建立销售、制造毛利率及其他交付效率和成本基线，编制原型预算，根据利润目标，倒挤成本和费用。

第四步：定义成本费用控制的目标和责任，进行相应测算。

第五步：按人均效益提升水平确定人员规划，定义人员规模。

第六步：确定回款及运营资产管理目标，进行财务测算。

第七步：综合平衡（以现金流目标平衡为例）。

第八步：汇报评审，确定规划和预算。

第九步：确定并分解预算。

第十步：制订行动计划和目标跟踪机制。

KPI既是战略落地的抓手，也是年度业务计划的具体表现，结合平衡记分卡的四个维度，即财务、客户、内部运营、学习与成长四个部分，组织的KPI可设置成如表3-1（样表，非实际）所示。

表3-1 基于平衡计分卡的KPI设置

牵引点	指标名称	权重	底线目标	达标目标	挑战目标
财务	订货	5%			
	销售收入（整体）	10%			
	销售收入（××产品）	20%			
	销售毛利率（××产品）	5%			
	贡献毛利率	10%			
	回款	10%			
客户	客户满意度	5%			
	××市场份额	9%			
	××产品目标	12%			
内部运营	运营资产占用率	8%			
	内控成熟度	扣分项			
学习与成长	人力资本投资回报率	3%			
	关键人才的获取与发展	3%			

不管是SP还是BP，始终要围绕企业价值创造展开。从战略洞察到业务设计的过程中，必然要分解到关键财务指标、财务预算、组织KPI和个人PBC等相对微观的落地方案。因此，SP至BP可简化理解为如图3-6所示。

从财经驱动企业价值创造来看，驱动因素包含两个方面，即运营利润的产生（多收入，少成本）和资本成本的控制（投资成本和资本成本），利润的创造在于收入的提升和成本的控制（见图 3-7）。从这两个驱动因素再反过来解读战略和业务设计的各个要素，如客户和市场的选择、产品价值定位和竞争力、市场拓展策略、定价策略、客户和产品组合、劳动生产率分析、采购策略、控制获取客户的成本、管理信贷和客户应收账款、供应商选择、优化设备资本等，形成企业价值的循环观察。

图 3-6　战略规划的财务分解

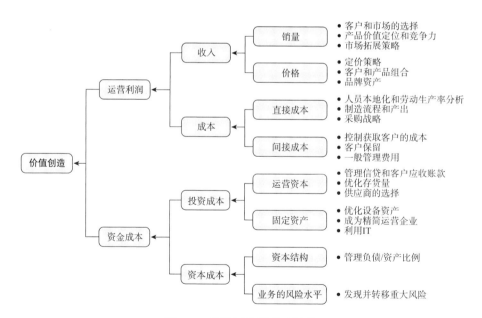

图 3-7　价值创造的驱动因素

二、经营分析会

任正非在一次 EMT 例会上说:"一线的计划体系是用于作战的,而不是用于给公司汇报的。各地区部、各产品线的计划是用于作战的,担负主攻任务的部门,一定要有清晰的目标方向,以及获得成功的策略。对于增长目标达不到公司平均复合增长率的地区部,可以多去吃一些窝边草,也可以多做一些精细管理。对于不担负主攻任务的部门,一定以为前线提供优质服务为责任,不断进行管理优化。"[一]

任何目标和计划都不是一成不变的,往往需要随着市场环境和竞争格局的变化而适当做出策略上的调整,以利于作战的胜利。这一调整的依据是经营分析,通过经营分析进行月度滚动预测,以便对战略计划、预算计划进行优化(见图 3-8)。

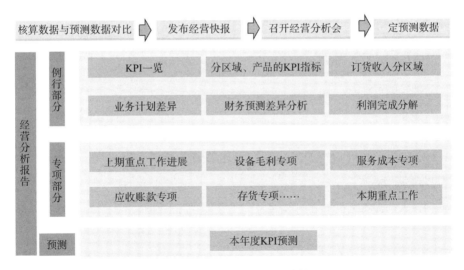

图 3-8　经营分析报告的结构

以一线代表处为例,代表处通过经营分析会形成任务令,来落实经营责任目标,一线主管是经营管理的第一责任人,CFO 辅助一线主管管理

[一] 任正非在 EMT 例会"2008 年公司业务计划与预算"汇报上的讲话,2008 年。

经营。例行会议每月召开一次。

- 会议议题：KPI 达成情况及滚动预测。

参加经营分析会的成员包括代表处代表、CFO、产品副代表、交付副代表、HR 主管、管理办主任、各办事处主任。

- 代表处代表：对代表处 KPI 负责，主持经营分析会。
- CFO：负责经营管理的日常工作。
- 销售副代表：负责规模，对订货和收入规模负责。
- 产品副代表：负责定价，主要对产品销售毛利负责。
- 交付副代表：负责交付销售项目，主要对交付成本和收入确认负责。
- HR 主管：对人力资源的费用和成本负责。
- 管理办主任：对流程优化负责，优化流程，确保经营目标的达成。

三、滚动预测

滚动预测是在现在时点，基于现实对未来的业务趋势和关键事件进行估计和推断，并进行资源安排及制订相关财务计划，以确保经营稳健及经营目标的达成。

开展滚动预测的目的主要有：

- 识别风险并管理风险。
- 寻找新的机会点，进行策略调整与资源的动态配置。
- 实时调整达成目标的"路标"，使其具有可行性。
- 实现财务计划综合平衡。

华为通过滚动预测实行动态监控，滚动预测的主要工具是 3 个 GAP

（差距）和 3 个 List（清单），如图 3-9 所示。

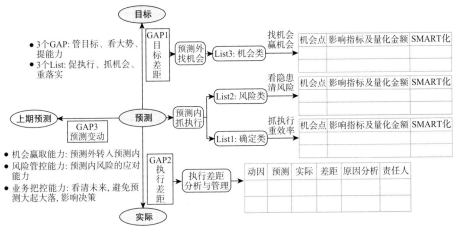

图 3-9　华为的滚动预测工具：3 个 GAP 和 3 个 List

3 个 GAP：

- GAP1：目标差距，即目标与预测的差距。预测内抓执行，预测外找机会。
- GAP2：执行差距，即预测与实际的差距。加强对差距的分析与管理。
- GAP3：预测变动，即本期预测与上期预测的差距。通过提升机会赢取能力，将预测外转入预测内；加强风险管控能力，即预测内风险的应对能力；提升业务把控能力，看清未来，避免预测大起大落，影响决策。

3 个 List：

- List1：确定类清单，抓执行，重效率。
- List2：风险类清单，看隐患，清风险。
- List3：机会类清单，找机会，赢机会。

滚动预测以经营计划/目标、KPI为基点，通过月度经营分析会完成"滚动预测—任务令—偏差分析"等动作，以建立经营管理的闭环。以项目经营为例，每月初，项目经营团队根据年度目标确定当月的收入目标，并依此确定对应的经营任务令，过程中由项目经营团队负责任务令的落实，项目PFC定期发布任务令的执行进展，次月初进行任务令和财务数据的偏差分析，并作为次月经营管理的参考。这个闭环实际是把业务计划管理与项目经营管理有效连接起来，目标/预测、任务令、计划进展、差异分析都及时面向项目组发布，哪个任务做得好、响应及时，对当月财务结果的影响是什么，都能一目了然。

滚动预测的对象主要包括：KPI目标中"订、发、收、回"[⊖]的预测；测评指标中存在的问题与风险；三张财务报表，这是评价管理水平最重要的指标。

企业如果认为滚动预测采用月度方式过于频繁，也可以考虑采用季度方式进行，各季度相对于侧重点做一些区分。

- 第一季度预测：围绕季度目标的实现，解决眼前问题。
- 第二季度预测：聚焦重点合同或项目，强化竞争优势；基于关联指标和滚动预测，完成动态的、弹性的资源配置。
- 第三季度预测：关注客户需求和投资的变化。
- 第四季度预测：关注市场、产业布局，与战略相衔接。

滚动预测存在资源配置的合理性和模型建立的科学性的问题，因此需要拉长时间来看，既要基于历史看未来，也要基于未来看未来，以此建立更为有效的滚动预测管理机制：一是分析预测与目标的差距，识别达成目标的行动计划并进行资源的合理配置；二是通过执行结果与预测偏差的根

⊖ 订货、发货、收入、回款：订货环节做好合同控制；发货环节做好发货控制；收入环节做好收入记账；回款环节主要控制回款时间。

因分析，优化预测方法，提升预测质量；三是逐步形成基于大数据的统计预测和分析模型，提供高价值的决策参考（见图3-10）。

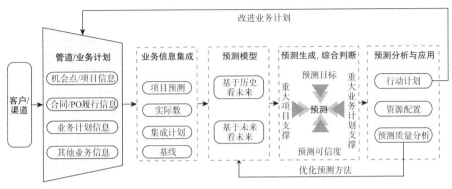

图3-10 滚动预测模型

第二节 全面预算管理

企业为实现年度内的战略诉求和经营目标，需要按照规定的程序对经营活动、投资/筹资活动等进行总体安排，预算就是对这些业务活动进行计划整合、集成与货币化的表达。美国著名管理学家戴维·奥利说："全面预算管理是为数不多的几个能把组织的所有关键问题融合于一个体系之中的管理控制方法之一。"

全面预算管理，顾名思义，是一项全员参与、全方位管理、全过程控制的综合性、系统性的管理活动。全员包括企业内部各部门、各单位、各岗位；全方位是指企业的一切经济活动，包括人、财、物各个方面，供、产、销各个环节；全过程控制是指企业各项经济活动的事前、事中和事后控制。

华为的全面预算主要包括经营预算、战略专项、投资/筹资预算及集团财务预算（三大报表预算、税务预算等），重大风险及关键预算假设也被视为全面预算的有机组成部分。

一、全面预算的原则与框架

《华为基本法》第八十条和第八十一条，分别对全面预算的目标任务和管理职责给出了定义：

第八十条　全面预算是公司年度全部经营活动的依据，是我们驾驭外部环境的不确定性，减少决策的盲目性和随意性，提高公司整体绩效和管理水平的重要途径。

全面预算的主要任务是：
（1）统筹协调各部门的目标和活动。
（2）预计年度经营计划的财务效果和对现金流量的影响。
（3）优化资源配置。
（4）确定各责任中心的经营责任。
（5）为控制各部门的费用支出和评价各部门的绩效提供依据。

第八十一条　公司级预算和决算由财经管理委员会审议，由公司总裁批准。公司级预算由财务部负责编制并监督实施和考核实施效果。各级预算的编制和修改必须按规定的程序进行。收入中心和利润中心预算的编制，应按照有利于潜力和效益增长的原则合理确定各项支出水平；成本或费用中心的预算编制，应当贯彻量入为出、厉行节约的方针。

公司以及事业部和子公司的财务部门，应定期向财经管理委员会提交预算执行情况的分析报告。根据预算目标实现程度和预算实现偏离程度，考核财务部预算编制和预算控制效果。

华为全面预算的指导方针是：以客户为源头，以项目为基础，反映业务实质。因此，华为确立了以下六条预算原则。

（1）预算反映经营责任，以绩效评价闭环。
（2）预算保障战略落地，支撑公司核心竞争力持续提升。

（3）预算以客户为源头，服务于作战。

（4）弹性获取预算，服务于作战。

（5）预算和核算规则一致，统一管控，简化管理。

（6）预算对准集团财务结果。

华为认为，全面预算管理是在批准的战略规划的基础上，确定资源配置和投入规划，并进行过程监控，保证公司经营目标的达成。同时，清晰的发展战略和业务规划是实施预算的前提条件，"我从来不支持从预算开始变革，我们的业务系统都是混乱的，怎么会有正确的预算呢？我们的预算还要努力往前走，把盐碱地洗干净，我们才能种庄稼"，[一]任正非的这句话也传达了这个意思。

华为的全面预算管理框架如图 3-11 所示。

- 中长期财务规划：根据公司中长期战略意图和经营诉求，分析市场环境、竞争对手及历史财务状况，揭示公司中长期财务趋势、问题和风险，制定并发布公司中长期财务规划。
- 计划及预算：根据公司战略意图，形成集团、BG、SBG[二]、区域、机关职能平台的业务和财务预算，批准并发布。
- 管理预测：开展集团、BG、SBG、区域、机关职能平台的业务和财务预测与分析，实现对预算目标的管理，并支撑公司宏观调控与准确决策，并作为跟踪与闭环管理的依据。
- 预算授予及管控：授予预算，对预算的申请、变更及超授予等进行管理及控制。
- 财务绩效评价：对财务绩效指标进行设计、赋值及评价。

[一] 任正非，《财经的变革是华为公司的变革，不是财务系统的变革》，2007 年。

[二] SBG（service business group），服务型事业群。

图 3-11　全面预算管理框架

华为设立了多级预算控制体系，其相关组织架构如图 3-12 所示。

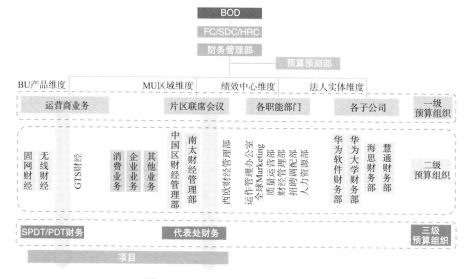

图 3-12　两纵四横的预算组织架构

- 董事会（BOD）是公司主要的决策和批准机构，各级经营管理团队对相应层级的全面预算管理负责。

- 财经委员会组织（FC）是全面预算的日常管理机构。
- 集团财经管理部作为执行机构，负责日常工作协调。
- 各级责任中心是预算预测编制与执行的主体，形成纵横交错并互锁的预算责任体系。
- 机关平台的费用预算基于成熟度、改进率进行管理。

任正非说："我们的利润来源于'客户'，因此我们的预算源头也应该是'客户'，只有把面向客户销售的预算做清楚，才能向后分解成可靠的、扎实的产品及区域维度的年度预算。"

任正非简明扼要地阐述了预算的生成方法，即以客户为起点，以项目为基础，由外向内生成预算。年度预算的制定就是基于项目/机会点，按照"战略计划—项目—预算"的逻辑建立预算分配机制。项目经营团队根据业务计划及授予的预算向支撑组织购买资源。

全面预算从时间维度来说有长期和短期之分，长期就是战略财经预算，短期就是年度预算。华为年度预算编制的时点及流程如图3-13所示。

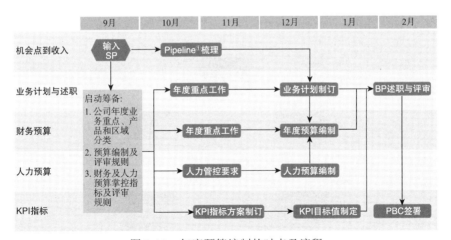

图3-13 年度预算编制的时点及流程

① Pipeline，销售管道。

产品和项目预算是华为做好经营管理的基本单元，华为虽然更强调项目预算这个维度，但也没有忽略产品的生命周期预算。不同产品处于不同的生命周期，对其预算也应该实行差异化管理，如表3-2所示。

表3-2 产品生命周期的预算管理

生命周期	发展目标和战略	管理结构和重点
拓展期	仅有商业构想，努力推出能够满足特定市场需求的产品和服务，争取生存	初始投资大、投资风险高，新品研发不确定，现金流为负，关注**资本预算**
成长期	有明确的市场目标和策略，积极参与竞争，追求更大发展	建立预算体系，以销售预测为龙头，以销定产、现金流量从负趋于平衡，关注**销售预算**
成熟期	市场份额稳步扩大，建立以盈利为目标的经营策略，强调财务监控	市场份额稳定，市场价格平稳，利润空间增大，现金流量为正，关注**成本、费用控制**
衰退期	尚需确定新的发展方向，进行必要的重组和并购	销售负增长，及时追缴欠款，为新品开发及投资储备资本，关注**现金流量预算**

全面预算还要进行闭环管理，通过计划预算来牵引，通过核算对计划预算的执行情况进行评估和监控，以保障业务可持续发展，实现规避风险与敢于投资的平衡（见图3-14）。

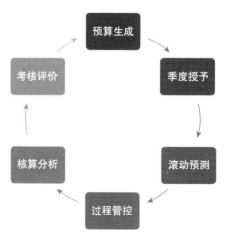

图3-14 全面预算的闭环管理

参考：美国联邦政府八点预算原则

1. 适度权利原则。国会负责预算批准，授权总统主导预算编制，同时对国会的部分预算有否决权。（团队与职责）

2. 加强行政原则。总统对预算执行的最终结果负责，接受预算审计与听证。（预算责任与闭环）

3. 反映行政计划原则。年度预算编制与中长期经济发展战略与绩效目标（至少5年）保持一致，细分到项目（包括优先级排序），逐项评估。（预算衔接战略、以项目为基础）

4. 以预算报告为依据原则。预算一旦批准具有法律效力和权威，任何调整和改变，都必须由国会通过正式途径批准；批准的预算是拨款的基础，预算执行按进度分季拨款，按项目类别分配。（预算执行）

5. 执行中的弹性原则。预算支出分为自主支出与法定支出，自主支出应遵循国会限额和法定支出限额法则，法定支出应"量入为出"；支出与拨款分开，任何支出不得超出其获得的购汇拨款额，也不得签订导致未来超值的合同，但该花的钱没花掉同样违法。（弹性预算）

6. 适当加强行政主动性原则。以预算驱动政府绩效改进，项目执行权利下放到项目责任人，以结果为导向，以市场为基础，财政年度结束时需提交绩效报告。（预算执行与授权、考核闭环）

7. 机构协调原则。联邦政府各部门与国会合作协商制订战略计划与预算，国会应熟悉部门预算和保证计划的合理性，以利于预算审议和绩效监督。（预算衔接战略/控制指标、预算评审）

8. 预算程序多样化原则。针对行政活动、经济建设、公共事业活动等不同的职能性质，采取不同的预算程序，不宜强求一致。（预算反映业务实质）

二、预算的授予与执行

1. 平台预算与项目预算分开

华为强调将平台预算和项目预算分开管理，平台是帮项目做事，因此管理平台的预算是从项目预算进行反推，即项目可能向平台购买多少资源，会发生多少费用，以此为依据来编制平台的预算。

由于平台本身不产生收益，华为要求平台运作贯彻"高效、优质、低成本交付"的目标，将费用控制在一个最低的基线。"平台帮项目做事，就去跟项目要钱，从项目预算中把相关的预算要来。在这种情况下，平台会想办法把费用挤到项目中去，项目经理也会严格控制项目费用的发生，这就形成了矛盾与平衡。我们现在要建立这个机制，核心就是机关为前方服务，向前方要钱。"[一]

华为采用分类授予的方法进行预算编制，而且要求不能挪用。

- 代表处：项目（组合）预算和职能平台预算。
- 区域：客户界面费用和内部运营费用。
- SBG：战略费用和日常费用。
- 平台：日常费用和专项费用。
- 产品线：研发费用和 SG&A（销售与管理）费用。

华为每个部门都有基本的职责范围，都在部门预算内开展工作，对于部门预算的使用，华为确定了三条原则：一是职责范围内的工作，不应再单列申请额外的预算投入；二是预算要形成闭环，根据职责、费用基线、管理改进要求生成年度预算，按预算匹配资源；三是预算可开环，但更多的资源注入，需要说清楚增加的工作内容会产生什么价值。预算的开环部分不进入组织的预算基线。

[一] 任正非，《拉通项目四算，支撑项目层面经营管理》，2010 年。

有预算才有钱花！

"业务计划是年度预算的主要输入，通过年度预测合理匹配资源，并根据经营预测及时调整资源配置，这是经营管理的主循环。费用管理要从预算闭环做起，首先业务计划发生改变，如果新的机会点出现或不可预计的风险发生，则可以重新申请预算；如果业务计划并未改变，则超预算部分的费用应由管理团队解决。"[一]

华为制订全面预算有三个动作：

- 一是自上而下，经营目标下达。
- 二是自下而上，业务及项目预算上报。
- 三是上下结合，全面预算最终形成。

2. 权力下放与弹性预算

任正非充分理解了预算授权的重要性。2008年，对华为来说是一个重要的窗口期：一是次贷危机拖累了全球经济，对通信行业冲击特别大；二是华为国际市场的销售已占到75%，分布在全球的地区部扩展到22个，管理效率和可控性开始出现问题；三是任正非认为又一个冬天来临了，有必要放慢脚步来追求利润和强化管理。为此，华为决定把决策权和预算权下放。

"计划、预算、核算下放到地区部是什么意思？就是我把计划给你了，你可以按计划组织资源来进攻，资源的费用是由预算来约束的，预算用完我是要核算你的。销售额暴涨，你的预算自然就暴涨。如果说你的销售额上不去，却把预算花完了，那说明你无能。但是你不花钱，也不能造成市场的前进。管理者就是要根据业务现实来灵活掌控，如果僵化地用计划、

[一] 孟晚舟，《财务结算对准价值创造，考核结算对准价值分配》，2012年。

预算是不可能管理好的。"㊀

在人力成本方面，华为逐步探索并形成了"分灶吃饭、自我约束"的组织规模弹性管控机制，不断提升组织效率，防范人力刚性风险，实现人力规模增长低于业务规模增长的目标。

华为的全面预算按"弹性获取，率额结合"的原则进行。

- 按率授予：成熟业务按费用率授予。按照销售收入等产出变化，线性配置资源，这是一种扩张性资源配置方法，以保持客户界面的投入。华为管理费用率的改善目标是每年降低 5%，以牵引内部运作效率的提升。
- 按额授予：战略或变革项目按预算额授予。符合战略发展方向和主航道的业务，可优先获得预算额度。

总之，华为通过权力下放与弹性预算，来摆脱中央集权制的效率低下、机构臃肿，实现客户需求驱动的流程化组织建设目标。

3. 预算聚焦战略业务

华为一直强调，不在非战略机会点上消耗战略竞争力量，"不仅因为我们没这么多钱，也因为我们管理不好这么多拖油瓶。面对差异化的业务与人群，我们是要采用差异化的政策和管理方法，但差异化首先要从单一业务有效管理这一坚实的基础出发"。㊁一个公司的资源是有限的，预算成为一个工具，其重要职责就是把有限的资源用到需要的地方，也就是优化资源配置。华为在预算中就特别强调要把资源投入到能够保证华为具有长期竞争力、长期增长的产品或市场上。所以，华为每年的预算需要体现当年的投入对于公司长期竞争力的价值。

㊀ 任正非在地区部向 EMT 进行 2008 年年中述职会议上的讲话，2008 年。
㊁ 任正非《关于人力资源管理纲要 2.0》修订与研讨的讲话纪要，2017 年。

2013年起，华为有意对非战略业务进行刹车。"我们对非主航道上的产品及经营单元，要课以'重税'，抑制它的成长，避免它分散我们的人力。我们在市场上要逐步学会抢占战略高地、从上向下辐射的市场策略。"[一]

相反，华为将优质资源向优质客户倾斜。通过增加客户界面的投入来回馈战略客户，比如由华为出钱共建联合实验室等，战略客户由此可以获得更多的赋能，在其领域取得更多竞争优势。

4. 项目预算的执行

以华为的运营商业务为例，简要阐述项目预算的执行流程，包括获取预算授予方式、确定资源需求额度、预算授予额度申请及追加、风险准备金申请及审批、设置授予额度、在授予额度内开展业务及监控预算执行等活动。

有关预算流程中主要角色的职责定位，如表3-3所示。

项目预算的核心流程如图3-15所示。

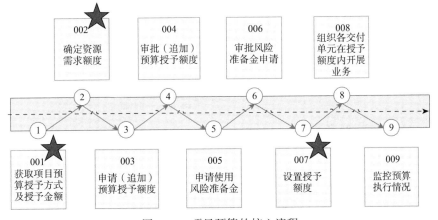

图3-15 项目预算的核心流程

预算流程图说明如表3-4所示。

[一] 任正非，《要培养一支能打仗、打胜仗的队伍》，2013年。

表 3-3 预算执行角色的职责定位

角色名称	职　责	对应职位/岗位
DPM	1. 交付项目经理是项目预算执行的第一责任人，负责组织和完成项目分期资源计划的申请工作，确定预算需求额度，并对预算需求的真实性、合理性、完整性、及时性、准确性负责 2. 组织各交付单元根据预算授予额度开展采购、自有资源调配等交付业务活动，并对预算执行结果负责 3. 发生额达到年度或项目生命周期预算授予一定预警比例时，及时制定改进措施，或者在授予额度内进行分期授予额度调整 4. 根据预测的当期需求额度适时申请（追加）当期预算授予额度 5. 根据实际情况向项目负责人提出风险准备金使用申请	项目 PD
PFC	1. 负责协助交付项目经理基于资源计划确定预算需求额度 2. 负责设置或制订新预算授予额度 3. 负责在发生金额未超过年度授予额度的情况下，根据授权进行分期授予额度的调整 4. 项目执行过程中及时预警超预算风险 5. 按已批准的风险准备金预算进行余额管理；对已批准风险准备金使用申请进行记录、报告及分析	项目财务、交付项目 CFO
CM	1. 组织接收项目售生风险，识别交付阶段风险，输出风险应对措施和责任人，并材环管理 2. 管理合同变更，建立项目管理合同变更流程，通过变更管理，提高合同履行质量	合同经理

角色	职责	责任人
TD	1. 负责项目的能力导入（包括自有和分包），制定能力导入目标和计划并管理执行，确保项目成员能力和效率满足项目交付要求 2. 各模块发生额达到年度或项目生命周期预算授予一定预警比例时，指导并调整交付策略，使资源在预算范围内交付	项目技术总负责
PPM	1. 负责滚动刷新采购计划和预测，并在预算的授予额度内开展采购业务 2. 服务采购成本发生额达到年度或产品生命周期预算授予一定预警比例时，反时制定改进措施并执行 3. 对超预算的原因进行分析，制定改进措施并执行	采购经理
SCM	1. 根据项目计划与供应能力制定可供应、可交付、高效、低成本的供应解决方案并管理执行 2. 内陆物流成本发生额达到年度或项目生命周期预算授予一定预警比例时，反时制定改进措施，使资源在预算范围内交付 3. 对于超预算的原因进行分析，制定改进措施并执行	供应链经理
代表处交付VP	结合业务实际，对交付项目经理申请的真实性、合理性进行判断，对预算授予申请（追加）进行审批	代表处交付VP
代表处CFO	结合业务实际对交付项目经理申请的真实性、合理性进行判断，对预算授予申请（追加）进行审批	代表处CFO
风险应对责任人	刷新风险，制订详细的风险应对方案和计划并执行，评估应对的有效性	C8

表 3-4 预算流程内容、角色、输入、输出的说明

编码	流程名称	流程内容	角色	输入	输出
001	获取项目预算授予方式及授予金额	1. 从交付项目 DR1/DR2 的 PDRT 专业评审意见中获取预算授予方式、授予方式包括授予预度、控制方式以及授予控制层级 2. 从发布的项目初始预算中获取生命周期授予年度授予金额，按已获取服务 PO 金额乘以初始预算服务成本率计算年度授予金额（iPFM 系统集成） 3. 在 DR1 预算正式发布前，如同时存在初始预算和 NSF 预算，PFC 依据项目经理确认的二者范围，确定预算授予额。 （1）如果初始预算销售合同范围包含 NSF 预算关联的待销售合同，但尚未获取服务 PO 时，取 NSF 预算作为预算授予金额；如果已获取服务 PO 金额，由 PFC 选择基于初始预算或 NSF 预算关联的销售合同范围不包含 NSF 预算关联的待销售合同，预算授予额为：已获取服务 PO 金额 × 初始预算服务成本率的金额 + NSF 预算授予金额之和 4. DR1/DR2 预算发布后，基于 DR1/DR2 预算获取生命周期及年度授予方式 5. PFC 在 iPFM 系统中设置预算授予方式	PFC	1. 项目预算评审意见（ISDP） 2. 发布的项目预算（iPFM）① 3. 初始预算与 NSF 预算关系（线下）	1. 项目预算授予方式 2. 生命周期内年度授予金额
002	确定资源需求额度	1. PFC 依据授予频度、基于授予口径的预测测值编制当期或各授予期（按需）需求额度，提交 DPM 确认。 （1）服务分包成本：基于服务分包的 PR 下发计划确定 （2）人力成本：按照人力申请计划确定 （3）其他成本：按照预测确定 2. 确定需求额度时需要遵循以下要求： （1）初始预算不能超过首次初始预算发布后 3 个月 （2）按包授予时，不得小于项目生命周期已使用金额 （3）按年授予时，授予额不得超过年度预算金额，且不得小于年度已使用金额 （4）按季度或按月授予时，不得超过当年度可授予余额，且不得小于当期已使用金额	DPM PFC	1. 各业务单元预算测值（授予口径） 2. 已使用金额（iPFM 集成各下游业务的数据） 3. 可授予余额（iPFM）	1. 资源需求额度 2. 无合同启动交付的需求额度

序号	活动	说明	责任人	输入	输出
003	申请（追加）预算授予额度	（5）因交付策略调整、各资源类型间在年度预算内如需相互调整、经项目经理审批，PFC 在 iPFM 系统中进行调整。 3. 原则上计划超人超当期目标完成的情况下，当期授予成本可根据实际情况弹性增加；完不成目标的情况下，当期授予成本需弹性减少。 4. 无合同启动交付项目的需求额度单列 1. 预测贡献毛利较年度预算恶化的项目，交付项目经理，根据季度预算授予额度 2. 由于业务需求需要提前下发次年 PR，造成当年授予超年度预算时，交付项目经理根据预测需求申请追加预算授予额度。追期授予额度不得超过下一年度前 3 个月的预测	DPM	资源需求额度	预算授予（追加）申请表
004	审批（追加）预算授予额度	结合业务实际对交付项目经理申请的真实性、合理性进行判断，对预算授予申请（追加）进行审批	代表处交付 VP、代表处 CFO	预算授予（追加）申请表	预算授予（追加）审批表
005	申请使用风险准备金	根据风险的状态，当需要使用风险准备金时，在 iRisk 系统中进行申请	风险应对责任人	风险准备金需求额度	风险准备金使用申请
006	审批风险准备金申请	对风险应对责任人的申请进行审批：审批通过，则形成可使用的风险准备金额度；审批通不过，则由风险应对责任人重新分析并非申请	DPM	风险准备金使用申请	审批意见

（续）

编码	流程名称	流程内容	角色	输入	输出
007	设置授予额度	1. 根据资源需求额度，在iPFM系统中进行授予额度设置或更新。无合同启动交付的授予额度单独录入 2. 根据审批通过的预授予（追加）额度，在iPFM系统中设置/更新预算授予额 3. 根据审批通过的风险准备金额度，在iPFM系统中设置/更新风险准备金 4. 通过例行预核算偏差分析，当交付周期实际服务成本超过生命周期预算时： （1）为支撑合同契约化交付，当交付项目全生命周期超预算，项目组提交下个季度预算申请时，如果项目组提交的预算变更申请未获及时审批，由CM组织SDT快速决策（参见《交付项目预算决策授权及行权规则》分层授权金额决策） （2）DR4决算已经发布，全生命周期、年度可追加预算授予额，且追加金额不能超过DR4决算（服务成本、内陆物流成本、本地采购设备成本与最新版预算之间的差额） 5. 接收到无合同启动交付项目转销售的状态后，即停止在iPFM系统对无合同启动交付项目子编码进行授予	PFC	1. 全生命周期预算授予总额（iPFM） 2. 年度预算授予额度（iPFM） 3. 审批后的预算授予（追加）额度（iPFM） 4. 分期需求金额（iPFM） 5. 审批后的风险准备金（iRisk） 6. 年度服务成本核算值（iPFM） 7. DR4决算（iPFM）	1. 各资源类型的预算（调整）额度 2. 无合同启动交付的授予额度
008	组织各交付单元在授予额度内开展业务	1. 预算授予发布后，DPM组织各项目组成员在授予额度内开展业务 2. 当执行达到预算预警比例时，及时组织制定改进措施并管理闭环 3. 无合同启动交付项目按子项目预算包单独监控	DPM	预算授予额（iPFM）	1. 预警提醒 2. 预算执行监控报告

| 009 | 监控预算执行情况 | PFC通过例行的项目预算授予执行对比分析、预测和项目经营分析等动作，监控项目预算执行进展
1. 若超过当期授子额度，但未超过年度预算时，PFC依据授权可基于业务计划在iPFM系统中调整当期授子额度：
（1）如果资源项属于授子强控制时，PFC协助各业务模块计算应追加的授子额，并在iPFM系统中进行授子额调整录入
（2）如果资源项属于授子弱控制时，则可以选择性地追加分期授予额度并录入iPFM系统
2. 预计累计（发生金额+预计需求）超过年度或生命周期预算变更时的建议：
（1）发生金额达到年度或生命周期预算80%时，向项目经理发送预警邮件
（2）当无合同启动交付预计需求额度超过无合同启动交付项目的预算包时，PFC需及时预警 | PFC | 预算执行监控报告（iPFM） | 1. 超预算预警
2. 预算变更建议 |

① iPFM，项目经营管理平台。

三、预算控制的三招四式

《华为基本法》针对不同的责任中心，提出了不同的控制和管理方法。"收入中心和利润中心预算的编制，应按照有利于潜力和效益增长的原则合理确定各项支出水平；成本或费用中心的预算编制，应当贯彻量入为出、厉行节约的方针。"

编制预算的过程最常见的做法是自上而下与自下而上相结合，以自下而上为主。华为的预算编制以自上而下为主，总部根据年度收入目标、利润目标及成本等倒挤管理费用额度，然后将编制原则下发到各地区部，各地区部接到上级下发的主要经营目标数据后再做分解。

2012年在全球经济不景气的大背景下，华为集团财经通过一套"拧毛巾三招四式"的组合方法，对费用预算进行了有效控制。吴小慧在《"拧"出10亿美元》一文中具体介绍了这一方法：

"拧毛巾"第一招：制定平台组织费用预算"高压线"

因为之前费用预算管理不成体系，我们当时并没有好的管理思路和模型。在集团财经FST会议（财经办公会议）上，财经领导帮我们打开了思路，建议我们参照业界公司的费用管理方式，制定华为机关职能平台的费用预算基线和模型。

基线相当于费用预算管理的"高压线"，制定起来非常讲究：太紧了，平台组织自身能力建设跟不上，业务无法正常开展；太松了，利润支撑不了费用的增长。

针对不同部门的业务特点，我们对各平台制定了差异化的基线。比如，整个流程IT领域的费用投入占公司总收入的比重不能高于×%。同时，对单个经营单元的平台组织（比如某地区部的流程IT）来说，其费用需要区域"埋单"，而且还要受到地区部财务损益的约束，即费用增长不能快于收入或销售毛利的增长。其他机关平台也效仿此法，不过基线要求不一。

在基线约束的基础上，当时公司还提出了另一条"高压线"——费用额零增长。于是，我们按照费用额同比不增长的原则要求，继续"拧"费用的"水分"。原本只是"瘦身"，现在直接不让"吃了"，各部门自然怨声载道，多少有些抵触。在 2012 年以及 2013 年的平台组织预算评审中，轮值 CEO 和集团 CFO 亲自挂帅，组织了两次专门针对机关平台的费用评审。

每个职能平台部门把自己的费用预算再次做了汇报。汇报现场火药味十足，面对费用额度不增长的要求，各个职能平台汇报人连争带辩，直接吵了起来。

大家一个一个部门去抠，一项一项费用展开去分析，通过两次评审，将集团平台费用预算砍掉了 6639 万美元。

在此基础上，我们逐步建立起对平台部门费用预算的思路和模型。《职能平台费用预算指引》《内部结算管理规定》等一系列文件由集团财经正式签发，费用管理终于从不敢管、没法管，到逐步开始有人管、有方法管了，公司上下渐渐形成了成本费用意识。

"拧毛巾"第二招：弹性预算，"拧"转亏损局面

费用管理开始走上了正确的道路，各项花费也都在预算范围内开支，似乎一切都在按部就班进行，但实际情况却并不乐观。

2012 年 6 月初，听完 1~5 月经营情况后，公司高层领导问了一句："1~5 月都是亏损，大家判断一下，咱们 6 月能不能盈利？"

会议室一片寂静，没有人敢说半年报可以不亏损。这是过去高速发展中的华为从未发生过的事情。过往 1~2 月若亏损，只要第一季度冲刺一下，利润都能转正，还从来没出现过前 5 个月都不能转正，而且 6 月冲刺大家都没有信心的情况。

开源不如预期，我们只能进一步节流，加大力度"拧毛巾"：弹性预算授予机制应运而生。

其实，弹性预算的方法和理论早已有之，但此前公司一直增长较快，都是向上弹，尚未出现过向下弹的情况，所以并没有真正实施过弹性预算授予机制。

当年 3 月，我们在做二季度的预算授予时，已经开始考虑做弹性预算授予了。根据集团 CFO 的建议，机关职能平台上半年的费用只授予了全年的 40%；其他利润中心也要求和收入挂钩，做弹性预算授予。

面对利润转正的压力，6 月，公司对各大利润中心进一步收紧了弹性预算授予规则——根据收入、销售毛利完成率高低来弹性授予费用预算，经营计划完不成，费用预算就要减少。举例来说，如果某地区部全年收入预测能完成 95%，销售毛利预测只能完成 90%，则按照 90% 来弹性授予其费用，砍掉其 10% 的费用预算。代表处、系统部及 BG 都是如此。

通过这种方式将资源配置和产出指标更紧密地挂起钩来，迫使利润中心不仅追求收入达成，还要关注销售毛利。

制定该规则后，每个季度我们都要去财务委员会回溯，超过了预算授予的单位，安排其向财委会述职，严重者取消其主管的费用权签人的资格。同时，集团 CFO 也推动 EMT 发文明确了超预算要停止进人、停止涨薪，并按照一定比例从奖金中扣除的政策。

有了清晰的弹性预算授予规则，配套严格的闭环管理措施，费用管控立竿见影！当时经营情况比较差的一些区域和 BG，在年中预测到收入和销售毛利不能达成全年预算的情况下，纷纷主动开始进行费用清理和审视。

截至 2012 年年底，集团收入/销售毛利预算仅完成 90%，费用预算也刚好控制在 90% 的水平，"拧"出了近 10 亿美元的费用预算节余，最终利润结果基本达成了集团预期要求，并且成功遏制了过去几年费用率不断走高的势头。

"拧毛巾"第三招：管住权签人手中一支笔

随着费用弹性预算规则不断加强，我们还是发现不少虚假报销、中饱私囊的现象。比如海外某国，因饮食习惯原因，本地人几乎不吃中餐，但在多名员工的费用报销中却出现了中餐馆的费用，而且单次报销金额超过了中餐馆的消费水平。经查，此类费用均为私费公报。

花钱过程要怎么监管才能防止乱花钱和虚假报销呢？首先，应该通过刷新和制定差旅、外包合作等费用制度，让成本开支有章可循，防止虚假报销。

"拧毛巾"三招是费用管理中如何"省钱"的普适性规则，而"拧毛巾"

四式则重点强调如何"花钱"（资源配置）、对于不同类型的费用应该差异化管理的思路，不能因追求短期效益而涸泽而渔。

第一式：战略投入预算单列，专款专用，"再穷不能穷战略"

从 2012 年开始，预研投入及公司级变革项目等的投入越来越大。虽然当年经营确实存在困难，但是如果挤压这些战略投入，未来将会影响到公司长期可持续发展。

为了保证战略投入不受到当期经营情况的影响，我们将战略投入预算与当期经营预算分离，按战略清单单列管理，专款专用，独立核算，集团空载，并定期回溯其投入的节奏和强度，对于进展缓慢的部门单独晾晒，以保障战略落地。

第二式：客户界面与内部运营分开，"再省也不能省客户"

在费用预算紧张的情况下，一些部门开始克扣客户界面的拓展和接待费用，绞尽脑汁地想省出一些费用。为体现以客户为中心，我们把费用分为客户界面费用和内部运营费用。内部运营费用要求大家提升运营效率，"拧出水分"；客户界面费用，根据公司确定的基线和业务发展的实际需要合理配置，不片面追求费用率的改进。同时，为了防止将客户的钱挪到内部去用，当时我们把科目做了一些细分，哪些是客户界面的，怎么用，都有监控。

为形成效力，我们通过公司发文明确客户界面费用"节约不归己"的规则，即一线不能将"客户界面"的钱省下来放到内部运营中，不能影响业务拓展和客户感知。这样一来，内部聚焦于提升效率，客户界面的花销也得到了保障。

第三式：人员费用与业务性费用分类管理，谨防"眉毛胡子一把抓"

记得公司领导说过，员工不是"韭菜"，丰年多种一点，歉年就全割了，干部的成长、人员能力的培养至少需要 3~5 年的时间。因此，我们在做费用预算的生成和管控时，把雇员费用和业务性费用区分开，就雇员费用与人力资源部充分沟通，尽量匹配中长期的人力资源规划和配置，而业务性费用则直接与当年的产出指标挂钩。

同时，我们将各类业务的外包费用在科目设置中单列、显性化，建立与外包业务量或产出相挂钩的弹性管理机制。

第四式：责任中心与资源部门互相"PK"，建立结算机制

责任中心要对经营结果负责，自然不希望背负太重的负担；资源部门既要服务好业务部门还要发展能力，也不想抠抠搜搜过日子。当时各大体系纷纷抱怨流程IT做个项目既贵又慢，而流程IT部门也觉得自己"好受伤"，内部客户需求多变，真难伺候！

索性我们就建立了一套公开透明的"PK"机制：双方签订"内部结算"协议，让责任中心拥有预算权，让资源部门根据明确的炮弹需求去准备资源；通过"价格听证制度"，让结算价格接受来自第三方或行管部门的评审，尽量保证客观、公允。㊀

四、案例："军团作战"粮食包

2019年4月，华为消费者BG为应对快速的市场变化，进一步抓住业务发展机遇，实现"规模增长"和"效益提升"双赢式的高质快速增长，开始探索并实施以"机关手放开、业务放开手""机关管住钱、业务用好权""钱要体现公司意志、权要听得见炮声"为特征的相对自主经营、自主管理的业务运营模式。

消费者BG确定的经营目标是：3年收入达到1000亿美元，5年达到1500亿美元，年度税前利润率不低于预定目标值。在董事会确定的业务边界及业务目标内，授予消费者BG合理的粮食包预算（包含工资性薪酬包和奖金包），以及约定年度研发费用不低于年度收入的××%（节约不归己）。由此制订并实施了《消费者BG粮食包管理高阶方案（试行）》。方案的大体内容如下。

1. 总体方案

年度粮食包是将一个总包（包含工资性薪酬包和奖金包）授予消费者

㊀ http://app.huawei.com/paper/newspaper/newsPaperPage.do?method=showSelNewsInfo&cateId=11608&pageId=14788&infoId=36285&sortId=1&commentLanguage=1&search_result=2.

BG，其中，工资性薪酬包 = 粮食包 – 奖金包。工资性薪酬包可分成日常运营薪酬包和战略薪酬包。战略薪酬包主要用于消费者 BG 对未来业务竞争力的投入，采用节约不归己的模式。日常运营薪酬包可采用节约归己的模式，以牵引人均效率的持续提升；人均效率提升产生的日常运营薪酬包节约，可转换为其当年的经营性奖金，但粮食包中的奖金包不能转化为工资性薪酬包。

奖金包按消费者 BG 的奖金 TUP 前贡献利润的 ××% 生成。奖金包内的 10%~15% 奖金用作战略/土地肥力奖金，与考核中的土地肥力考核要求相挂钩，以牵引消费者 BG 自身对于中长期业务发展基础的投入。

2. 粮食包生成的依据

（1）基于历史延长线：基于消费者 BG 最近 3 年的销售毛利系数延长线和贡献利润系数延长线，叠加相应权重后，结合当年消费者 BG 经营业绩预测，测算形成当年粮食包。

（2）确因集团战略需要而要求消费者 BG 开展的业务，集团授予相应的战略粮食包，以对应消费者 BG 增加人员投入的薪酬激励需要（见图3-16）。

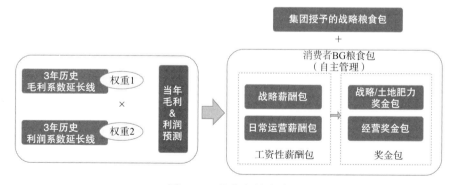

图 3-16　粮食包的生成

3. 粮食包的计算逻辑

基于历史延长线和本年度的销售毛利、奖金 TUP 前贡献利润计算粮食包（粮食包应包含奖金和工资性薪酬包、离家补助、艰苦补助等薪酬激励项目），如图 3-17 所示。

（1）毛利系数和利润系数的产生逻辑：基于过去 3 年每年的薪酬总包、销售毛利和奖金 TUP 前贡献利润之间的比值，结合年度影响权重，确定毛利系数和利润系数。考虑到过去 3 年对本年度业绩影响的差异，过去 3 年的年度影响权重由近及远取值为 50%、30% 和 20%。

（2）为牵引消费者 BG 快速地规模发展，在最终形成粮食包的计算中，销售毛利权重（权重 1）取值 60%，奖金 TUP 前贡献利润权重（权重 2）取值 40%。

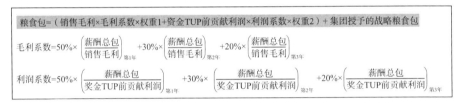

图 3-17 粮食包的计算方法

4. 粮食包预算的调整与核算

年初按照预算的销售毛利和奖金 TUP 前贡献利润生成粮食包预算，过程中由消费者 BG 按照业务滚动预测进行管控，年末根据销售毛利和奖金 TUP 前贡献利润的实际完成情况进行核算。

第三节 基于中央集权的核算体系

华为的核算规则一方面要遵从于国际会计准则，做到内外合规；另一方面要最大限度地满足内部的管理需求，支撑业务判断。所以任正非认为,核算是管理进步的重要标志。"不算账怎么能知道我们是否进步了呢?我们首先要能核算到项目,核算到区域,核算到产品线。"○

概括来说,核算的主要目的是解决四个问题:

- 满足业务管理的需求。
- 完成预算的闭环。
- 支撑绩效评估。
- 为有效授权提供依据。

一、核算是战争指挥权

任正非认为,核算权就是战争指挥权!他说,财经体系要服从业务体系的发展,当机会出现时,财务既要保障这些机会的实现,又要支撑及时、准确、优质、低成本交付,并完成有效监管。从2007年开始,华为将计划预算逐步下放到地区部,但更重要的是把核算权放到前线去。"要加快以财务管理为中心的计划、预算、核算体系的建设,我们要以产品线、地区部、代表处为基本单元,建立计划、预算、核算体系。目的是为地区部、代表处及产品线的作战服务,而不是为总部汇总一张财务报表服务。"○

1. 满足业务管理的需求

华为对计划预算核算体系建设的目标定义是"下放经营权,加强监控权",核算的本质仍然是满足业务管理的需要。企业的收入核算、费用核算、成本核算,最终能否体现企业战略规划、年度计划、预算目标的实现,各个维度的核算分析数据是否能支撑未来的业务判断,是否有利于企业相关部门、人员的绩效评价,这几点是衡量核算工作是否优良的标准。

○ 任正非,《CFO要走向流程化和职业化,支撑公司及时、准确、优质、低成本交付》,2009年。
○ 任正非,《敢于胜利,才能善于胜利》,2007年。

核算承载的是管理诉求，而不是为核算而核算，最后呈现的三张财务报表只不过是财务核算顺其自然的结果。

企业在统一会计政策和核算规则的前提下，可以适当将二、三级核算的权力授予一线组织。"机关要精简，流程要简单。我们要减少总部的垂直指挥和遥控，把指挥所放到前线去。把计划、预算、核算的工作放到前线去，就是把管理授权到前线去，把销售决策权力放到前线去。前线应有更多的战术机动，以便可以灵活地面对现实情况变化。后方要以计划预算为依据提供服务，用核算监控授权。权力是受约束的，这样才能既授权又约束，指挥权才能下到一线，而总部也放心。"⊖

对于华为来说，或许最重要的不是普遍意义上的会计核算，项目核算才是制高点，即通过项目计划、预算、核算拉通闭环，实现成本的管理和损益的核算，这是指导一线项目实现低成本交付的重要决策依据。

2. 完成预算的闭环

我们说，预算有可能带来决策上的低效，但预算是驾驭外部环境的不确定性、减少决策的盲目性和随意性的重要手段。一个企业从战略意图的解读到战略分解和资源配置，再到产品和市场的具体投入，都需要通过预算来承载，预算执行到最后终归会产生结果，这一结果通过核算所得到的财务结论，可以反过来验证策略的有效性，并作为预算动态调整，或者作为下一阶段计划预算的重要参考依据，以此实现预核算的闭环。

简言之，在华为，计划预算是牵引，核算是对计划和预算的执行情况进行评估和监控，通过各级计划、预算、核算、考核的闭环运作，实现对作战单元的有效管理。

3. 支撑绩效评估

企业的价值管理，是通过价值创造、价值评价、价值分配三个核心环

⊖ 任正非，《敢于胜利，才能善于胜利》，2007年。

节来实现的，财务核算即承载着价值评价的重要使命。华为是一家以贡献论英雄的企业，华为各级经营者在承接预算时就承担了比较大的压力，通过核算对绩效结果盖棺论定，进一步将这种压力转化成其动力，让经营者直面挑战，最终实现一次次的超越。

有效增长、利润、现金流、人均效益等是华为进行绩效考核最重要的几个指标，以此作为干部问责、晋级调薪等的重要依据。"我们坚持以有效增长、利润、现金流、提高人均效益为起点的考核，凡不能达到公司人均效益提升平均线以上的，要对体系团队负责人、片区、产品线、部门、地区部、代表处等各级一把手进行问责。超越平均线以上的部门，要对正利润、正现金流、战略目标的实现进行排序，坚决对高级管理干部进行末位淘汰，改变过去刑不上士大夫的做法，调整将有一线成功实践经验的人补充到机关。"⊖

除了短期经营业绩之外，华为还非常关注对战略投入的设计与考核，比如针对研发费用，华为定有一个"节约不归己"的原则。

经营管理者如果发现年度利润目标不一定能达成的时候，很容易压缩研发费用的投入，通过费用节省的手段来确保利润目标的达成。华为认为，如果研发费用与公司长期能力相关，即使发生了节约，在年度核算奖金时，预算该花多少仍按多少来核算。例如，研发的战略预算投入是20亿元，只花了15亿元，在年度核算时仍按20亿元的研发投入计算研发成本，这样即使节约了5亿元，年底核算奖金时并不会把这5亿元当成利润来看，经营管理者也就不会因为自己的短期绩效而损害公司的长远未来了。

核算是支撑预算落地的基本手段。评估各个部门的经营结果，实行"秋后算账"，才能维护预算的严肃性。如果预而不算，不纳入相关部门的绩效考核，前面的预算最终会变成一张废纸。

⊖ 任正非，《谁来呼唤炮火，如何及时提供炮火支援》，2009年。

4. 为有效授权提供依据

任正非有一次在接受记者采访时说，华为的权力结构是中央监督、分层授权的体系。让听得见"炮声"的人，有权力呼唤"炮火"，当然，"炮火"的成本是要核算的。

华为希望实现"班长的战争"，为了让听得见炮声的人来呼唤炮火，华为敢于授权，但行权之后，要计算资源的消耗，核算收入的增长和客户价值的创造，以此来验证授权的结果，以便在新一轮授权中提供更有效、更科学的依据。

"我们要求真正指挥战争的指挥所，设在听得见炮声的地方，而不是通过 IT 遥控。这就要求：一要解决中层干部不做决策、只等上级指示的问题；二要通过授权、行权、问责制的实行，将责任、权利及资源配置到基层。目前，第一是要加重地区部及代表处的决策与监控体系以及权利、责任的建立，以提升快速响应能力。第二是加强基本作战单元激励和战斗力的提升。这就指项目组的建设，要培养项目组的攻击能力。第三是公司机关职能主要转变成服务，为前线服务。公司机关主要是经营土壤，经营环境，创造一个适应国际运作的大平台，把种瓜得瓜、种豆得豆的指挥权，下放到前线听得见炮声的指挥所去。"○

"美军作战小组的炮火使用授权是以作战规模来确定的，例如 5000 万美元，在授权范围内，后方就根据前方命令及时提供炮火支援。我们公司将以毛利、现金流，对基层作战单元授权，在授权范围内，甚至不需要代表处批准就可以执行。军队的目标是消灭敌人，我们就是获取利润。铁三角对准的是客户，目的是利润。铁三角的目的是实现利润，否则所有这些管理活动是没有主心骨、没有灵魂的。"○

计划预算的授权，必须通过核算来明确使用标准。用核算来监控授

○ 任正非，《上甘岭是不会自然产生将军，但将军都曾经是英雄》，2006 年。
○ 任正非，《谁来呼唤炮火，如何及时提供炮火支援》，2009 年。

权,指挥权才能真正下沉到一线。

二、核算也是长江堤坝

任正非认为,全球统一的会计核算和审计监控是长江的两道堤坝,只有这两道堤坝足够坚固,财经管理职能才能从容有效地开展。

华为一方面将业务作战指挥权前移,另一方面从后端加强监管。任正非有一次举例说,"计划权力下放以后,计划被基层控制住了,有的代表处明明可以做到36亿元,但为了给明年留有余地,只上报30亿元的计划,完全按计划来出力。公司在高速发展过程中,一定要坚持流程化、职业化,一定要坚持在分权过程中加强监管,不然我们可能就乱了,一放就乱,一乱就收,收完再放,放了再收,如果这样折腾几次,我们公司就完了"。⊖

在监管层面,华为定义了三条监督线,即资金管理权、账务管理权和审计权,这三条监督线直接穿透层层业务直至末端,以实现有效监督。"三个中央集权坚决不能下放:资金管理权、账务管理权和审计权。其中,资金管理权绝不是管、卡、压,而是灵活快速地服务,代表处资金使用很灵活;账务管理权就是集中做账,口号是'不为客户负责,不为业务负责,不为领导负责,为真实性负责',跟所有业务管理组织脱钩。共享中心等都是这三个权力的分权力,而不是核心权力,审计是事后监管。"⊖

1. 账务集中管理

为了达到全球统一会计核算的目标,华为打破了法人架构这一局限。尽管华为有上千家分公司或子公司,但这些分公司或子公司并没有独立的财务部门,全部财务人员集中办公,账务人员集中在一起做会计核算。

⊖ 任正非,《CFO要走向流程化和职业化,支撑公司及时、准确、优质、低成本交付》,2009年。

⊖ 任正非,《提升一线决策力,业务指挥权前移》,2017年。

账务集中管理是核算的基础，因此也要打破惯常的法人实体概念，集团整体才是核算的主体，子公司、孙公司在华为内部全部进行虚拟化，从财务角度上看，这些法人不具备任何实体的形态，没有实质业务，也没有专职员工，仅仅在公司签订合同、报税时才会用到这个法律意义上的主体。这是华为账务集中管理最突出的一个特色。

华为的账务集中管理模式在数据处理上有个基本要求：每个数据应该进行多维度的运算。尽可能把所有数据的维度体现在核算中，以便随时可根据不同需要生成各类报表。例如，报税时，根据当地税法及数据维度提取法人实体报表；用于内部考核时，可以提取出相应的区域报表、产品线报表、客户群报表。

华为建立了标准化的全球账务体系，其账务管理分为七个中心：一是员工薪酬中心，核算全球员工的薪酬；二是员工费用中心，核算全球员工的费用报销；三是应付中心，核算采购；四是应收中心，核算销售；五是总账；六是共享中心，用于数据的收集和整理；七是报告中心，为各个管理维度提供数据加工。

2. 核算提示风险

Ben，英国特许会计师，曾任职于巴克莱银行和普华永道会计师事务所，2014年5月加入华为，任华为账务会计政策中心资深会计专家。他于2017年4月撰文《从财务核算看华为"五大风险"》，分析揭示了华为的五大风险：

通过研究公司的资产负债表、利润表、现金流量表等，并每天参与到具体的交易中，我逐步归纳出了公司存在的五大风险。第一个是存在低价竞争的现象，以前华为依靠低价竞争拿下了一些市场，但是这种低价模式肯定不会持续，未来低价策略会存在一定的风险。第二个是市场风险，华为的某些产品、服务依赖于新兴市场，但新兴市场作为国家或地区本身是有很大风险的。第三个是销售过于激进，公司以客户为中心，对于销售侧来讲是完美的，但是对于财务来讲有一定的风险。因为客户的信誉无法保障，签订合同后，客户会不会不付款？虽然我们有一套非常好的内控体系。第四个是货币方面的风险，我们没有足够的对冲，这可能是华为独有的风险。第五个是研发投入的效果，公司在研发上的投入很多，但到底能产生多大价值呢？西方公司要求量化研发的投资回报。但华为谋求长远，敢于对未来投入。从财务角度讲，投资是需要变现的，你做项目需要提交完美的计划书，列明你的预算、市场营销费用、收益等。㊀

华为账务 HRBP 部徐平介绍说，华为是全球会计核算最难做的公司，因为：一是业务规模很大，覆盖全球 170 个国家；二是交付的业务涵盖了会计准则上所有的业务类型，包括产品、服务、工程、软件等，并相互交织混合；三是相对公司的业务规模，流程制度建设不完善，业务也开展得很灵活，大量不规范的业务活动和灵活的商业条款都增加了会计核算的复杂性；四是中国公司在走向国际化的过程中面临很多法律、政治、文化、金融等方面的冲突或限制，需要设计出更多复杂的商业模式来应对这些问题，这也加大了会计核算的复杂性。

3. 推动精细化管理

华为以财务数据和核算报告为牵引，对各项业务策略进行细化，以实现经营的精细化管理。围绕计划和经营的精细化管理是华为实行全面利润考核的关键支撑，只有在精细化经营管理下，全面利润考核才能有扎实可靠的基础，利润数据才真实可信。

"对待确定性工作，我们要及时、准确、精细地完成。我们常说'范弗里特弹药量'，那是对未知的战略领域的一种说法，不是浪费的借口，市场上没有这个名词。在确定性领域，要实施分毫都要计较的精细化管

㊀ http://app.huawei.com/paper/newspaper/newsPaperPage.do?method=showSelNewsInfo&cateId=11388&pageId=14569&infold=35408&sortld=1&commentLanguage=1&search_result=1.

理，不能铺张浪费，管理水平、质量与成本，是一点一点抠出来的。我们每个人都要在自己的领域精益求精，敢于承担责任，快速认真处理问题。业精于勤，荒于嬉；行成于思，毁于随。这样我们就能成为一个高效的组织。确定性的事可以实行个人负责制，许多事不要等到月底开碰头会来定，有时好像不发言就表示不积极，没事找些事来问，这就是极大的浪费，这就是我们的考核系统有问题。背影，看看那些埋头苦干的人的背影，我们要更多关心那些踏踏实实、埋头苦干的员工，不要看不见，机会就比别人少。"㊀

通过核算推动精细化管理的最终目的，是通过有效的授权、适度的监控、完善的流程与 IT 支撑等，实现及时、准确、优质、低成本交付。

三、核算与报告平台

华为于 2003 年尝试开发自己的报告平台，但由于缺乏架构规划，没有很好地建立数据逻辑关系，最终核算与报告如一团乱麻。2005 年，华为财经管理团队到 IBM 总部参观学习后，决定将 IBM 的报告与分析（R&A）系统引入华为，以重构华为财务核算与报告平台。

华为从四个角度进行了核算与报告平台的建设。

一是建立核算规则。核算规则既是平台建设的基础，又承载企业的管理导向、利益分配等诉求，需要进行系统的分析和总结，才能输出一套完整的管理核算规则。

二是进行报告设计。立足于报告使用者和决策者的角度，对数据进行分析定位，华为将报告明确为两大类：① 作为公司权威数据发布出口的标准报告，根据财务主题和业务领域组合需求共定义八大类近 2000 份表单；② 由用户自由选取维度和颗粒度组合而成的自定义报表，用于日常经营分析和决策。

㊀ 任正非，《什么是确定性工作》，2017 年。

三是形成报告解决方案。在 IBM 顾问的帮助下,华为发明了一条流水线式的数据加工方案,以实现核算报告平台的结构化、模块化、可配置和可插拔,并将其命名为 MCA(合并抵消与管理核算)。过去几千个数据加工程序被提炼为 13 个可重复调用的数据处理功能模块,实现了财务数据生成过程的工序化、透明化,数据结果可追溯。

四是 IT 固化。2013 年 3 月核算与报告平台正式上线,平台正式命名为 iSee。核算平台大幅度提升了数据核算能力,集团报告发布周期从 6 天降为 5 天,每年新核算需求的实现周期从 5 个月缩短到 1 个月。在之后的几年,华为继续对 iSee 的数据底座进行扩充,不断引入新的数据分析和数据挖掘工具,2015 年华为在资金管理方面首次引入大数据技术预测,集团中长期现金流准确率达到了 95%。

华为账务小兵在《数点梅花天地春》中描述说:"结账系统自动调度数据,170 多个系统无缝衔接,七大共享中心流程化运作,模型化、自动化地多维度校验数据。各共享中心利用时差优势,7×24 小时不间歇地协同作业,交替完成结账活动。按三类会计准则(中国会计准则、国际会计准则、子公司本地会计准则)分别出具 259 家子公司的财务报告,并顺利通过外部审计师的验证。次月第 5 个日历天,5 家核心公司的财务报告已出具,8 大责任中心、15 个地区部、130 多个代表处的经营报告,已经高质量地推送到各位主管的手机应用上。"⊖

华为官网数据显示:华为在全球有 200 多家子公司,130 多个代表处,要遵守三类会计准则,原来结一次账的时间周期很长。通过交易核算自动化、平台优化(跨账套关账、跨账套产生分录、减少手工账),在数据调度(一天多调和自动定时调度)和数据质量监控(交易数据质量提前检查)上,华为实现了全球统一结账和核算,实现过程可跟踪、可管理。到

⊖ http://xinsheng.huawei.com/cn/index.php?app=forum&mod=Detail&act=index&id=3369437&search_result=1.

目前，月度财务报告 3 天出初稿，5 天出终稿（即每个月的 5 日就可以看到上个月的经营情况）；年度财务报告 11 天就能完成初稿。

四、全球财报披露

华为对外是出了名的低调，一直不愿意见媒体，不愿意接受记者的采访，甚至不愿意接受政府和行业组织的颁奖，任正非的理由是希望大家安安静静。他说："对待媒体的态度，希望全体员工都要低调，因为我们不是上市公司，所以我们不需要公示社会。媒体有自己的运作规律，我们不要去参与。我们有的员工到网上去辩论，是帮公司的倒忙。媒体说你好，你也别高兴，你未必真好；说你不好，你就看看是否有什么地方可改进，报道有出入的，不要去计较，时间长了就好了。"㊀

这并不代表华为的全部，华为虽然不是上市公司，但在 2000 年度就开始例行发布年报，并且聘请毕马威为其独立审计师。华为没有法定的披露义务，为什么要对外公布年报呢？

关于这个问题，知乎上讨论得很激烈，其中一名叫"悄悄走过"的网友回答得比较全面，他说："对内，对过去一年经营成果做一个科学全面的总结，增强员工信心，激励员工继续好好干，为企业的发展规划提供参考依据；对外，增加企业的透明度和公信度，提升企业形象，打消或缓解外界（尤其是外国客户）对华为的疑虑。"

华为披露年报是一份责任，更是一份承诺和自信！

在国际合作方面，开放和透明是必要的，华为从 2012 年度开始又往前走了一步，即由公司高管出面向全球媒体正式发布审计后的年度报告。2013 年 4 月 8 日，华为在深圳正式发布 2012 年年度报告，来自新华社、中国新闻社、道琼斯通讯社、路透社、彭博社、法新社、《福布斯》《金融时报》《第一财经日报》《经济观察报》等媒体的记者参加了这次发布会。

㊀ 任正非，《华为的冬天》，2001 年。

时任华为副董事长、轮值 CEO 郭平说:"在即将发布的年报里,我们对公司的治理情况,对董事会、各委员会和各 BG 的运作情况,都将进一步披露更多信息。华为虽然还不是上市公司,但我们决心不断提升自己的透明度。2012 年,华为高管和董事会成员都在更多的公共场合发出了自己的声音,华为创始人任正非也在圣彼得堡国际经济论坛做了主题演讲。"

可见,公开、透明、开放,也在逐步成为华为财经管理的主旋律。

2019 年,在中美贸易战的大背景下,作为一家非上市企业,西方国家对华为的股东结构和财务透明度心存怀疑。任正非解释说:"关于透明的问题,社会上总认为华为不透明,其实华为是超级透明的。为什么?因为十几年来我们的审计报告都是毕马威做的,哪一笔钱来自哪里,财务报表上清清楚楚,美国政府应该看这个报表。有人觉得,华为不上市就不透明,哪里不透明呢?我们是员工集资,是一种新模式,也可能未来大多数企业都会使用这种模式。这种模式和北欧企业所用模式有什么区别?没有区别。换句话而言,我们不是华尔街大股东资本主义,就是员工资本主义,没大富翁。每位员工都有一点股份,相当于退休保障金,让他在退休以后维持一定的生活条件,他在生病时有一些补充的医疗费用。"⊖

我们每年有成千上万个国际合同要投标,每个合同投标时都要附上审计报表,没有审计报表,我们连投标资格都没有。所以,我们的审计必须是世界上最权威的公司,现在是毕马威,长期对全世界 170 多个国家的多种业务、多种范围审计,每年 3 月左右出审计报告。

审计报告是公开的,目的是让客户对我们信任,投标时客户的董事会还要对这些报表进行审查。不只是审计财务报表,很多细节都会看。如果我们没有非常严格的管理制度,那就会混乱不堪,国际运营商、国际客户怎么会信任我们呢?所以,公开的不只是财务报表,财务报表只是一个形式,非上市公司并不等于比上市公司自由和管理差。我们要对全世界客户负责,首先

⊖ 任正非接受北欧媒体采访纪要,2019 年。

是公开，每个合同投标都要上审计报表，从这一点来说，我们公开报表并不是被迫的，本来就有这个需要。○

2018年的年报对华为来说非同寻常：一是华为年度销售收入首次突破1000亿美元；二是继中兴通讯之后，美国开始对华为实施打压。华为轮值董事长郭平在2018年年报的开篇语中说：

作为一家设备供应商，华为既不运营电信网络，也不掌握客户数据，我们的责任主要在于打造安全可信的高质量产品。我们不断提升软件工程能力与实践，在产品设计、开发及交付全生命周期，将安全和隐私置于战略优先地位，同时推动第三方验证，保持开放合作，不断提升安全能力。我们已经建立了端到端的安全保障体系，华为从来没有、将来也不会植入后门，我们也绝不允许别人在我们的设备上这么干。

过去30年，华为和运营商一起建设了1500多张网络，服务170多个国家和地区、30亿人，保持着良好的安全记录。华为在增强产品防攻击、防渗透能力上也做到了行业最强——在专业软件安全工程成熟能力评估公司的12个评估项目中，华为产品有9项达到了业界最高水平，其他3项也高于业界的平均水平。但是我们清楚，未来网络安全的威胁是不断变化的，华为不仅要实现结果的安全可信，还要实现过程的安全可信。2018年年底，公司董事会正式做出决议，我们将初始投入20亿美元的专项预算，在整个公司范围内开展软件工程能力变革，用面向未来的标准对历史上所有代码进行重构，让代码易读、易升级，从而在每一个产品和解决方案中都融入信任、构建高质量。

华为是一家100%由员工持有的民营企业，没有任何政府部门和第三方机构持有公司股权，干涉公司经营与决策。虽然华为不是上市公司，但我们一直参照上市公司的标准和实践，坚持每年发布公司年报，年报中的财务报表经独立审计师审计，以让外界了解华为业务的真实性、完整性和独立性。同时，我们也积极与政府、媒体、分析师等进行沟通，敞开大门欢迎各界人士来华为参观交流。

○ 任正非接受《南华早报》采访纪要，2020年。

我们队伍必须有战斗力，要聚焦以作战人员为中心，做强弹头作战部，建立有序有力的组织队列。我们的领军人物一定要有战略洞察力、结构思维能力，成为有成功实践经验的优秀"全科医生"。为此，组织要去除不必要的烦琐，减少作战决策的层级，减少协调，减少会议，减少队列中的非作战人员，不这样改革，我们就不能生存……堡垒最容易从内部攻破，堡垒也最容易从外部加强。面向未来，华为将努力排除外部干扰，不断改进内部管理，沿着既定战略方向前进。

2019年，华为首度公开股权文档室，与来自全球20多个国家和地区的300多名记者、官员、学者等进行了现场交流，开放展示华为的股权结构、持股文档、持股员工名册等信息，深度交流华为的员工持股计划、治理架构设计、治理机构选举等话题。华为是一家100%由员工持有的民营企业。华为通过工会实行员工持股计划，参与人数为104 572人，参与者仅为公司员工，没有任何政府部门、机构持有华为股权。员工是华为的创造者和所有者，员工持股计划是华为所有权分配和治理制度设计的基础，华为通过"收益共享、风险共担"机制，团结员工，推动公司向前发展。

第四节　项目经营管理

任正非认为，财经人员最重要的修炼和积累是项目经营管理，只有懂得项目管理，才有可能成长为全面管理者。

任正非有一次出差到越南，问了代表处财经人员一个问题："百年一遇的台风把爱立信的铁塔吹倒了，把诺基亚的铁塔也吹倒了，就我们的铁塔没有倒，你从财务角度如何评价？"

大家不知道怎么回答。任正非说："我们每个人都充满了自豪感，你看，诺基亚和爱立信的铁塔都倒了，就我们没倒，华为的水平多高啊！华为公司的铁塔只有一个标准，在永远不会有台风的沙漠里，装的也是这种铁塔。我们僵化地制定了太高的标准，为此我们每年多浪费了 10 万 ~20 万吨钢铁。所以，我们今天必须加强项目财务的有效管理。"㊀

项目经营管理的重要性，早在 1998 年出台的《华为基本法》第八十七条就有过明确阐述：公司的高速增长目标和高技术企业性质，决定了必须在新技术、新产品、新市场和新领域等方面不断提出新的项目。而这些关系公司生存与发展的、具有一次性跨部门特征的项目，靠已有的职能管理系统按例行的方式管理是难以完成的，必须实行跨部门的团队运作和项目管理。因此，项目管理应与职能管理共同构成公司的基本管理方式。

项目管理，在华为是最基本、最常见的管理方式，但又是一项系统工程。《华为基本法》第八十八条：项目管理是对项目生命周期全过程的管理，是一项系统工程。项目管理应当参照国际先进的管理模式，建立一整套规范的项目管理制度。项目管理进一步改进的重点是，完善项目的立项审批和项目变更审批、预算控制、进度控制和文档建设。对项目管理，实行日落法控制。控制项目数量以实现资源有效利用和提高组织整体运作系统。项目完成验收后，按既定程序转入例行组织管理系统。

"项目管理是连排干部走向将军的必修课，否则怎么可以组织现代化军队呢？我们的各级干部都要练就 200 米近战的硬功夫，要敢于刺刀见红。各级干部一定都要利用业余时间通过项目管理的考试，2 年内 20 级以上的干部通不过考试的，要免除职务，机关要延伸到 18 级。可以像'托福'一样，不计考试的次数，一定要考及格。然后逐级考下去，直到科以上干部全部为合格者。我们要用 3 年时间，将总部机关从中央集权的管理中心，逐步转换为支持、服务中心，以及担负起监控的职能。我们不仅要将指挥所建立在听得见炮声的地方去，而且要使资源能及时、准确、有效地配置到项目，让项目通过 IT 拥有指挥决策权，资源的合理、有效的调度配置权。3 年后，决不允许拥有资源管理的人通过 IT 遥控战争。3

㊀ 任正非与罗马尼亚账务共享中心座谈会纪要，2011 年。

年内要将机关主管支持与服务的主管，转变成由有成功实践经验的干部担任。同时，承担具体支持与服务的工作人员，也必须拥有所服务业务方面的实践经验。这是一场大的人事变革，大家都有充裕的时间完成自己的转换。"[1]这是任正非 2006 年在华为大学座谈时的发言，从这段话中我们可以看出，任正非对项目管理这一系统工程的重视程度。

据华为项目管理能力中心（PMCoE）原部长易祖炜介绍，华为项目管理实践和体系化能力建设经历了三个阶段：从概念引入，"管事、管人到管财"；从单一项目到项目集、项目组合的管理；从单兵作战的"可怜的人"（poor man）到保证"强大的人"（powerful man）的能力和体系化运作。

华为高层极其重视项目管理水平的提高，在不同的发展阶段提出了不同的改进措施。

（1）2001 年，时任华为董事长孙亚芳女士提出，华为全公司要培养至少五名总监级项目经理来管理海外交钥匙（Turnkey）项目，开始大规模的海外项目运作。

（2）2005 年，孙亚芳提出，高级领导干部要懂项目管理，要求销服运作管理部组织开发"华为高级项目管理研讨"课程，针对当时副总监（VP）级领导系统培训项目管理理论及在海外的业务实践，对华为重视项目管理起到很好的推动作用。

（3）2008 年，在时任轮值董事长胡厚崑的带领下，GTS 总裁李杰亲自挂帅，开发了"国家代表发展项目"（GMDP）的核心课程"交付项目管理高级研讨"，由李杰亲自授课并引导华为全球代表和系统部部长系统学习和研讨交付项目管理。

（4）2009 年，随着时任华为常务副董事长、CFO 孟晚舟领导的 IFS 变革的深入开展，项目"四算"开始在服务交付项目中推广实行，华为的

---

[1] 任正非，《华为大学要成为将军的摇篮》，2006 年。

项目管理进入项目 CEO 的经营时代。

（5）2011 年，由时任轮值董事长徐直军和董事长梁华发起集成服务交付（ISD）变革，再次从流程架构上确立了项目管理作为一项核心能力，在管理框架中的显性化核心地位，并回答了与业务流程的协同关系。

（6）从 2011 年开始，在时任华为 HR 总裁李杰、时任 GTS 总裁梁华的领导推动下，华为大学联合业务部门，开展了一系列的项目管理资源池、后备干部项目管理与经营短训项目、PMDP 等战训结合项目，从实战出发培养了近万名一线基层项目管理人员和后备干部。

（7）2013 年，华为成立公司级的 PMCoE，引进业界职业经理人，系统开展"以项目为中心"运作的变革，体系化地构建项目管理能力。

（8）到 2018 年年初，华为已经完成目标管理、任务管理、计划管理、项目分析等通用化、标准化、云化的项目管理通用服务模块，供各领域项目管理系统调用和集成。

一、项目四算

项目四算，即概算、预算、核算、决算，是项目经营管理中的四个关键活动（见图 3-18）。概算是设计项目利润的过程；预算和核算是管理增收节支的过程；决算是传承经验的过程。项目四算拉通的服务对象是系统部以及各类项目组，价值在于支撑项目层面的经营管理。

- 概算：基于设备、服务成本和相关成本费用测算项目的损益和现金流，80% 的项目成本在这个阶段确定。
- 预算：基于概算，根据合同确定的交付承诺，结合交付计划和基线对项目执行周期内的收入、成本、现金流设定财务基准。
- 核算：建立项目核算规则，成为项目管理的温度计（准确地记录历史，说清现在，通过预测来管理未来）。

- 决算：最后一次项目核算，是项目关闭时的"秋后算账"，通过经验教训总结改善后续运作，刷新基线。

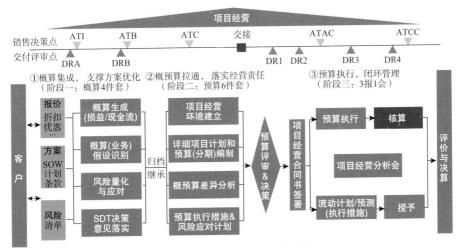

图 3-18 项目四算的运作机制

项目四算作为项目经营的关键活动，在项目全生命周期应遵循以下原则：概算支援方案优化，支撑销售决策，确立项目初始经营目标；预算继承概算，按照预算投入资源，支撑项目经营目标的达成；基于项目决算，对项目经营进行全面评估与评价；建立资源买卖，支撑效益提升。

1. 项目概算是合同谈判的基础

华为将概算和合同谈判融合成一个能力中心，因为合同谈判基于概算，通过能力中心将投标、概算、谈判等活动拉通。由于概算是由经营主体来完成的，因此各级一把手应是概算经理。在华为的代表处层面，每个代表处代表、系统部主任就是概算经理，系统部层面的财务经理（BFC）负责具体工作。

项目概算以项目为对象，以交付方案、基线、风险、假设等为输入，是基于完全成本模型的量化分析，既用于支撑销售决策，也用于支撑方案优化（包括合同条款），提升项目方案的竞争力。

2. 项目预算是"指挥中心"

项目有了预算,即拥有了指挥作战的权力。全面预算管理要为这种运作机制提供支撑,以此强调项目资源使用的成本,实现资源的能力和成本信息的透明化,支撑项目选择合适的资源。

"以项目为中心的预算机制,通常要围绕着'计划—预算—核算—评价'的闭环进行管理,实现责任中心与项目预算的衔接。在以项目为中心的预算生成过程中,要考虑到销售项目、交付项目,还要关注到与客户投资计划相匹配的线索和机会点,从而实现预算生成从项目中来(责任中心预算=∑项目预算+空耗)。目前,项目四算质量还不够高(预核算贡献毛利率偏差在15%之内的项目占比为65%、滚动预测偏差在15%之内的项目占比为36%)。GTS和区域财经管理部要针对项目四算管理中的主要问题,深入分析根本原因,有目标、有计划地加以改进。"㊀

3. 构建以利润为导向的项目预核算管理体系

为什么很多企业的项目不能盈利?因为项目经理不算账,一味以拿下合同为目标,不关注一仗打下来需要多少成本。

"在项目报价时要有成本基线的支撑,项目报价结果作为项目交付的预算,是贯穿整个项目管理的主线。项目经理不仅要对交付负责,还要对项目的财务指标负责。销售和交付的目的都是为了回款。

"未来我们将把资源分给前线,由负担利润中心的单位来承担发生的费用及成本。机关没钱,只保留一个保障经营的最低线。机关花钱要向前线要,我给你提供什么样的服务,你给我多少钱。预算应该倒回来做,下一步谁来呼唤炮火?呼唤炮火的人应该是前方的作战部队,不是后方的领导。炮火是有成本的,谁呼唤炮火谁对成本负责。这样我们把责任主体倒回来,以后公司计划体系、预算体系、核算体系会发生很大的变化。"㊁

㊀ 任正非关于"从以功能部门为中心向以项目为中心转变项目"专题汇报的纪要,2015年。
㊁ 任正非,《围绕客户PO打通,支撑"回款、收入、项目预核算"》,2008年。

二、合同与回款

任正非在一次内部讲话中反思说:"公司真正的高成本在于不作为和胡乱作为的主管以及惰怠的员工,不在于我们是否使用了'导弹',不要用'汉阳造'的悲怆来掩盖主管的无能。现在我们的合同评审,每个人都站在各自立场,没有统一。烂合同很多,有主观的投机意识的问题,也有技术平台不支撑的问题。开发现在是以产品为中心,不是以场景为中心,前方拿到一个场景,不知道如何组合,把最复杂的问题交给了一线的'二等兵'。"①

"好的合同条款是实现高质量交付和盈利的基础,在合同谈判中要敢于坚持我们的原则立场,把好合同条款,不能无原则地退让。"②

"提升合同质量的关键是要在前期项目运作和客户关系上下功夫,不能只盯着合同条款,更不能单纯地商务让利和无限承诺。"③

"我们过去重销售,现在要转变到代表处的全面建设,每个代表处的效益增长,一定要坚定不移地建立在高合同质量的基础上。我们的合同必须要有二次审批,第一次合同签订叫作配置、价格条款确认,第二次合同审批是审批合同承诺条款。地区部要做一个指引——合同会审,看哪些条款不能省掉。巴林银行是怎么垮掉的?就是授权体系不清晰。第二次合同审批,首先要审核可销售清单上的所有销售产品是否在已授权可销售清单上,不在清单里的就不能承诺;其次要审核合同条款中是否有起止年限,延期付款是否有滞纳金和利息,是否法律遵从了。"④

华为的合同管理执行流程如图 3-19 所示。

---

① 任正非在落实日落法及清理机关说 NO 工作组、合同场景师推动小组座谈会上的讲话,2017 年。
② 任正非关于交付、运营资产管理、队伍建设等方面的指导意见,2008 年。
③ 任正非,关于提升合同质量汇报的纪要,2011 年。
④ 任正非,《前进的路上不会铺满了鲜花》,2016 年。

图 3-19　华为的合同管理执行流程

项目合同的签署和执行涉及面很广，需要专门的组织进行管理，华为在地区部 / 大代表处建立了"合同管理及履行支持组织"——CSO。CSO 对外提供面向客户的一站式服务，对内作为综合性的支撑平台，具体负责管理合同交接、合同信息录入与发布、实施订单验证、提供支撑收入确认的信息和文档、开具发票等工作，并对端到端合同的履行进行监控，保持与客户的沟通。

CSO 是合同基本信息管理责任主体。合同管理、备货发货、交付履行、收入确认、开票、回款等动作都是通过这个平台来完成的，销售、交付、财务三个人手拉手完成开票与回款，也是通过这个组织的支撑来实现的，合同信息同样由这个组织统一录入，各部门不再各自录入。

但 CSO 仍然不可避免地走向了组织衙门化和人员官僚化，2017 年华为再度改革，进行合同在代表处审结的改革试点。任正非在"合同在代表处审结"工作汇报会上提出要求："合同在代表处审结是最高理想，不急于全部改革，我们逐步来实现。目前，有些合同在代表处审结，有些合同在系统部审结，有些合同仅在项目审结。在改革过程中，可以分为两部分：一部分我们能做到的，就去做；另一部分，我们还做不到的，按照老方法运行。在改革中碰到困难，可以再来汇报……以此促使公司焕发出生命力和战斗力，我们就能在世界上生存下来。"

华为 CFO 孟晚舟在 2017 年新年致辞中说：

全球 1500 名项目的财务扑在合同上，扑在项目上，他们无处不在的努力、矢志不渝的执着，正在世界的各个角落燃点着熠熠生辉的星星之火。

S代表处的项目财务，朴实无华，凭借着自己扎扎实实的付出，赢得了一线的认同，证明着自己的价值。他们顶着炎炎烈日深入沙漠站点120公里，每月上站稽查修路情况，为项目降低了350万美元的修路成本；他们驱车至2公里深的大峡谷，与站点工程师、分包商一起实地考察站址，拿出"降低峡谷10个站点的交付成本"的可行方案；他们泡在站点，与当地村民慢慢协商、慢慢沟通，用村民临时接电替代油机费用，为项目的31个站点节省了10个月的油机费用38.8万美元。

2016年，N国汇率出现大幅波动，代表处的项目财务主动请缨参战。与客户合同谈判前，收集信息，仔细测算，匡算合同整个履约周期内可能的外汇损失。合同谈判时，现场参与汇损分担机制的条款谈判，即便是谈判陷入僵局，这位主管仍然有礼有节、尽职尽责地维护着公司的利益。合同签约后，他又一刻也不松懈地投入到回款跟踪上，跟踪交付计划，跟踪客户付款计划，主动协调两边的工作效率和工作进展，有效地关闭了外汇风险敞口。

华为一名财务在其撰写的《数点梅花天地春》一文中描述说："全球65名应收账款的对账会计支撑着5262个客户的对账工作；全球17人支撑了全年789亿美元的回款确认及应收核销。各个共享中心的会计对20万美元以上的合同，根据其在本国收入的重要性水平进行解析，全年解析80万个合同。审计师进行年审时，在收入成本领域的调整率低至0.019%；跨年收入由1.19%下降为0.15%；收入合规的老大难问题，终于在大家的努力下，从公司的高风险清单中剔除了。"

可见，合同管理需要滚得一身泥，方能到达"看庭前花开花落，望天空云卷云舒"的境界。

现金流的重要性无须多表述，除了融资和投资收益能带来现金流之外，更重要的现金流来源是产品和服务销售的回款。有一次，任正非去拜访沙特的客户，临走时，客户满脸疑惑地问："华为公司为啥只干活不收钱？"可见，重要不代表重视，回款对很多企业来说都是很头疼的问题，华为早期也是如此,"回款是有可能置公司于死地的。我们不是没有钱,是有钱,但很多在客户的拖欠里。我们公司可能会因为现金流的断裂而导致灭亡,这是很危险的。每个地区部都要把回款的事情高度重视起来,只要存货还在我们手里,只要我们还没有收到钱,那风险就还在我们这里。我们还是要实行货物回款的责任制,要从源头抓起。我们要建立起项目责任制,从一开始做计划投标的时候,就要想到款要怎么收。一定要从过去的按合同回款,逐渐转变到按站点、按站群、按工程进度来回款,要把回款的实际操作划小到一个点、一个面、一个片和一个项目,然后根据工程进度,就是进行了多少,你就要付多少钱给我。这个所有地区部都要高度重视"。㊀

回款的风险主要表现在两个领域:一是签署低质量的合同;二是对应收账款管理不力。

高质量的合同可以有效支撑经营效益的提升,相反,"先天不足"的合同有可能给企业埋下"地雷",甚至造成灾难性的影响。低质量合同主要表现在三个方面:一是盲目答应客户一些技术条件,却没有能力进行交付;二是合同价格低,即使全部回款也会面临亏损;三是付款条件苛刻,甚至签署高额的延期交付罚金条款。任正非有一次在内部讲话中说:"货款回收是销售的最末端环节,同时也是全流程矛盾的集中点。合同签订的付款方式的好坏、设备的交付、工程安装与验收等环节出现的问题,都直接影响到货款回收的完成。因此说,货款回收不只是市场财经部门的责任,还是整个流程的责任。"㊁因此,要解决好回款问题,首先要从全流程的源头——合同的签署予以控制。

应收账款的管理比较复杂:一是可能面对的行业客户信用比较差;二是企业管理者重视,但销售人员不重视;三是缺乏有效的流程定义和管理

㊀ 任正非在地区部向 EMT 进行 2008 年年中述职会议上的讲话,2008 年。
㊁ 任正非在市场财经部年度例会讲话纪要,2005 年。

方法。华为早期应收账款的问题也很大，华为伦敦 FRCC[1]原负责人白熠在《从"雷达"到"第三只眼"》一文中就有一段经典的描述：

> 现金流是一个公司的血液和生命线，当时华为还未如此重视现金流指标。那些年，公司的净现金流在前 11 个月基本都为负，最后一个月甚至最后十几天的回款却都是一根大阳线暴力拉升，颇为壮观。年底那几天，各个地区部历尽辛苦搬回来的大把真金白银，能让人梦中笑醒。但这种"惊喜"蕴含了巨大的流动性风险，2007 年和 2008 年年底，公司经营性现金流历史上出现了预警。
>
> 其次是高负债率问题。那些年公司业务高速扩张，而运营资产周期长，需要从银行获取融资和流动性，较高的资产负债率（近 70%）成为公司的一大隐忧。当时的负债以对银行及供应商的刚性负债居多，而现在公司现金流强劲，相当比例的负债都是给的奖金计提。
>
> 当时一线聚焦利润，对运营资产现金流管理偏弱。利润是面子，现金流是里子，我们的应收账款周期高达 140 天，资金周转较慢，必须大量借款弥补运营资金的临时缺口。记得有一次时任 CFO 梁华从印度 R 公司（R 公司是一个曾让回款周期达到 1000 多天的"著名"客户）"讨债"回来，决心下力气加强运营资产的管理力度。我们不由感叹，有时财务的尊严是建立在悲剧之上的。随着公司上下全面加强运营资产管理，DSO[2]下降到 80 天以下。

"将应收账款周转天数下降到 80 天以下"这一管理成果来之不易，主要靠以下措施。

（1）"投标、合同签订、交付、开票、回款"是企业业务运作的核心流程，在这一流程中，华为定义了三个流程角色：一是合同负责人；二是交付负责人；三是回款负责人。这三个角色形成开票与回款的铁三角，实行连锁责任制，共同对回款负责。

---

[1] FRCC（financial risk control center），财务风险控制中心。
[2] DSO（days sales outstanding），应收账款周转天数。

（2）华为建立了客户确认与沟通的例行机制，即按交付里程碑进行回款，提高了开票的准确性与有效性。"我们要逐渐实现按'形象进度'交付，按'形象进度'回款。形象进度就是交付里程碑，房子虽未修好，但地基修完了，这就是形象进度，地基钱要先收回来。"⊖

（3）对开票、未开票的应收账款要进行体系化管理。明确应收账款争议管理的责任矩阵，确定争议管理的责任人。责任人通常为代表处销售副代表、地区部销售副总裁。

（4）反推交易模式引发的回款问题，依此对交易模式加以优化。每年都要比上一年有所改进，以此来逐渐改善对应收账款的管理。

三、项目经营组织

项目组组织是华为经营管理的基本单元。2014 年 3 月，时任华为轮值 CEO 的郭平在"项目经理峰会 2014"上明确分析了华为为什么要以项目为中心，理由有以下三个：

（1）公司设备的增长速度正在放缓。2013 年，固网和电软核都是负增长，无线由于 LTE 的发展，实现了 9% 左右的增长。但我们看到，在设备增长放缓的同时，整个服务的增长却达到了 24%。价值正在从设备向服务和软件转移，而服务和软件都是以项目为驱动的。

（2）交付项目数量众多且大项目仍在增长。2013 年交付项目总量为 8267 个，ABC 类项目呈增长的趋势。面对这么多项目，如果没有一个好的项目经营管理体系来支撑，是不可能做好公司整体经营管理的。

（3）代表处的规模不断扩大。2013 年，海外有 1/3 的代表处销售收入超过 1 亿美元，销售收入 3 亿美元以上的代表处达到了 24 个，代表处管理的跨度和难度越来越大，划小经营管理单元的诉求越来越强烈，有些区域已经开始自发地进行划小经营管理单元的尝试了。

⊖ 任正非，《围绕客户 PO 打通，支撑"回款、收入、项目预核算"》，2008 年。

华为认为，以项目为中心就是指组织级的项目管理，通过成熟的组织级项目管理方法、流程和最佳实践，充分发挥代表处的灵活性、主动性，使代表处的经营活动标准化、流程化，使经营管理向可预测、可管理和可自我约束的方向发展，从而提升运营效率和盈利能力。

怎么才算以项目为中心呢？华为认为：

首先，以项目为中心的目的是建立一个组织级的项目管理体系。以项目为中心不仅是业务前端项目形式的运作，而且包括为项目提供全面支持的管理支撑系统，是一个拉通业务前端和后端的完整架构，涉及人、流程、知识和战略等很多方面，也就是业界所称的"组织级的项目管理体系"。以项目为中心建立起来的项目型组织能够像眼镜蛇一样，头部可以灵活转动，一旦发现食物或进攻对象，整个身体的行动十分敏捷，可以前后左右移动，甚至垂直蹿起发起攻击，而发达的骨骼系统环环相扣，转动灵活，确保在发起进攻时能为头部提供强大的支撑。眼镜蛇的头部如同业务前端的项目经营，眼镜蛇的骨骼系统如同管理体系的基本架构。

其次，华为定义的以项目为中心，不只是指一个个具体项目，而是包含项目组合、项目群⊖和项目三个层次的完整的项目管理体系。代表处、系统部和项目组应该分别对项目组合、项目群和项目负责。代表处是客户组合和产品组合管理的主体，承担实现华为战略目标的责任，代表处以年度预算为基础，在代表处层面优化资源配置，促进优质资源逐步向优质客户倾斜；系统部是项目群管理的主体，对经营目标的实现和客户满意负责；项目组是项目管理的主体，基于契约开展优质、高效的交付，对交付进度、质量和客户满意等项目经营目标负责。

最后，组织运作上从"功能为主、项目为辅"的弱矩阵，向"项目为

⊖ 项目群，是指能产生共同结果或形成整体能力的相互关联且能被协同管理的一组项目；项目组合，是指为了便于管理、能够实现战略业务目标而组合在一起的项目集合，项目组合中的项目不一定彼此依赖或有直接关系，其强调的是统一进行资源分配和集中管理。

主、功能为辅"的强矩阵转变。华为轮值董事长郭平用"击毙本·拉登"的事例形象描述了这种关系：① 前方是项目经营：有目标清晰的行动中心。24 人的海豹突击队有明确的项目目标，他们的"少将班长"相当于我们的项目经理。② 中间是被呼唤炮火、有效率的（资源调用）平台：在传递过程中，能使前后方信息、物资全部贯通，能呼唤无人机、卫星、航空母舰、通信系统……③ 后方是清晰的决策及监控中心：前方活动过程清晰透明，确保前方按业务规则进行。

华为董事长梁华认为，"项目经营管理应该具备四个要素。① 业务规则：包括研发、交付、销售，如'研发哪些能做、哪些不能做'要描述清楚。② 流程、IT、数据：流程设计权要一部分公司管控，一部分一线管控，通过 IT 来贯通，通过数据来可视、可管理。③ 计划、预算、核算：这是贯穿管理体系很重要的一块。④ 度量体系：包括业务度量、KPI、'5 个 1'[一]等，建立项目和功能部门不断改善效率的度量体系"。

2007 年，华为总结出面向客户的项目组织——铁三角，即由客户经理（AR）、解决方案专家/经理（SR）、交付专家/经理（FR）为核心组建项目管理团队。随着大项目的不断拓展和运作，铁三角逐步扩展为项目八大员，即由项目经理、技术专家、采购、供应链、项目财务、合同经理、项目 HR、质量专家构成，八个角色协同作战，华为内部为此赋予了一个专有名词叫"C8"，从 2015 年开始正式推行。

"做好项目经营是项目八大员共同的责任，但是由于八大员在项目中的分工各不相同，其职责也应该是有差异的。德国代表处'以项目为中心运作'试点可以在这方面进行积极尝试，使得项目核心成员承担共同但有差异的责任。例如，项目财务是项目预算、预测、核算准确性的第一责任人，对此承担特别的责任，出了问题要首先被处罚。如果因为业务的原因

[一] 5 个 1：PO 前处理 1 天，从订单到发货准备 1 周，所有产品从订单确认到客户指定地点 1 个月，软件从客户订单到下载准备 1 分钟，站点交付验收 1 个月。

导致财务各有差异，项目财务人员要对此追根溯源。"⊖

四、合同场景师

合同场景师，是华为在项目经营管理中定义的非常重要的一个角色。不同于合同经理和商务经理，合同场景师必须是多种业务的综合专家，具备跨领域的综合能力。"华为有光传输经理、无线经理、路由器经理、交付经理、客户经理、服务经理……不过他们不是场景师。但如果能把这几种搞透，有综合能力了，那他就是场景师了。如果还能够理解所在国家的商法环境、交付环境、不同客户的交易条件、交易习惯等，就是高级场景师了。"⊜

合同场景师，用通俗的话说，就是可以在恰当的时间、恰当的地方，使用恰当的方法，打赢一场战争的参谋长。

华为过去的销售合同和条款，很多是基于标准的合同，但运营商的经营状况差别很大，很可能一个运营商就是一个合同场景，因此，华为需要合同场景师这个"参谋长"，来设置差异化的合同场景和条款，指导快速备货、快速验收，增加合同的契约性和严肃性。"一个站点规划不正确、一个合同不正确，造成的经济损失是巨大的。我们公司由于合同不正确，每年浪费几十亿美元。提高合同的有效性，对我们非常重要。你去收人家的款，但对合同的执行、生成不了解，款也收不到。"⊜

华为认为，合同场景师的主要责任是把确定性的工作弄明白，建立正确的高质量的合同。这一点看似简单，其实对合同场景师的能力要求非常高。"合同场景师首先要了解业务场景、交易条件、伙伴的需求、政治及社会……也要学学遥感遥测，用先进工具画网络拓扑图。将来合同场景师

⊖ 华为财委会办公室工作会议纪要，2015 年。
⊜ 任正非在合同场景师建设思路汇报会上的讲话，2015 年。
⊜ 任正非与合同场景师座谈会上的讲话，2016 年。

脑袋里面是个多层地理立体图，当地的民风、民俗、河川、湖泊等都在你的脑袋中，所以你做出的合同才可能是贴近现实的……我们公司有很多参谋，有财经的参谋、产品解决方案的参谋，但他们不是合同场景师，是专家。懂一点叫专家，懂得多才是参谋长。在我们的心目中，合同场景师就是将万事万物装在心中，就像一本字典，一翻开就知道这个网络成本是多少。"○

既然是参谋长，就要给司令当参谋，支撑司令打胜仗。

五、案例：村自为战、人自为战

2018年华为正式发布《关于合同在代表处审结变革试点配套文件发布的通知》○，通知说："合同在代表处审结是为了探索试点代表处相对自主经营、自主运作的模式，在经营目标牵引、运营资产包和粮食包约束下自主经营管理，代表处有客户选择权、产品选择权、合同决策权。通过改革试点，逐步实现在中央集权的基础上，'机关手放开，一线放开手；机关管好钱，一线用好权''钱要体现公司意志，权要听得见炮声'的运作优化意图，激发代表处在内外合规基础上，多打粮食，增加土壤肥力，提高人均贡献的主观能动性，将代表处建设成'村自为战、人自为战'的一线经营堡垒。"

合同在代表处审结的试点方向与改革要点如下。

1. 试点代表处的变革方向

（1）基于相对自主经营的模式：

- 以内外合规为基础。

○ 任正非与合同场景师座谈会上的讲话，2016年。
○ https://xinsheng.huawei.com/cn/index.php?app=forum&mod=Detail&act=index&id=4120447&search_result=1.

- 以财经指标和持续发展为牵引。
- 以资产包为经营约束。
- 以粮食包激发创造活力,提升人均贡献。

(2)形成相对自主运作的模式:

- 子公司董事会被授予担当本地合规经营、持续发展的全权全责。
- 代表处 CEO 经营管理会议抓整体经营管理。
- 代表处 CFO 掌握资金安全,为作战提供服务、支持、监督。
- 代表处 BG 业务部做大战斗部,聚焦日常作战;作战 CFO 辅助作战 CEO,通过业务发展与财经目标拧麻花,直接参与作战,提升经营质量。
- 对后勤服务实行民主监督,为主战部队减负。

2. 试点代表处的组织运作模式

试点代表处变革后成为公司授权的全权全责的当地经营组织,以权力中心、经营中心、作战中心为分层实体,开展相对自主的经营与管理,简化公司其他组织机构与试点代表处间的日常管理关系。组织运作模式如图 3-20 所示。

3. 试点代表处关键岗位的主要职责及管理关系

(1)关键岗位及主要职责。

1)子公司董事会董事长:

- 负责主持子公司董事会工作。
- 批准战略计划,负责合规运营、营商环境、经营监督、干部监管等。

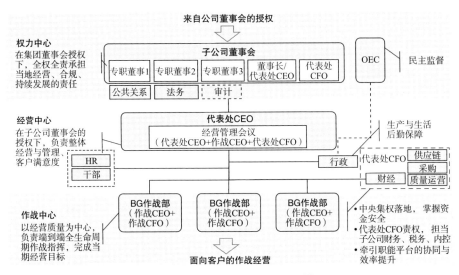

图 3-20 试点代表处的组织运作模式

2）专职董事：

- 负责子公司的内外合规监管、业务监管和干部监管。
- 负责代表处公共关系、法务、审计等非流程性工作的管理。

3）代表处 CEO：

- 在子公司董事会授权下，负责当地的整体经营与管理。
- 组织制订和落实战略计划，协同代表处几个作战部的业务管理，提升客户满意度。
- 负责代表处组织设计和建设、人才管理、考核与激励。
- 代表处 CEO 的抓手是干部管理、组织建设和代表处 CEO 经营管理会议。

4）代表处 CFO：

- 支撑资金与账务中央集权业务在代表处的穿透，落地到代表处经营最前端，并对其组织建设负责。
- 承担子公司 CFO 的职责，履行子公司财务管理、纳税遵从管理、内控管理的职责。
- 支撑子公司董事会的内外合规管理履责，将子公司董事会批准的年度合规目标分解到对应责任人，对内外合规的过程和结果进行管理。
- 管理流程性平台组织作业质量和效率的提升，提供高质量的作战支持服务。
- 代表处 CFO 的抓手是财报内控、流程内控和平台协调会议。

5）作战 CEO：

- 拥有相应业务的作战指挥权，承担客户满意及端到端的经营责任。
- 围绕经营目标，做好经营设计，抓好高质量的合同获取和履行。
- 实现相应业务战略目标的落地。
- 负责相应 BG 业务部的组织建设、人才管理、考核与激励。
- 作战 CEO 的抓手是作战指挥会议。

6）作战 CFO：

- 作为作战 CEO 的伙伴，共同承担相应业务端到端的经营责任。
- 以提升相应业务的经营水平和经营质量为核心，提供贴近业务作战的计划管理和概算、预算、核算、决算管理。
- 通过业务发展与经营质量提升拧麻花，不断提升经营水平、经营质量和财务管理能力。
- 作战 CFO 的抓手是计划管理、预算管理、预测和核算分析。

（2）关键岗位的主要管理关系。

关键岗位的主要管理关系如表 3-5 所示。

表 3-5 关键岗位的任命与考核关系

关键角色	任命关系		考核关系	
	建议权/否决权	批准权	建议权/否决权	批准权
董事长	业务管理小组	常务董事会	业务管理小组	常务董事会
专职董事	子公司董事资源局AT	监事会	子公司董事资源局AT	监事会
代表处CEO	业务管理小组	常务董事会	业务管理小组	常务董事会
代表处CFO	集团财经AT	平台协调委员会	子公司董事会	集团财经AT
作战CEO	代表处CEO	业务管理小组	代表处CEO	业务管理小组
作战CFO	代表处AI/地区部CFO	集团财经AT	作战CEO/集团财经AT	代表处AT

4. 试点代表处的业务管理方式

试点代表处主要采用三个业务会议和一个 AT 会议进行日常管理。

（1）作战指挥会议：代表处各 BG 业务部的作战会议一般是按需召开，实行作战 CEO 负责制。

（2）平台协调会议：促进各职能模块工作步调一致，解决日常的作战支持和合规管理问题；沿着财务目标协调后方平台，提升平台支撑的效率与效益，实行代表处 CFO 协调制。

（3）代表处经营管理会议：进行具有业务价值的互助与协同事项管理，如品牌协同、渠道协同、营销协同、客户关系共享等。对各作战部日常业务指挥给予更多授权，实行代表处 CEO 负责制。

（4）代表处 AT 会议：负责人才评议、干部和激励管理，实行集体决策制。

（5）代表处经营管理会议与代表处 AT 会议可以采用一次会议分段审议的模式合并进行，但应遵从不同的与会人员范围与决策规则。

5. 试点代表处的组织绩效管理

为简化管理、聚焦关键经营结果，试点代表处的组织绩效目标聚焦在多打粮食、增加土地肥力、内外合规三个方面（见表 3-6）。其中：

（1）多打粮食部分占 50%~70% 的权重，采用指标计算方式，以牵引关注当期的经营结果。多打粮食部分体现了业务规模和盈利要求，具体分为订货、收入、贡献利润（率）、回款（强调经营性净现金流）。

（2）增加土地肥力部分占 30%~50% 的权重，采用述职评议方式，以牵引关注长期的可持续发展。增加土地肥力部分体现客户、长期发展、竞争、组织能力、协同促进等要求，具体分为客户关系与客户满意度、战略山头项目、竞争项目运作、关键人才获取与发展、对他人产出的贡献、利用他人产出更好贡献。

（3）内外合规是代表处业务持续发展的基础，通过述职评议方式，作为扣分项考核。

（4）试点代表处可根据业务管理需要，自主设计 BG 业务部的组织绩效方案。

表3-6　试点代表处的绩效KPI

牵引点	序号	KPI名称	设置目的及定义
多打粮食 （50%~70%）	1	订货	促进和牵引订货的提高
	2	收入	促进和牵引销售收入的提高
	3	贡献利润（率）	衡量利润中心的盈利能力，体现经营结果，同时设置底线贡献率要求
	4	回款	牵引及时回款，支撑代表处现金流
增加土地肥力 （30%~50%）	5	战略	战略山头项目，自上而下的战略目标+自下而上的战略和格局改进目标
	6	客户	客户关系管理、客户满意度；EBG 牵引核心合作伙伴关系
	7	专业能力建设	基于业务的长期发展需要，构建关键业务与团队能力
内外合规 （扣分项）	8	内外部合规	牵引代表处相应作战部内外部合规风险，多打粮食；通过评议方式评价

6.试点代表处的激励管理

授予试点代表处采用激励总包（粮食包）的管理机制，授予的粮食包包含工资性薪酬包和奖金包（见图 3-21）。试点代表处可在粮食包边界范围内，自主管理、自我约束，以充分释放代表处活力。

$$\text{粮食包} = (\text{收入} \times \text{收入系数} \times \text{权重1} + \text{利润} \times \text{利润系数} \times \text{权重2}) \times \text{国家难度系数} \times \text{通胀系数} + \text{战略穿透粮食包}$$

$$\text{收入系数} = 50\% \times \left(\frac{\text{薪酬总包}}{\text{收入}}\right)_{\text{第1年}} + 30\% \times \left(\frac{\text{薪酬总包}}{\text{收入}}\right)_{\text{第2年}} + 20\% \times \left(\frac{\text{薪酬总包}}{\text{收入}}\right)_{\text{第3年}}$$

$$\text{利润系数} = 50\% \times \left(\frac{\text{薪酬总包}}{\text{利润}}\right)_{\text{第1年}} + 30\% \times \left(\frac{\text{薪酬总包}}{\text{利润}}\right)_{\text{第2年}} + 20\% \times \left(\frac{\text{薪酬总包}}{\text{利润}}\right)_{\text{第3年}}$$

图 3-21　试点代表处粮食包的计算方法

（1）粮食包按照一个总包授予试点代表处：

- 以试点代表处最近 3 年的 ICT 业务年度销售收入、年度贡献利润、年度薪酬总包（包括该年度发放的工资总额、各类补贴总额和奖金总额）作为该代表处粮食包获取的历史延长线构建基础。
- 代表处最近 3 年的 ICT 业务销售收入、贡献利润在基于销售收入的获取延长线、基于贡献利润的获取延长线构建中，其权重分别为 20%、30% 和 50%。
- 基于 ICT 业务销售收入的获取延长线测算的粮食包占最终粮食包的 40% 权重；基于贡献利润的获取延长线测算的粮食包占最终粮食包的 60% 权重。
- 公司 BG 为实现战略而自带战略穿透粮食包，在项目成功后可按相关约定额外加入代表处粮食包。

（2）试点代表处按照一定的规则将粮食包分为工资性薪酬包、经营性奖金包和战略 / 土地肥力奖金包。

（3）减员增效产生的工资性薪酬包节省可转化为经营性奖金（后续由业务管理小组建立实施细则）。

（4）经营性奖金包不能转化为工资性薪酬包。

（5）粮食包扣除工资性薪酬包的30%用作战略/土地肥力奖金，牵引代表处的中长期投入。

7. 试点代表处的自主经营和运营资产包

（1）试点代表处从业务上定位为"本地系统集成公司"，基于产品结算价拉通项目四算、拉通项目经营和代表处经营，实现合同自主决策和自主履行。

（2）产品结算价（product settlement price，PSP）是公司给试点代表处的产品批发价，是代表处的产品成本。

（3）运营资产包相当于公司对试点代表处的"初始投资"，由业务管理小组代表公司授予试点代表处，以"授信额度+借款"的形式体现。试点代表处基于运营资产包（投入），完成经营目标承诺（产出）。运营资产包是资源投入，是有成本的。

（4）试点代表处生产/生活保障、办公环境、基建及IT基础设施所涉及的运营资产占用不纳入运营资产包计算。

8. 试点代表处的内外合规管理

（1）试点代表处的子公司内外合规对准多打粮食，按"大部制"的思路展开设计，以"大部制"方式实现运作协同。GPO和RCO[①]发布内外合规保留权力清单，清单外的内外合规事项由子公司董事会决策。

（2）外部合规管理以当地法律法规为基础及范围，按照"一国一策"的思路明确合规管理的目标与要求。基于外部法律法规的解读和当地遵从实践的评估，按照不同场景实施分类管理，采取不同的管理措施。

（3）内部合规管理以财报内控、流程内控为基础及范围展开。财报内控的年度目标由账务管理部作为中央集权组织下达。流程内控按管理成熟度目标进行达标管理。

---

① RCO（risk control owner），风险控制责任人。

第五节　为我所知、为我所用

2017年8月,华为定义了"为我所知、为我所用、为我所有"的全球能力布局策略,基于"开放创新,不盲目追求为我所有"的思维,多层次构建"为我所知、为我所用"的能力组合和全球人才基地。

大学属于"为我所知、为我所用"的部分,华为尝试与全球一些大学的科学家进行对话与合作,华为拨出大量经费支持大学科学家/教授做专题研究,不求回报。任正非说:"我们对科学家的支持是无条件的,我们不会谋取教授的专利,不谋取教授的成果,我们只希望教授多和我们喝几杯咖啡,告诉我们这东西在未来有什么用。如果我们使用了,我们就需要付费。"⊖

2017年国庆节期间,任正非先后拜访了加拿大多伦多大学、滑铁卢大学、蒙特利尔大学、蒙特利尔综合理工大学四所大学的校长,其目的是带着钱去和大学合作,"通过资助获得知晓知识"。任正非在蒙特利尔理工大学发表演讲时说:"大学是我们的雷达,因为我们不可能知道未来世界的方向是什么。科学家怀抱的是理想,能实现的和不能实现的都是科学家的伟大抱负和理想。作为商人,我们有思维的局限性,比如这项技术能不能产生粮食,这就是思维局限性。如果头上不装个雷达,说不定就走错路了。我们这么大体量的公司一旦走错路,就很难回得来。世界上的很多大公司就是因为战略方向错了几年,然后就回不来了。"⊜华为希望以高校为雷达,探知未来一二十年的发展方向及可能性。

任正非是一位有着深重危机意识的企业家,他的危机意识让华为爬上了运营商业务千亿级的顶峰。然而任正非坦言,"未来信息社会是什么,我说不清楚""信息技术前30年积累的能量,将在后30年爆发,这个洪水会不会把华为冲得无影无踪,还不好说"。

⊖　任正非,《美丽的爱尔兰是软件的大摇篮》,2016年。
⊜　任正非,《一杯咖啡吸收宇宙能量,一桶浆糊粘接世界智慧》,2017年。

任正非认为，华为的社会功能定位和本性是商业组织，更关注短期目标的实现，看问题不会那么长远，因此不可避免地存在现实主义的局限性，"我们的视角可能只是5~10年的未来"。

"物理学的尽头是数学，数学的尽头是哲学，哲学的尽头是神学。"任正非开玩笑说，"未来也许只有神才知道"，但知道未来的"神"不在教堂，而在大学。

任正非认为，大学的科学家和教授研究的是未来，可以引领时代，可以点亮航灯。华为通过对大学进行投资和经济上的支持，并开放研究平台，把大学的科学家和华为的技术专家结合在一起，让大学的先知落到华为近万名基础研究人员的漏斗中，形成推动华为产品领先时代的能力。

资助大学的科学家和教授做研究，存在两种结果。一是项目成功了。如果项目成果华为能用得上，则另付费使用，并不以前面的资助作为交换和占有条件。二是项目没有成功的情况下，"你只要把失败的这个路径告诉我们，把失败的人给我们，这些失败的人甚至比成功的人还要宝贵。他们可以补充到我们生力军中去，把失败的经验带到我们其他的项目中，避免失败。合作中没有失败这个名词，不要说这个没有做好，那你能不能请我们喝一杯咖啡，告诉我们哪里走弯了，将失败的教训告诉我们，这就是成功，钱花了就花了"。㊀

华为不把成功作为合作的基础，这似乎有悖于我们通常理解的"投入产出"的商业逻辑。其实，华为的这一做法来自《拜杜法案》的启发。

在《拜杜法案》出台之前，美国大学获得的政府资助项目，遵循的是"谁出资、谁拥有"的政策，学校项目研发的成果，不仅收益归政府，而且一切后续研发成果也不能由发明人独享。这一政策导致科研成果转换乏力，大量科研成果闲置浪费。截至1980年，美国联邦政府持有近2.8万项专利，但只有不到5%的专利技术被商业化。

㊀ 任正非，《一杯咖啡吸收宇宙能量，一桶浆糊粘接世界智慧》，2017年。

1980年，博区·拜（Birch Bayh）和罗伯特·杜尔（Robert Dole）就上述问题进行联合提案，最终获得美国国会通过，这就是《拜杜法案》。1984年又对其进行了修改，后被纳入美国法典第35编（《专利法》）第18章。该法案旨在通过赋予大学和非营利研究机构对于联邦政府资助的发明创造享有专利申请权和专利权，鼓励大学展开学术研究并积极转移专利技术，促进小企业的发展，推动产业创新。

这个法案极大地带动了技术发明人将成果转化的热情。数据表明，美国1978年的科技成果转化率是5%，《拜杜法案》出台后几年内成果转化率翻了10倍，并使得美国在之后10年内重塑了世界科技的领导地位。《拜杜法案》后来被《经济学人》评为美国过去50年最具激励性的立法之一，这也是美国"制造经济"转向"知识经济"的重要标志。

在任正非看来，华为作为一家企业，应该只做增量性创新和延续性创新，因为它要保护客户的投资，守住大量的存量市场。但华为也必须拥抱颠覆，而颠覆式的创新任务可以交给大学，通过与大学紧密合作，多维度、多路径地进行颠覆式创新。

任正非说，没有谁会"永垂不朽"，但他希望通过一定方式把全世界的科学家紧密联结成一个群体，实现价值创造、价值分配的共享，保护每一个贡献者的合理利益。通过形成集群连接全球的顶尖智慧，尽量把华为的生命延长，以实现"把数字世界带给每个人、每个家庭、每个组织，构建万物互联的智能世界"的理想。

华为具体资助了多少大学，笔者没有找到公开数据，但应该不会少于100家，其中就包括牛津大学、剑桥大学、麻省理工学院、加州大学伯克利分校等。公开资料显示，仅萨里大学就得到过华为500万英镑的资助，作为其研发5G移动通信网络的费用。

通过资助来获得知识，获得对未来经营的可控性，这是华为财经管理更为开放的一个视角，值得我们思考。

第四章

健全责任中心的管理系统

在阐述责任中心之前,还需要谈谈企业的运营模式,因为不同的运营模式决定了不同的经营考核导向,甚至会影响具体的考核指标。

公司运营模式一般分为三种:事业部模式、法人实体模式和责任中心组合模式。

(1)事业部模式,多见于欧洲和日本企业,通常根据产品的不同来设定事业部,可以是产业链的上下游产品,也可以是关联性相对较弱的产品。事业部对收入、利润、投资、财务、人事全面负责,拥有自主研发和原材料采购权。其好处是基于业务而不是公司划分责任;其坏处是事业部间资源流动不畅,容易造成重复投资,内部资源使用效率低,难以力出一孔。

事业部制的标杆是通用电气。任正非在进行组织设计时,顾问公司曾提交了一个建立事业部制的建议报告。任正非听完之后经过一番思考最终放弃了这个建议。另一家国际咨询公司曾经给华为出过一个按产品线实行功能封闭的运作方案,华为支付了顾问费,但再次将方案束之高阁,没有实施。任正非不赞成在华为整个体系里设置事业部,因为华为的客户是运营商，相对比较集中，技术共享性很强，如果设置事业部，会把客户资源割裂，把研发的技术体系割裂，华为反而失去了自身的优势。华为如果划分为多个事业部，那么就可能会移动部门只提供无线的方案，固网只提供固网的方案，业务软件只提供软件的方案，但客户要的是综合性或一体化的解决方案，谁来提供呢？谁来代表呢？又如何做战略聚焦呢？

（2）法人实体模式，中国企业比较喜欢采用这一模式，一旦一个产品成熟，就成立一家独立的公司进行运作。法人实体自负盈亏，对收入、成本、利润、资金、税务负责，但投资权利通常集中于集团管理。集团对法人实体的管理通常通过行政手段和产品的内部定价来实现。虽然经营目标的考核相对清晰，但法人实体的建立使企业总体结构趋于复杂，集团监控相对困难，分公司与子公司之间进行博弈，和事业部制一样，难以实现内部高度协同。

所以，我们不应当用产品拆分来掩盖管理水平的低下，用调整组织结构来代替管理能力的提升。简化组织结构以适应未来发展的需要，是企业的基本诉求，但简化并不是简单的切分，服从于企业整体战略运作下的责任中心组合模式被华为所看中。

（3）责任中心，可看作承担一定的经济责任并享有一定权利的企业内部责任单位。责任中心是企业管理系统有效运作的基础，通常包括投资中心、成本中心、费用中心、利润中心和收入中心。

- 投资中心：以客户为导向，负责端到端的产品投资与生命周期管理，关注长期投资效果，以提升资产与资金的投资回报率为主要责任的责任中心。
- 成本中心：为利润中心服务，是利润中心承担客户端到端责任的组成部分，投入与产出之间有着密切的匹配关系，对可控成本负责的责任中心。

- 费用中心：直接面向外部客户，为其他责任中心提供服务，投入与产出之间无严格的匹配关系，对费用发生额和改进率负责的责任中心。
- 利润中心：是责任中心体系的核心，直接面向客户承担端与端责任、对利润负责的责任中心。
- 收入中心：是面向外部客户创造收入的组织，以追求规模和增长为主要目的的责任中心。

从广义来说，事业部、法人实体等组织形式也属于责任中心的范畴。那么，它们跟华为的责任中心到底有何区别呢？

众所周知，华为采用的是矩阵式组织管理模式，其最大的优点是组织控制力强，可以做到保持业务上下的一致性，从集团到BG、到地区部，到系统部和代表处，除了管理颗粒度有所不同，管理方法是非常一致的。但这种组织形式的弊端也是显而易见的，组织体系庞大，管理复杂度很高。

虽然华为在全球各地分布有很多分公司、子公司，但这些分公司、子公司，在内部业务管理上，都统一按责任中心进行分解管理，没有独立的法人实体概念。只有在对外遵从时，比如政府纳税、银行融资等，才以法人实体的名义出现。

华为根据每个组织承担的经营责任，将责任中心划分为利润中心、成本中心、费用中心、投资中心（华为没有启用收入中心）。华为采用责任中心组合模式，其出发点是立足于企业战略，对集团、BG、产品线、地区部、代表处、系统部等进行分层授权，不仅要求销售队伍力出一孔，也要求研发队伍、职能部门力出一孔，通过公司统一的价值评价和分配体系，从力出一孔导向利出一孔。

第一节　责任中心的管理策略

一、建立责任中心的目的

华为建立责任中心的目的是明确责任、简化管理、激活组织。

一个企业的经营机制，说到底就是一种利益的驱动机制。《华为奋斗密码》重点阐述了企业管理的核心命题——价值创造、价值评价和价值分配。简单说，企业的生存意义和发展目标是全力为客户创造价值，而实现这一目标取决于如何评价创造价值的主体——员工的价值贡献，以及如何分配企业创造的价值。价值评价系统的水平决定了实现合理价值分配的可能性。

正确定位员工所在部门的责任中心的性质，是企业管理控制系统有效运作的基础，也是企业进行价值评价的重要依据。华为的绩效考核是责任结果导向，一个责任中心的性质决定了这个责任中心应该承担什么样的经营责任，即为怎样的结果负责。

经营责任明确以后，企业的计划、预算、核算、考核和激励围绕该责任中心展开。各责任中心可以通过利益分配杠杆，建立自我激励、自我约束的调节机制，还可以通过利益分享机制和空耗系数⊖平衡，巩固"胜则举杯相庆，败则拼死相救"的文化。

责任中心的建设也是一个逐步帮助华为实现"班长的战争"的过程。"班长的战争"是美军近些年发展的作战方式。在战争中，唱主角的不是过去的师团，而是连、排甚至班一级的小分队，这些小分队的士官携带着卫星定位仪和激光指示器深入敌后，他们可以随时下载卫星画面，并根据画面寻找敌人的踪迹。华为"班长的战争"，强调灵活、轻便和高效的组

⊖ 华为为了解决"战略性业务有人干，特殊业务情形有扶持机制"的问题，专门设置了战略性补贴，这些补贴作为战略性投入，不计入部门的成本核算，这样不至于因为公司要做战略投入而拉低相关部门员工的收入，这些补贴即纳入"空耗系数"进行管理。

织运作，其核心是实现"一线呼唤炮火"。

"赋予前方指挥官最后决策权，不能让 BG 和战略预备队把前方指挥官架空，如果你们认为前方指挥官能力不够，可以调换、重新任命，但是指挥权还是要放在前线。比如这次在拉美进行汇困的座谈。第一点，在处于汇困的国家，汇困人员是主作战部队，甚至相比销售的作战部队，在职级配置上、干部选拔上一定要给机会，因为他只要解决了 8000 万元的汇困。这样我们销售 8000 万元就成了很容易的事情，就能卖进去。但我们一直把汇困人员看成配属人员，低职务、低级别对待，这样怎么能解决问题呢？第二点，我提出将操作的决策权下放给子公司董事会。以前是机关审批，机关是审批不过来的。那么机关有什么决策权呢？解决方案的决策权，就是怎么解决这个问题的解决方案，专家有这个决策权，但具体操作时应该要前线决策。前线的决策监督，由前线的子公司董事会负责。所以我提出这个方案，希望资金解决方案部、资金计划部来解决这个问题。"○

"要加快推行大部门制，缩小评审点，逐步增大在基层审结的范围。审结了又不是不审计，有什么过分担忧的？代表处以利润为中心运作，拥有一定的指挥权，随着权力下放到代表处，代表处作战平台在一段时间里会暂时变大，这是机关管理平台向一线作战平台前移，也是一个逐渐改革的过程。"○

管理的目的是有效产粮食，责任中心的明确，就是对责、权、利的定义和分配，这样有助于企业的流程建设、组织授权及风险控制。

二、划小经营单位

分久必合，合久必分。围绕中心化展开的科层制越来越不受待见，去

○ 任正非在"班长的战争"对华为的启示和挑战汇报会上的讲话，2014 年。
○ 任正非，《变革的目的就是更简单、更及时、更准确》，2016 年。

中心化成为必然。在企业中，如果不划小核算单元，经营责任就很难落到实处，部门和团队的贡献差异就难以体现，激励机制也难以与贡献挂钩，组织必然会缺乏活力。划小经营单位逐步成为企业激发组织活力的变革方向，目前典型的划小经营单位的方法包括稻盛和夫的"阿米巴"、海尔的"人单合一"，以及华为的"责任中心"模式。

据稻盛和夫官方网站介绍，阿米巴经营是稻盛和夫为实现京瓷"敬天爱人"的经营理念而独创的管理手法。在阿米巴经营过程中，把公司划分为被称作"阿米巴"的小集体。各个"阿米巴"的领导者以自己为核心，自行制订所在阿米巴的计划，并依靠阿米巴全体成员的智慧和努力来完成目标。通过这种做法，让生产现场的每一位员工都成为主角，主动参与经营，从而实现"全员参与经营"的目标。阿米巴经营的原则是实现"销售额最大化，费用最小化"，为在全公司实践这项原则，把组织划分成小的单元，采取能够即刻应对市场变化的部门核算管理。阿米巴之所以在众多日本企业能够成功，不可忽视其背后重要的一个文化背景，即日本普遍崇尚的"利他之心"，即使需要牺牲自我，也要更多考虑他人的利益，在此基础上，稻盛和夫进一步总结出日常执行的"六项精进"：付出不亚于任何人的努力；要谦虚，不要骄傲；要每天反省；活着，就要感谢；积善行，思利他；不要有感性的烦恼。但一家企业如果缺少"我为人人"的文化基础，可能会因为维护小团队利益而高筑部门墙，增大管理成本和交易成本，甚至产生内部利益挤压、恶性竞争的风险。

人单合一，是海尔集团董事局主席、首席执行官张瑞敏提出并命名的一种商业模式。自2005年起，张瑞敏带领海尔开始了"人单合一"模式，并为此进行了长达十余年的探索，以适应互联网经济。人单合一，其中"人"即员工，"单"即用户价值，"人单合一"的基本含义是，每个员工都应直接面对用户，创造用户价值，并在为用户创造价值的过程中实现自己的价值分享。

首先,"人"(员工)是开放的,不局限于企业内部,任何人都可以凭借有竞争力的预案竞争上岗;其次,员工也不再是被动的执行者,而是拥有"三权"(现场决策权、用人权和分配权)的创业者和动态合伙人。"单"的含义,首先"单"是抢来的,而不是上级分配的;其次,"单"是引领性的,并动态优化的,而不是狭义的订单,更不是封闭固化的,其特征可以概括为两句话:"竞单上岗、按单聚散""高单聚高人、高人树高单"。人单合一的"合一",即通过"人单酬"来闭环,每个人的报酬来自用户评价、用户付薪,而不是上级评价、企业付薪。

在海尔,每个人都是创业者,而不是执行者;海尔从生产产品的企业转变为孵化创客的平台;企业裂变成百上千个自创业、自组织、自驱动的小微组织,自主经营、自负盈亏并按单聚散。人单合一,本质上是一种创客机制,虽然在一定程度上解决了互联网、物联网时代零距离、去中心化等问题,但有两点不可忽视:一是经营单位过于小微化,内部需要进行大规模战略协同时能否适应;二是"人单酬"将员工的薪酬与业绩挂钩过于刚性,可能会放大短期利益,而忽略长远发展。

在华为,任正非时刻提醒管理团队,把公司的能力削得尖尖的,才能形成突破,切忌把公司的能力拉得平平的,否则什么城墙都攻不破。他说,要成为领导者,一定要在主航道、主战场上集中力量打歼灭战。华为的总体原则是战略竞争力量不应消耗在非战略机会点上,因此,华为建立责任中心的核心目标仍然是确保整个组织力出一孔,利出一孔。

如果分散企业的资源让大家自己去创新,那华为的 9 万多研发人员可能会搞出好多新东西来,但这些东西有没有战略意义,能不能支持企业的核心竞争力?会不会带来持续的销售收入?按这个逻辑华为永远也不可能投入巨大的人力物力去做芯片和操作系统。对于盲目创新和做小产品的冲动,任正非一直不允许,即便顶着内部很大的压力。正因为如此,华为始终能在 ICT 领域保持绝对的竞争力。但也如不少批判者说的那样,华为内部没有孵化出具有强大互联网基因的事业群。

"从未来大数据的潮流来看，技术的进步赶不上需求的增长是可能的，我们一定要走在需求的前头。除了力量聚焦外，我们没有别的路可走。看看那些美国成功的公司，大多数是非常聚焦的。难道它们就不能堆出个蚂蚁包？那为什么它们不去堆呢？当前，不是我们超越了时代需求，而是我们赶不上，尽管我们已经走在队伍的前面，还是不能真正满怀信心地说，我们是可以引领潮流的。"[1]

"你们不要去盲目扩张，我不支持你们成就霸业，你们必须支持公司的战略。我们不需要这么多人时，拼命乱进人，进来又用不上，最后这些人还是辞职离开了公司，我们花大量的钱培养了自己的竞争对手……我不会支持你们拿公司的生命去垫底。但是你们改进公司的主航道，在主航道上提高竞争能力，我支持。"[2]

华为的责任中心不是简单地划小，而是在财务集中管理的前提下，确立以项目为核心的经营单元，即经营管理的最小颗粒度是项目，通过两纵、四横、四层的预算核算关联，实现目标互锁，落实经营责任。

华为的"责任中心"、海尔的"人单合一"、稻盛和夫的"阿米巴"，三种模式都是落实企业经营责任的手段，通过各个组织的经营改善，带来企业整体效益的提升。但这三种模式存在不少差异，如表4-1所示。

三、拧麻花与分权制衡

不管是华为的"责任中心"，还是稻盛和夫的"阿米巴"和海尔的"人单合一"，都存在一个共同的缺陷，那就是划小经营单位后，容易造成相互争抢资源和自扫门前雪的情况发生。所以，责任中心的有效建设还需要解决两个问题：一是怎么进行资源分配；二是如何实现责任中心之间的协同。

---

[1] 任正非，《变革的目的就是要多产粮食和增加土地肥力》，2015年。
[2] 任正非在网络能源产品线汇报会上的讲话，2012年。

表4-1　华为的"责任中心"、稻盛和夫的"阿米巴"、海尔的"人单合一"模式的对比

	华为的"责任中心"	稻盛和夫的"阿米巴"	海尔的"人单合一"
实施背景	任正非的逻辑是，我们不能让诱惑把公司从主航道上拖离，走上横向发展的模式，这种模式不可能使公司在战略机遇期抢占战略高地。企业的经营，也要从过往的盲目追求规模，转向注重效益、效率和质量上来，真正实现有效增长。对非主航道上的产品及经营单元，要课以"重税"，抑制它的成长	京瓷创立5年后，公司规模急速扩大，稻盛和夫开始无法兼顾所有部门，尤其是经过员工反叛事件之后，他想到"将壮大的组织进行细分，让组织成为中小企业的联合体"，于是他将公司划分为一个个名为"阿米巴"的小集体，并在各阿米巴内设立领导者，采用独立核算的方式进行经营	海尔管理哲学的核心是"企业即人，人即企业"。自20世纪80年代创业以来，张瑞敏在海尔的管理实践始终聚焦于充分激发员工的创造力，挖掘员工的潜力，坚信人是企业唯一能够增值的资产。从2005年开始，基于互联网经济思维，张瑞敏带领海尔开始了"人单合一"模式长达10余年的探索，让内部员工与外部用户实现零距离
目标	力出一孔，利出一孔	通过每个阿米巴改进，持续降低企业运营成本	创造终身用户
核心内容	根据责任中心的性质落实经营责任，互相协同又与公司战略匹配	（1）经营的原理原则：通过"销售额最大化，费用最小化"来追求利润 （2）各阿米巴独立核算，使得阿米巴之间产生交易 （3）采用全体员工都能理解的、家庭记账本式的核算表	（1）实行"竞单上岗、按单聚散"的"三自"模式，即自创业、自组织、自驱动 （2）形成三张报表，即战略利润表、顾客价值表、共赢增值表 （3）打通人单酬，将人、目标、薪酬进行自动匹配 （4）人码、定单码和物码三码合一
文化及机制保证	（1）建立以客户为中心的奋斗者文化 （2）建立内部资源平台，资源市场化	（1）道德至上原则，敬天爱人、利他之心，集体利益高于个人利益 （2）日本人不愿经常换工作，工作的意义不在于追求业绩，而是完善内心	（1）需要根据互联网的特性进行流程再造，并建立激励相容机制 （2）以内嵌的自主控制为主，横向的契约控制和纵向的节点控制为辅
适用企业类型	适用于需要大军团作战的企业	适用于生产型企业	适用于互联网企业或小团队经营的企业

华为想到了一个方法，叫"拧麻花"。

现实中的麻花制作，能否把麻花很好地扭在一起的关键在于力道。一根面条从两端朝相反方向用力，拧到一定程度，拎起面条的两端时，便会自动缠绕成一根麻花。在拧的过程中，如果用力太大会断，用力太小又不上劲。

1. 市场与产品"拧麻花"

拧麻花的核心在于业务目标和计划。在目标制定过程中，市场部门有产品选择权、客户选择权和合同决策权，市场部门可以对研发部门和产品线部门问责，迫使研发部门开发符合客户需要的产品，把研发逼向"以客户为中心"；反过来，产品和服务确定下来，解决方案把研发、行销、服务打通之后，市场部门也不能随意满足客户需求，必须将产品和服务控制在销售清单范围内。

区域组织和产品线都有销售收入的考核指标，不同的是，区域组织是对总销售额负责，而产品线是对各自产品实现的销售收入负责。在目标分解时，华为赋予了他们相应的"奖金包"的分配权，当产品线想要推广自己的新产品时，可以对区域组织设立奖金包，区域组织拿到奖金包后就有了推广新产品的动力；同样，当区域组织希望将特定的产品推给客户时，可以对产品线设立奖金包，激励产品线按时间、按要求交付产品。虽然他们考核的是同一个销售指标，但这个指标是通过互相交流确定的，而且不同的部门之间可以设立奖金包进行交叉激励，使各个部门之间形成合力。

2. 收入中心与利润中心"拧麻花"

华为销售组织"麻花"的两端，一端是地区部和代表处，贴近客户，握有作战指挥权；另一端是BG，有支持和服务一线的权利和义务。地区部和代表处是以利润为中心，重点关注销售毛利和经营现金流，不会穿上销售收入的"红舞鞋"；BG是以销售收入为中心，BG通过市场营销策略和产品组织解决方案,推动销售收入的规模实现,BG 既要关注销售收入的最大化,也不能忽视区域组织对利润的诉求。当然,区域组织的利润实现,也需要构建在一定规模销售收入的基础上。这样两者既相互协同,又相互制约。

3. 养兵与用兵"拧麻花"

华为向美国军队学习,将用兵权和养兵权分开。美国的作战部队主战,虽然拥有作战权,但是没有兵种资源;海陆空各军种主建,拥有军队和装备,但没有作战权。

华为各区域组织主战,但销售的产品和调用的人力资源都有定价,需要付出成本;业务 BG 和机关主建,拥有产品和解决方案,拥有重装旅等专家资源,但区域组织愿意购买、愿意付费才有价值。

"现在我国军队改革也开始向美军学习,未来会有很多作战中心,但作战中心只有基本构架,没有队伍,作战时将坦克、空降兵、航母等划归组合后,听作战中心指挥,作战中心是轻装组织。我们代表处作战中心也应该是轻装组织。如果作战、养兵都是同一个部门,组织复杂,就会导致大量精力放在内部而不是作战上。现在我们的代表处,吃喝拉撒睡都要管的话,实际上作战能力是在下降。"㊀

机关资源化,资源市场化,已成为华为资源建设的主基调。"我们要逐步构建起资源买卖的交易模式,前线调动资源,后方根据项目预算提供资源并进行结算。这样指挥权就是谁有钱谁指挥,不再是由机关领导来审批。前后方相互制衡,就会慢慢减少前线作战的盲目性,也给后方能力供应明确了需求。"㊁

"专家团是涵盖所有专业、综合性服务的组织,某个员工可能是'专科医生',也可能对别的专业是'全科医生',团队拼起来,就是有综合

㊀ 任正非在公司组织变革计划、进展和高阶方案汇报会上的讲话,2013 年。
㊁ 任正非在运营商"三朵云 2.0"阶段进展汇报会上的讲话,2016 年。

能力的作战、咨询、参谋专家团。组成人员可以不分专业、不分业务，自由组合。积极服务前方，由前方自由购买来激发后方平台，以及确定淘汰、降级、升级的评价。我们的变革要自下而上、自外而内。我们要以客户为中心，为客户创造价值，再从客户那里分配到应有的价值，用于激活奋斗者。"㊀

在华为，"拧麻花"力量的交织点是项目，即最小的经营单元。当一个项目合同签署完成，项目未来预期的收入、利润和现金流就都已尘埃落定，唯一能做的，就是各方力量都汇集到这个点上，全力支持项目经营目标的实现。

第二节　责任中心的构成

华为对各责任中心的经营责任分别做出了明确定义：投资中心对战略产出、投资回报负责；利润中心对有效增长负责；成本中心对服务质量和成本竞争力负责；费用中心对能力发展和服务质量负责。

华为责任中心的建设遵循以下四个原则。

（1）关键财务指标要与各责任中心的管理职责适配，做到不多也不少。

（2）职责/责任最大化，尽可能地明确每个财务指标的唯一管理责任人。

（3）内部各责任中心的关键财务指标需要与外部报告保持一致，以消除"内部利润""内部收入"等指标。

（4）法人实体设置与内部责任中心管理没有必然关系。

各责任中心与组织结构、财务指标的匹配关系如表 4-2 所示。

㊀ 任正非，《极端困难的外部条件，会把我们逼向世界第一》，2019 年。

表 4-2 责任中心与组织结构、财务指标的匹配关系

责任中心	对应组织	关键财务指标
投资中心	BG：运营商网络 BG、企业业务 BG、消费者 BG 投资部门：哈勃科技	投资报酬率（ROI）、资产收益率（ROE/ROA）、投资回报周期、收入、利润，可控 BS/CF 等
利润中心	（1）运营商网络 BG：无线网络、固定网络、电信软件与核心网、专业服务 （2）企业业务 BG：网络、统一通信与协作、安全、IT、服务 （3）消费者 BG：移动宽带、家庭终端、手机、消费芯片	订货、收入、毛利、贡献利润、AR/DSO（分产业）、INV/ITO（分产业）、回款、现金流
利润中心	地区部、代表处	订货、收入、毛利、贡献利润、AR/DSO、INV/ITO、回款、现金流
利润中心	各级系统部（辅助利润中心）	订货、收入、毛利、直接费用、EDITDA、AR、回款
成本中心	华为内服 SBG、华为制造 SBG、供应链管理服务 SBG、华为大学（虚拟利润中心）、2012 实验室中的翻译中心、互连中心、UCD 中心和全球认证检测中心，网络能源、终端云	标准成本和差异、INV/ITO、资源利用率、单位成本改进率（包括与基线对比）
费用中心	2012 实验室（不含成本中心）、片联①、BG 平台、区域平台、战略 MARKETING 部、集团财经、内部审计部、总裁办、董事会秘书处、人力资源管理部、道德遵从委员会、法务部、企业发展部、公共及政府事务部、流程与 IT 管理部、后备干部总部等	费用额、费用率、费用率同比变动

① 片联，华为的一个组织，由华为资格老、威望高、绝大多数做过地区部门总裁的人组成，负责考察华为干部、提拔华为中高层干部。

四大责任中心的区隔也不是那么绝对的，或者说，有些组织可能兼具两个以上责任中心的职责，只不过区分主次而已。比如，投资中心和利润中心就经常是并行的，华为责任中心从整体来说，既是投资中心，也是利润中心；华为消费者 BG，相对独立于其他业务体系，从本质上来说，是投资中心，但从集团角度，它更关注利润的创造，因此华为把消费者 BG 视同为利润中心。一个责任中心再往细的部门分解，又必然定义更小一级

的利润中心、成本中心和费用中心。

华为每年的净利率保持在7%~8%，不少人认为华为没有BAT[一]等企业赚钱，不算是特别好的企业。其实，华为每年将大量的利润用于研发的投入、战略市场的投入、IT及管理变革的投入。华为有一条刚性规定，就是每年研发投入要达到销售收入的10%以上，近些年基本保持在15%左右。这些投入在利润表上体现为研发费用支出，实际上这些费用投入属于战略性投资，短期看影响了利润的产出，但给企业的未来发展提供了后劲。所以，不必纠结于责任中心的明确界限，企业在不同的发展阶段，基于不同的出发点，往往会各有侧重，或者主次相左。

一、利润中心

什么是利润中心？利润中心是对利润负责的责任中心，因为"利润＝收入－成本－费用"，所以利润中心实际上既要对收入负责，又要对成本和费用负责。利润中心对客户承担端到端的责任，与分权管理体系相匹配。

从战略和组织角度，利润中心又被称为战略经营单位（strategic business unit，SBU），能够编制独立的利润表，并以盈亏金额来评估其经营绩效。利润中心一般具有较大的经营自主权，拥有客户选择权、产品选择权和合同决策权。《华为基本法》第四十六条指出，利润中心实行集中政策，分权经营。应在控制有效的原则下，使之具备开展独立经营所需的必要职能，既充分授权，又加强监督。

企业最核心的责任中心是利润中心。

2009年3月，任正非在内部说："我们正在把公司的重心转向以利润为中心的主体建设，机关必须为利润中心提供服务。这就是说，将来，利润中心就是将项目的利润作为基础决策主体，这个就是项目的CEO。我

[一] BAT，B指百度，A指阿里巴巴，T指腾讯。

们现在力图改变，但要实现这样的管理体制，必须把现在的体制倒转180度。我们公司在前面20年以规模为中心，是因为那个时候的规模不大，利润还比较丰厚，只要抢到规模就一定会有利润。但是现在我们正在发生改变，我们强调每个代表处、每个地区部和每条产品线必须以正的现金流、正的利润和正的人的效益增长为中心做进一步考核，我想3年内会发生比较大的变化。如果继续以规模为中心，公司会陷入疯狂。以利润为中心一定是我们的最后的目标。"[1]

1. 利润中心的分级

华为最核心的利润中心是区域组织，即地区部和代表处。华为对各类区域组织的职责定位如下。

代表处是经营单元和利润中心，是公司战略在代表处所辖区域落地的执行者。代表处可根据各类业务的发展状况和管理成熟度，参考标准模型灵活设置责任中心。"代表处成为作战中心、利润中心，对机会发现、合同生成、合同交付、合同服务等端到端全流程负责，对长期有效增长负责。代表处自主经营，基于经营目标承诺自主决策，以应对当地的不确定性。所以，代表处有报价权、预算分配权、资源&能力调配权，以及一定额度的单项目亏损权，但是产品定价权保留在集团。代表处与集团交易简单，流程在代表处集成并形成闭环，合同信息在代表处完成终结，同时实现数据的透明化和有效监管。"[2]

地区部是能力中心、资源中心和利润中心，地区部对上承接公司的要求，对下支持各代表处的业务运作。"总部从明年1月1日开始就再不介入项目的管理了，项目管理要下放到地区部，片区是中央特派机构，它代表的是总部对片区的支持、服务以及监管。所以说，地区部才是真正的计

---

[1] 任正非与PMS高端项目经理座谈纪要，2009年。
[2] 任正非在"合同在代表处审结"工作汇报会上的讲话，2017年。

划和作战单元。"○

片联不是利润中心，它是负责公司干部资格管理的机构，推动公司干部的循环流动；作为中央特派员机构，负责区域与各 BG 及产品与解决方案组织间冲突的协调；作为区域的归口组织，行使相关管理职责。

随着授权的进一步前移，华为区域的利润中心逐步集中到代表处以下三层组织：第一层，项目型组织；第二层，系统部；第三层，代表处。地区部不再是利润中心，而是集中做好战区主建，面向代表处建设资源中心和能力中心，支撑代表处高效作战。资源中心通过市场机制运作和考核，能力中心基于战略目标的达成和市场机制开展运作与考核。华为同时允许地区部成立联合作战中心，来协调机关资源和各业务 BG。

2. 双利润中心

华为除了把负责销售的区域组织定义为利润中心之外，还把负责产品研发的产品与解决方案组织也定位为利润中心。

华为为什么选择区域和产品线双利润中心的管理模式呢？

企业发展初期或新产品阶段，销售组织主要关注合同额和销售收入，即首先要做大规模，有了规模以后，开始关注合同的质量，包括交付的可实现性、高毛利、好的收款条件，逐步从考核收入过渡到考核利润，这时销售组织开始由收入中心转为利润中心，既对收入负责，也对成本和费用负责。好处显而易见，不必多做阐述。但同时有一个问题不可忽视，那就是销售组织无法掌控产品或解决方案是否满足客户需求，不管是功能、性能、质量还是成本等，销售组织说了不算。华为的双利润中心运作模式由此产生。

区域组织（地区部、代表处）对产品销售负责，定位为利润中心，按照利润中心进行预算、核算和考核。以研发为主体的产品线，同时定位为

○ 任正非，《将军如果不知道自己错在哪里，就永远不会成为将军》，2007 年。

利润中心，按产品类别来考核收入、利润和经营活动的净现金流，这就会驱动负责各产品类别的组织降低成本、快速向市场推出优质、满足客户需求的有竞争力的产品，由此带来利润、收入和现金流的增长，这也是对积极销售其产品的区域销售组织的回报。这种连带责任的利润中心体系，并没有出现西方管理控制理论断言的职责不清或推卸责任问题，反而促进了两大利润中心体系的合作，共同将收入、利润和现金流做大。

这两大利润中心，组织结构有很大差异，一个是按区域维度划分，另一个是按产品维度划分。区域组织的第一关注点是利润，它们会从利润角度来平衡收入；对于产品线来说，先要有收入，才谈得上利润，所以其第一关注点是在具体产品的收入实现上。华为每年年初的市场大会总会出现一个奇观：地区部和代表处的负责人会找本区域主打产品的产品线负责人喝酒，希望能得到目标产品线更多的畅销产品和配套资源；产品线负责人会找有可能感兴趣或能重点突破的区域负责人聚餐，说服其重视和扩大自己产品线的市场份额。

我们知道，区域组织主要关心当前客户需求以及竞争对手的动态，主要销售的是成熟产品，比较缺乏前瞻性，或者对未来并不关心；产品线规划和研发的是面向未来的产品，但新产品一旦面市，能不能满足市场需求，如何快速导入市场，产品线肩负很大的责任，如果是"我研发出来了你爱买不买"的态度，新产品永远没有成功的那一天。

华为双利润中心的运作，一个保障当下，另一个面向未来。

3. 虚拟利润

虚拟利润是指可供劳动与资本要素进行分配的价值总和。华为推行"虚拟利润"的目的，一是为了防止成本的无限扩张，二是为了探索和尝试资本与劳动共同创造财富和分配财富的合理方式，即通过当年新创造的全部可分配价值，度量公司整体规模和效益的增长，为合理确定劳动所得

提供依据。计算公式为

虚拟利润=（实发工资总额+增支的投资性费用）×（1-所得税税率）+
剩余收益

式中：

实发工资总额=实发工资+实发奖金；

增支的投资性费用=增支的研发费用+市场战略性补贴；

剩余收益=税后净营业利润-资本成本。

（剩余收益的概念表明，资本的使用不是免费的，是有成本的，超过资本成本的营业净利润才是公司的真实业绩。资本成本=公司实际运用的平均股东权益×资本成本率）

因此

虚拟利润=（实发工资总额+增支的研发费用+市场战略性补贴）×
（1-所得税税率）+（税后净营业利润-公司实际运用
的平均股东权益×资本成本率）

也可以理解为，虚拟利润等于税后利润减去资本成本，加上增支的研发费用和员工工资及各种福利的总额。可以说，虚拟利润是企业每年新创造的可供劳动和资本分配的全部价值。

虚拟利润法，由1997年华为高层在北戴河会议首次提出。它依据的原理是西方流行的经济增加值（EVA）理论和收益分享制（Gain Sharing）。任正非在《2002年公司管理要点》中指出，"我们要以组织的总贡献以及人均创造价值为标准，来不断地逼近和验证我们的探索，逼近合理"。

华为最初是在安圣电气试行虚拟利润的核算和考核方法，试行当年就取得了良好效果，销售收入与净利润比上年增长了一倍多，人员精简了20%，人均效益和人均收入大幅增长。2002年华为全面实行虚拟利润法，当年由各部门节约下来的资金达到3亿元，采购部门在采购设备保证质量的情况下，节约出来 26 亿元。

虽然虚拟利润法是在计算利润，实则是为了建立内部的利益分配方式，利润分享计划是华为实施获取分享制很重要的一个部分。

虚拟利润法改变了华为过去那种劳动所得完全刚性、风险完全由资本承担的机制。根据虚拟利润法，员工想要高收入，唯一的途径就是要有较高的人均效益。这样就形成了一种劳动者自我激励与自我约束的机制，杜绝了管理者乱摊成本费用的现象。

其中还有一点值得特别关注，增支的投资性费用，即研发费用的投入，传统的财务利润表是作为费用扣除的，而虚拟利润法是将其折算在虚拟利润里，这意味着增加研发费用的投入，并不会减少虚拟利润。换句话说，增加研发费用的投入，并不减少当期的分配，如果减少研发费用的投入，有可能增加税后利润，一增一减，总的虚拟利润并不会增加，所以用减少研发费用的投入来增加利益分配的基数是不可行的，从而避免了产生因为短期利益而去压缩长远投入的冲动。

4. 推动从屯兵走向精兵

华为"班长的战争"是希望将指挥权和项目决策权通过权力下沉实现前移，从而实现"让听得见炮声的人来呼唤炮火"。区域组织拥有指挥权和项目决策权，业务 BG 作为资源中心支撑作战。

"未来 5~10 年，通过公司一系列变革落地，代表处将逐步从屯兵组织转变为精兵组织。你看现在，一个代表处几千人，屯那么多兵干什么？如果某时期这个代表处没有那么多项目，那就养不活这几千人了。代表处是综合性的直接作战组织，代表处以最小作战单位参战作战，这种就是精兵组织。代表处归代表管理，实现一元化领导，代表是全权司令官。如果是多头管理，指挥不动兵员，这仗也没法打了。缺少兵员，就从战略机动部

队补充,形成循环流动。"[一]

"现在代表处之所以屯兵,是因为流程不畅,所以要组织对齐,什么资源都先放在代表处。有人只管'酱油',有人只管'醋',听各自老板的指示,当没有攻占山头时,就可能会出现一些闲人。将来公司逐渐走向机关专业化、一线综合化,即机关有一批'酱油'专家、一批'醋'专家,一线安排一个人既卖'酱油'又卖'醋',这样可以减少一个编制,逐渐走向精兵。这就是功能对齐,组织不对齐。将来区域是作战指挥中心,攻占山头时呼唤炮火,战略预备队协同作战,BG提供各类兵种资源。"[二]

"小国要率先实行精兵战略,因为小国不可能屯兵,所有的炮弹、炮火都在后方供应,所以很容易实现呼唤炮火的流程,关键是炮火谁来提供、怎么核算。我们先从小国开始试点,呼唤炮火的过程中如果遇到问题,正好去修改。试点成功后,我们研究出一种模式,在这种模式的基础上改革,然后推广到中等规模国家,再推广到大国。"[三]

2009年,任正非在一次EMT办公例会上说:"我们现在的利润不是来自管理,而是来自增长,如果明天没有增长了,我们公司可能就会利润为负、现金流为负了。我们现在就要在没有出现负增长之前,把内部效率提升上来。"

通过利润中心的建设,明确收入、成本、费用、利润与各组织之间的关系,为精兵组织的建设打下坚实的基础,而精兵组织的建设就是一个内部效率持续提升的过程。

5. 举例:2017年利润分配

2018年1月11日经华为董事会常务委员会讨论,华为就2017年公司利润分配事宜做出如下决议。

[一] 任正非,《打造运营商BG"三朵云",将一线武装到牙齿》,2015年。
[二] 任正非,《依托欧美先进软件包构建高质量的IT系统》,2014年。
[三] 任正非,《小国要率先实现精兵战略,让听得见炮声的人呼唤炮火》,2015年。

（1）2017年经营奖金65.31亿美元，战略奖金2.07亿美元，共计67.38亿美元。

（2）2017年每股收益预计为人民币2.83元，其中每股分红为1.02元，剩余部分不增值进行拆股，即按照1∶1.23的比例进行拆分，每1股拆分为1.23股，共增加拆分股38亿股。

（3）TUP 2017年度收益为2.83元/单位，100%收益现金支付，TUP 2018年度收益为7.85元/单位。

（4）经过以上分配后，劳动所得与资本所得比例为2.97∶1。

二、成本中心

什么是成本中心？成本中心是只发生成本而不取得收入的责任中心，只对可控成本负责，不直接对收入、利润、投资等负责，是客户端到端责任的组成部分，直接为利润中心服务。成本中心与费用中心的主要区别在于，成本中心的任务是为企业提供在产品、半成品、产成品等物质成果，即为生产成本负责，支出能归集到成本库，并通过标准成本进行管理；费用中心主要是为企业提供一定辅助性的专业性服务，例如，企业内部的财务部、人事部等职能管理部门对管理费用等期间费用负责。但由于成本中心同样会适当产生管理费用，从广义来说，费用也是成本的一部分，因此成本中心和费用中心有时也统称为成本中心（或成本费用中心）。

成本中心处于预算责任网络的最底层，是企业基层预算执行组织，是最基本的预算责任单位。成本控制是企业全面预算管理的核心，尤其是外部市场环境较为稳定的企业。

华为定义为成本中心的组织包括华为内服SBG、华为制造SBG、供应链管理服务SBG、华为大学、2012实验室中的翻译中心、互连中心、UCD中心和全球认证检测中心等。

《华为基本法》第五章"基本控制政策"中对成本控制进行了明确阐述：

第八十二条　成本是市场竞争的关键制胜因素。成本控制应当从产品价值链的角度，权衡投入产出的综合效益，合理地确定控制策略。

应重点控制的主要成本驱动因素包括：

（1）设计成本。

（2）采购成本和外协成本。

（3）质量成本，特别是因产品质量和工作质量问题引起的维护成本。

（4）库存成本，特别是由于版本升级而造成的呆料和死料。

（5）期间费用中的浪费。

第八十三条　控制成本的前提是正确地核算产品和项目的成本与费用。应当根据公司经营活动的特点，合理地分摊费用。

公司对产品成本实行目标成本控制，在产品的立项和设计中实行成本否决。目标成本的确定依据是产品的竞争性市场价格。

必须把降低成本的绩效改进指标纳入各部门的绩效考核体系，与部门主管和员工的切身利益挂钩，建立自觉降低成本的机制。

1. 降低运营成本是核心

与很多企业着眼于降低成本总额不同，华为强调的是降低企业的运营成本。降低成本总额很好理解，就是尽可能少花钱。降低运营成本则不同，不是限制花钱，而是强调花钱的效果。华为认为，判断成本支出的合理性，是看其是否有利于潜力与效益的增长。成本支出但凡能产生增量收益，企业都应该想办法筹集资金予以满足。

任正非在讲话中多次表达了这种思想。"要端与端拉通进行成本管理，避免没有全局和全貌的成本管理模式，各产品线应立足于成本委员会的运作，拉通制造、物流、工程交付、维护和研发以及行销等环节的综合成本

管理，最终应反映和体现在产品包需求上，从设计和研发阶段就构建全流程成本竞争力，避免按下葫芦浮起瓢，以及无用功。"㊀

"各功能领域系统竞争力和能力提升的预算要单列，不占用功能领域部门运营成本预算。松山湖生产线搞得非常好，但这些都是他们从自己部门经费里面偷偷摸摸拿出来搞的，所以这次在日本建立工业化实验室、在德国建立魏尔海姆实验室、在松山湖建实验室，用三个实验室来解决未来智能化制造的问题。日本人天生秩序性很强，德国人天生谨慎，我们在中间吸收两个民族的优点，构筑高质量。IRB㊁要先把功能领域的投资拿出来，鼓励他们去研究自己的平台建设，这些钱不要让他从部门费用和运营成本里面出，不要占用他们的薪酬包，不能压低员工的工资。到时候我们还要按照日落法进行审查，看看各领域是不是增加一个新流程减少了两个旧流程。任何变革都要对准这个目标：多产粮食，增加土地肥力，与产粮食没关的就不要做了。"㊂

"一定要让听得见炮声的人来呼唤炮火。这样前方使用炮弹就有一定的自由度，可以根据战场情况自主决策；财务事后给他算账打了多少炮弹、生产了多少粮食，以此来约束；审计部门去查炮弹壳在哪里，核实其真实性。没有打到苍蝇，就没有获取分享制分配，这由人力资源系统、干部（管理）部门来决策。我们把成本关联起来，过几年就会形成科学的作战方法。"㊃

"未来的胜利是极简的胜利。如果我们能做到极简，这世界还有谁能打赢我们呢？极简是对准客户的，留给自己的是极其复杂的，而现在的电子技术、芯片技术、计算技术等各种新技术已经能够把复杂问题简单化、

㊀ 任正非，关于 2009 年年中公司经营审视汇报的纪要，2009 年。
㊁ IRB（investment review board），投资评审委员会。
㊂ 任正非，《聚焦主航道，围绕商业竞争力构建和全流程系统竞争力提升进行投资管理》，2017 年。
㊃ 任正非，《构建先进装备，沉淀核心能力，在更高维度打赢下一场战争》，2015 年。

智能化……在车联网模块这个问题上，我们的态度是把新产品的价格降到极低，以支持合作厂家加载我们的芯片，将来我们也以综合模块在不破坏竞争对手的市场规则的方式，进入这个市场。车子有多大量，车联网模块就有多大量，成本降到一定程度，我们就建立了一堵城墙。我们强调用极低的成本迎接未来的信息社会，一定要构建非常低的成本，遵循降低每比特（bit）的成本的摩尔定律，推动我们把质量提到极高，成本降到一定程度，就没有人能够跟我们竞争了。需要强调的是，不要为了降成本而牺牲网络安全和用户隐私保护。要把网络安全和用户隐私保护提到最高纲领上来，要把网络安全和隐私保护当成核心竞争力来做，不要当成负担，因为未来信息社会越来越发达，网络安全和用户隐私保护将越来越重要。"㊀

2. 全流程降低成本

企业有些成本是看不到的，或者很难用财务模型来衡量，但实际上它又客观存在。华为认为，企业最大的浪费是经验的浪费以及工作的无效性。因此，华为提出，要通过目标管理和流程优化来降低成本，实现全流程的成本降低。

2012年，华为开始实行大部门制，以减少流程节点，提高流程的运行速度与效率。华为认为，不能直接或间接产生贡献的流程，会对前线产生牵制，提高运营成本。

我们当年创业是在没有良好管理体系的支持下，为了快速发展，划小了行政责任，实行小部门制，以适应快速变动的业务与发展，它为公司做出了历史性贡献，但也产生了严重的后遗症，那就是决策链条过长，拖了今天需要规范化管理的后腿。相当多的人反映，做公司内部的公关比做外部的公关难了许多倍。这种严重的滞后效应，都是源自没有流程或流程没有打通而造

㊀ 任正非，《在攀登珠峰的路上沿途下蛋》，2018年。

成的流程过长、决策点太多。决策点太多的原因还有授权不足，以及中高层干部担责意识不强，害怕犯错误。

当前，我们的 IFS 与 LTC 的推行正处在关键时刻，我们要采用科学的管理方法，改革我们的流程。我们要实现公司各个主干流程的融通，减少重复劳动，使之变得快捷有效。公司已经经历十几年的流程改造，初步形成了较为合理的流程管理，但我们还要实事求是地、因地制宜地进行优化。变革要实事求是，从实用的目的出发，达到适用的目的。我们要继续贯彻七个反对：反对完美主义，反对烦琐哲学，反对盲目创新，反对没有全局效益提升的局部优化，反对没有全局观的干部主导变革，反对没有业务实践经验的员工参加变革，反对没有充分论证的流程进入实用。

我们在流程建设上也不能陷入僵化与教条，越往基层、使用者层面，越应该灵活，更应允许他们参与流程优化和优秀实践的总结。我们在主干流程上的僵化与教条，是为了以标准化实现快捷传递与交换。末端流程的灵活机动，要因地制宜，适应公司的庞大与复杂。同样都是我们的伟大。㊀

3. 降低客户成本

这里分享一个案例。

2007 年，3G 已广泛商用，4G 脚步也越来越近。2G、3G、4G 等不同制式的网络长期并存，电信运营商面临着高昂支出，包括资本性支出和运维支出。如何平滑演进，如何降低建网和运营成本，是客户面临的关键挑战。

一天，余承东与两位同事爬深圳的梧桐山，在路上，余承东反复问一个问题："要不要做第四代基站？"两位同事都认为不该做，那样成本会升高 1.5 倍，价格压力太大，一线销售会产生很大的困难。一路爬山 5 个小时，余承东不停给相关负责人打电话，总共通了十多个电话，但接听方

㊀ 任正非，《不要盲目扩张，不要自以为已经强大》，2012 年。

都告诉余承东，这事有风险、有难度。

下山后，余承东拍板："必须做，不做就永远超不过爱立信。"但如此大规模的投入，一旦达不到市场预期，华为可能几年都翻不了身。

2008年，华为第四代基站（即SingleRAN解决方案）问世。SingleRAN解决方案可以在一个机柜内实现2G、3G、4G三种通信制式的融合和演进。当时的基站要插板，爱立信需插12块板，华为只需插3块板，这样可以为运营商节约50%左右的成本。

当年，在德国Telefonica O2项目中，华为成功交付业界第一个GSM和UMTS融合的SingleRAN网络，随即迅速获得全球客户的青睐，并在4G时代大规模应用，成为全球移动网络架构的事实新标准。这一产品一举奠定了华为无线的优势地位，华为风卷残云般横扫了整个欧洲市场。2010年之前，华为无线花了多年时间，在西欧市场仅取得9%的份额，但两年后，华为的市场份额飙升至33%，高居欧洲第一。沃达丰技术专家将SingleRAN称为"很性感的技术发明"。

如何通过技术创新和服务提升帮助客户降低建设成本和运营费用，是企业必须思考和关注的，客户的成功即企业自身的成功。

4. 生产制造成本相对论

虽然生产制造并不是华为的核心竞争力，但华为也非常重视生产体系的建设。《华为基本法》中阐述："我们的生产战略是在超大规模销售的基础上建立敏捷生产体系。因地制宜地采用世界上先进的制造技术和管理方法，坚持永无止境的改进，不断提高质量，降低成本，缩短交货期和增强制造柔性，使公司的制造水平和生产管理水平达到世界级大公司的基准。我们将按照规模经济原则、比较成本原则和贴近顾客原则，集中制造关键基础部件和分散组装最终产品，在全国和世界范围内合理规划生产布局，优化供应链。"

据华为原财经管理部副总裁、首席风险官彭志军介绍，华为对于生产制造有三个要求，第一个是质量，第二个是交期，第三才是成本，即质量、进度和成本。彭志军说："华为对制造费用这一块的要求并不是很高，为什么呢？因为华为最高的成本是材料成本，华为主要是靠研发把材料成本降下来，把器件的级别要求水平降下来。制造费用通常只占华为整个生产成本的2%~4%，不同年份不一样，因为华为的销售毛利通常是40%~50%，甚至60%，所以说，制造费用在华为整个销售收入中只占1%~2%。同时，华为的生产制造还有大部分是外包的，所以生产成本管理在华为管理当中并不是要点，也不是重点。"

但这不代表就可以放任，华为对产品成本实行目标成本控制，在产品的立项和设计中实行成本否决，而目标成本是根据产品的竞争性市场价格进行倒推。华为通过将降低成本的绩效改进指标纳入各部门的绩效考核体系，与部门主管和员工的切身利益挂钩，建立起了自觉降低成本的机制。

三、费用中心

什么是费用中心？费用中心是应用于职能部门、研发部门及相关管理部门，对费用发生额、改进率负责的责任中心。它不直接面向外部客户，而是为其他责任中心提供服务，它不产生收入，投入与产出之间无严格的匹配关系。费用中心最大的优点是，既可控制费用又可提供最佳的服务质量，其缺点是费用的产出效率不易衡量。

费用中心的责任人对本业务单元涉及的有关期间费用的预算和支出负责。责任人具有决策权，其决策的主要内容包括各项管理费用和财务费用。

成本中心或费用中心的预算编制，应当贯彻量入为出、厉行节约的方针。经过多年的努力，华为摸索出一套行之有效的费用管理办法。

1. 制定费用预算基线

华为针对不同部门的业务特点，对各平台制定差异化的基线。这样一来，不同部门、地区不仅需要为其费用"买单"，而且也会受到财务损益的约束；同时，确立"费用额同比不增长"的原则，由轮值 CEO 和集团 CFO 亲自组织两次专门针对机关平台的费用评审，一个个部门、一项项费用展开分析，以减少不必要的费用预算。

我们一定要把费用降下去，并且和奖金挂钩。总体费用的增长率不能超过公司收入的增长率，总体费用率要在去年的基础上，下降 1~2 个百分点。公司的费用降不下去，公司全体员工的奖金将打折扣。各项费用率要在去年的基础上降下来，但并不等于以前的费用率就是合理的，要确定公司各体系合理的费用率指标。

我们还是要做艰苦奋斗的准备，我们不是什么富裕阶层。我们有的主管已经把自己当作富人，带动整个地区部的消费水平急剧上升，结果搞行政服务的就有 13 个人。人增加了，就要给这些人增加服务，增加了服务人员，还要给这些服务人员增加服务。这样做的结果，大家都比赛，没有好的生活条件就不出国了。因此，选拔干部过程中还是要看思想品德中有没有艰苦奋斗的精神。敢于在上甘岭爬冰卧雪，我才能提拔你为将军。将军当然要能打仗，但只能在爬冰卧雪中去培养。不愿意爬冰卧雪的我们就不认同，就不给你这个机会。㊀

华为通过制定费用预算基线，使公司上下逐渐形成成本费用意识。

2. 实行弹性预算授予机制

弹性预算授予机制，即根据收入、销售毛利完成率的高低来弹性授予费用预算，经营计划完不成，费用预算就要减少。例如，某地区部全年收入预计能完成 95%，销售毛利预计只能完成 90%，则按照 90% 来弹性授

㊀ 任正非,《全流程降低成本和费用，提高盈利能力》，2006 年。

予其费用，砍掉其 10% 的费用预算。

华为财务人员每个季度都会对预算进行回溯，判断哪些单位超过了预算授予，超过预算的单位会被安排向财委会述职，严重者将被取消费用报销权签资格。

华为同时规定，某单位超预算后要停止进人，停止涨薪，并按照一定比例从奖金中扣除。

华为通过弹性预算授予机制，将资源配置和产出指标更紧密地挂起钩来。

3. 监管虚假报销

《华为公司改进作风的八条要求》中有一条规定就是，"不许私费公报，更不许由下级付费或代报、自己审批式的违规行为。虚假报销视同主动违规，根据情节轻重，给以退赔、警告、降级、降职处分，因严重虚假报销而受降级降职处分的员工，饱和配股随之降低"。

虚假报销除了从制度上予以封堵之外，还要管住权签人手中的笔，让所有权签人和主管慎用和善用手中的权力，管好费用报销。

任正非曾在公司内部讲话上指出，"我们的直接主管，明明已经感觉到或是看到有这样的问题，却不敢大胆地站出来制止，不想得罪人，而让这样的行为一再地发生。当然，做主管的腰板要直，以身作则，在日常的商业活动中严格地做到公私分明。例如，公司 20 年前就明令禁止公司内部就餐不得报销，但就是这样的'小事'，我们一些主管还是无法过关，不肯自己掏一分钱请下属吃饭，或者尽可能让公司从激励活动中出钱，或者塞到报销单里瞒报。对自己要求不严格，当然也就没有底气管下属。为什么私账公报的事从未停止？我看还是因为主管没有严格管理所造成的风气"。㊀

㊀ 任正非与华为大学第 10 期干部高级管理研讨班学员座谈纪要，2011 年。

针对许多主管对费用审核不上心的情况，华为规定，审批领导如果审批有误，须承担连带赔偿责任，而且还有可能停止其审批权（3年为限）。3年内如需恢复权签权力，须由个人聘请外部审计师对其停止权签权力之前3年的权签行为进行审计，发现违规金额及审计费用由其本人承担后，方可恢复费用报销权签权力。

4. 实施差异化费用管理

费用管理不是一味地省钱，而是需要想明白如何花钱，对于不同类型的费用应该进行差异化管理，不因追求短期效益而涸泽而渔。通过差异化管理各类费用，平衡好短期收益和长期收益之间的关系。华为在实施差异化费用管理方面，最为关注的是战略投入和客户界面投入，这是公司长期可持续发展的关键。

（1）战略投入单列。

华为的战略投入主要是指研发投入和公司级变革项目的投入，为了保证战略投入不受当期经营情况的影响，华为将战略投入预算与当期经营预算分离，按战略清单单列管理，专款专用，独立核算，集团空载，并定期回溯其投入节奏和强度，对进展缓慢的部门单独晾晒，以保障战略落地。

基于此，华为将研发投入变成制度约束。《华为基本法》第二十六条明确规定：我们保证按销售额的10%拨付研发经费，有必要且可能时还将加大拨付的比例。后来又规定，基础研究的投入必须达到总研发费用的20%~30%。自成立以来，华为研发投入基本保持在10%上下，2015年至今研发投入保持在15%左右。华为近三年每年总研发投入在200亿美元以上，其中有40亿~60亿美元用在基础研究上。华为CFO孟晚舟说："研发投入要像跑马拉松，而不是百米冲刺。"

前文提到的案例SingleRAN解决方案，其关键是要攻克GSM多载波技术，这项技术是当时公认的世界性难题，长期以来业界都未能逾越这一障碍。当时行业的普遍共识是"成功的概率只有1%",这就意味着它基本不可能真正转化为可以大规模商用的产品。在面对"成功的概率只有1%"的世界性难题,华为确保了持续性的战略投入,无线技术研究团队和算法研究团队经过一年多的技术攻关,最终取得重大突破,颠覆性的SingleRAN解决方案就此诞生。

(2)客户界面费用节约不归己。

在费用预算紧张的情况下,很容易发生克扣客户界面费用支出的情况。为坚持以客户为中心,华为把费用分为客户界面费用和内部运营费用。在内部运营费用方面,要求大家提升运营效率,拼命挤出水分;在客户界面费用方面,则根据公司确定的基线和业务发展的实际需要合理配置,不片面追求费用率的改进。同时,为了防止将客户的钱挪到内部去用,华为财务做了科目细分,凸显出客户界面,以便统计和监控。

为形成效力,华为还发文明确定义了客户界面费用"节约不归己"的规则,即一线不能将"客户界面"的钱省下来放到内部运营,不能影响业务拓展和客户感知。这样一来,内部聚焦于提升效率,客户界面的费用支出也就得到了保障。

5. 人员费用与业务费用分类管理

华为在费用预算生成和管控时,把雇员费用和业务费用区分开,雇员费用尽量匹配中长期的人力资源规划和配置,而业务费用则直接与当年的产出指标挂钩。

同时,华为还将各类业务外包费用在科目设置中单列,逐步显性化,建立与外包业务量或产出相挂钩的弹性管理机制。

6. 责任中心与资源部门建立结算机制

责任中心要对经营结果负责,当然不希望背负沉重的费用负担,而资源部门既要服务好业务部门还要发展自身能力，因此华为索性建立了一套公开透明的"PK"机制，双方签订"内部结算"协议，让责任中心拥有预算权，让资源部门根据明确的炮弹需求去准备资源，通过"价格听证制度"，让结算价格接受来自第三方或行业管理部门的评审，尽量保证客观、公允。

7. 机关资源化，资源市场化

责任中心与资源部门建立结算机制，是华为"机关资源化，资源市场化"这一原则的执行要求。通过逐步构建资源买卖的交易模式，既能保证前线可调动资源，又能使后方根据项目预算提供资源并进行结算。这样指挥权就是谁有钱谁指挥，不再是由机关领导来审批。

"机关资源化，资源市场化"，除了有利于前后方相互制衡之外，还可以减少前线作战的盲目性，同时给后方的能力供应明确了需求。

"区域组织变革优化，区域是能力和资源中心，'机关资源化，资源市场化'，并以区域牵引公司职能部门、研发、BG。一线购买'炮弹'，将来会实行CIF（要货成本）定价方案，目前正在试点。CIF定价过程中，叠加了公司的确定性成本，全球统一海关前的到岸价；对当地不确定性因素授权代表处决策定价。CIF超额获取的利润不归机关，扣除机关应允的平均薪酬和奖金后，作为华为全球的共享利润，全体员工重新二次分配。"⊖

"打造健康资源平台，机关资源化、资源市场化、市场平台化，强化竞争管理。要学习和借鉴一些企业的优秀实践经验：第一是平台化，现在华为也有一个iHealth健康管理平台，这就是一个平台化的思想，要像Uber和滴滴打车一样，在平台上汇聚大量的优质资源，使用者付费点击；第二就是给员工一个额度标准，让他自己去选择体检的医院、体检的项目。"⊖

⊖ 任正非在泛网络区域组织变革优化总结与规划汇报会上的讲话，2017年。
⊖ 任正非在健康指导中心业务变革项目阶段汇报会上的讲话，2017年。

"后方各个专业模块做好能力的供应，能力要专业化、颗粒度小、可编排、可调用，把能力编排和调用权力给一线。就像'好医生'平台一样，后方能力供应部门的考核标准就是让大家多用，像流量一样。能力的使用、调用流量不大的部门，也许是资源需求不这么迫切的部门，把流量大的部门先增强；其次就是看单位流量，根据每个人担负的流量大小来确定晋升。如果能力没有人用，那就减编制。"○

8. 建立信用评分机制

在费用报销方面，华为逐步建立了遵从性扣分体系管理，通过信用评分机制对员工进行分类定义和管理，个人信用自己负责。这样不仅提高了报销速度，也改善了员工不遵从财务规范的意识。

基于信用机制，华为逐步实行自助报销制度，报销单据先付款后审核，员工只需提交电子流便可在七个工作日内收到报销款项，如果财务部门在审核原始凭证时发现员工多报、虚报，经查实后会降低员工的信用等级，并报稽核处及人力资源部备案；低于一定信用分数的员工需提交原始凭证，经逐级审批后方可报销，直到信用分数达到设定的标准为止。对于长期维持良好申报记录的员工，则给予信用分值奖励。

因员工未及时申报费用而产生的财务报告信息不准确、不配比的情况，也会计入员工信用档案，同时，对于逾期申报的费用将按日加收滞纳金。

四、投资中心

什么是投资中心？投资中心是以客户为导向，负责端到端产品的投资与生命周期管理，关注长期投资效果，以提升资产与资金的投资回报率为主要责任的责任中心。其特点是既对成本、收入和利润负责，又要对投资

○ 任正非在运营商"三朵云2.0"阶段进展汇报会上的讲话，2016年。

效果负责。投资中心处于预算责任网络体系的最高层。

由于投资的目的是获得利润，因此投资中心同时也是利润中心，但它控制的区域和职权范围比一般利润中心要大得多。投资中心拥有投资决策权，能够相对独立地运用其所掌握的资金，有权购置和处理固定资产，扩大或缩小生产能力。

只有具备经营决策权和投资权的独立经营单位才能成为投资中心。一般而言，一个独立经营的法人单位就是一个投资中心。大型集团公司下面的子公司、事业部往往都是投资中心。

投资中心是最高层次的责任中心，它拥有最大的决策权，也承担最大的经营责任。投资中心必然是利润中心，但利润中心并不都是投资中心。利润中心没有投资决策权，而且在考核利润时也不考虑所占用的资产。

1. 知本投资大于资本投资

典型投资中心的业绩计量标准是投资利润率和 EVA。

经济学普遍认为，有净利润，并不代表企业为股东创造了价值，因为净利润没有扣除股权资本成本。因此，经济学约定俗成的看法是，只有 EVA 大于零才代表价值创造，EVA 小于零则代表价值毁损。

中国著名会计学家、厦门国家会计学院院长黄世忠教授将 EVA 的计算方法简化为

$$EVA= 净利润 - 股权资本成本$$

即

$$EVA= 净利润 - （年末股东权益 - 当年税后利润）\times 股权资本成本率$$

黄世忠教授在《解码华为的"知本主义"》一文中列表详细分析了华为近 10 年的 EVA。㊀

EVA 占税后利润比越高，表明税后利润受会计不合理规则（计算税后

㊀ https://mp.weixin.qq.com/s/O8D4NNMeB-aE3_F_4zp6sA.

利润时假设股权资本为零成本)影响越小,越能够彰显企业管理层为股东创造的真实价值。华为 EVA 占税后利润的平均比例高达 82%,说明华为的盈利能力很强(见表 4-3)。

表 4-3 华为 2010~2019 年的 EVA 测算　　　(单位:亿元)

年度	股东权益余额	当年税后利润	当年占用股东资金	按6%测算资本成本	EVA	EVA占税后利润比
2010	694	256	438	26	230	92%
2011	662	117	545	33	84	72%
2012	750	156	594	36	120	77%
2013	863	210	652	39	171	81%
2014	1 000	279	721	43	236	85%
2015	1 190	369	821	49	320	87%
2016	1 401	371	1 039	62	309	83%
2017	1 756	475	1 281	77	398	84%
2018	2 331	593	1 738	104	489	78%
2019	2 955	627	2 328	140	487	82%
合计	—	3 453	—	609	2 844	82%

《华为基本法》第十六条明确指出:我们以为,劳动、知识、企业家和资本创造了公司的全部价值。这四个要素实际上可简化为知识(劳动、知识、企业家)和资本两个关键要素。EVA 占税后利润的 82%,就意味着华为每创造 100 元的价值,"出知者"的贡献率高达 82%,而"出资者"的贡献率仅占 18%。知识资本是华为价值创造的关键驱动因素,毋庸置疑。

《华为基本法》第九条同时指出:我们强调,人力资本不断增值的目标优先于财务资本增值的目标,核心是知识资本的增值。为了从财务上充分体现知识资本的价格,黄世忠教授建立了如表 4-4 的数据模型。

从表 4-4 可以看出,华为过去 10 年为知识资本支付的成本(在会计上体现为工资福利)高达 9205 亿元,高出财务资本成本(债权资本和股权资本成本之和）7.23 倍，知识资本成本占营业收入的平均比例比财务资本成本占营业收入的平均比例高出 7.35 倍。这两组数字再次说明：知识资本才是华为价值创造的决定性驱动因素，财务资本在华为的价值创造中仅扮演了次要的角色，华为的核心竞争力和价值创造能力来自"知本家"，而非"资本家"。

表4-4　华为知识资本与财务资本对比　　　　　　　　（单位：亿元）

年度	知识资本成本	知识资本成本占营业收入比	债权资本成本	股权资本成本	财务资本成本合计	财务资本成本占营业收入比
2010	314	17.2%	28	26	54	3.0%
2011	393	19.3%	67	33	100	4.9%
2012	474	21.5%	18	36	54	2.5%
2013	525	22.0%	14	39	53	2.2%
2014	718	24.9%	47	43	90	3.1%
2015	1 008	25.5%	69	49	118	3.0%
2016	1 219	23.4%	81	62	143	2.7%
2017	1 403	23.2%	49	77	126	2.1%
2018	1 466	20.3%	63	104	167	2.3%
2019	1 684	19.6%	74	140	214	2.5%
合计	9 205	21.7%	510	609	1 119	2.6%

黄世忠教授得到结论说，从按劳分配和按资分配进化到按"知"分配，是企业因经济社会进化而发生的价值分配革命。在农业经济时代，驱动价值创造的关键因素是土地和劳动力；在工业经济时代，驱动价值创造的关键因素是资本和劳动力；在知识经济时代，驱动价值创造的关键因素是人才和知识。作为典型的知识密集型企业，华为的生存发展维系于知识型员工的创新和创造力，其价值创造源自"知本家"，唯有将创造的大部分价值分配给"知本家"，才能最大限度地激发他们的创新创造热情。

2. 投资聚焦于主航道

华为一直坚持"云、管、端"的发展战略，所以一切投资都围绕这个战略展开。任正非将此类比为自来水系统,"我认为华为的未来要聚焦在网络制造上,做一个好的管道制造公司,产品做到龙头为止"。

2017 年 7 月 6 日,任正非在 IRB 改进方向汇报会上再次明确了七个投资要点:

(1) 投资方向一定要聚焦主航道。要梳理乱投资行为,都并到主航道上来。胡总说了,我们"下午茶"就集中精力吃几种甜点,剩下的让别人去做。

(2) 在公司确定的范围内,所有新产业和新解决方案的立项要在 IRB 进行决策,IPMT 也可以有立项权,但是不能再往下授权。下层决策团队的决策可以呈报 IPMT,重大的决策呈报 IRB,同时也要禁止到处乱立项,到处乱要钱。运营商业务领域在主航道上的决策权力可以放低一点,非主航道的项目要上报批准,企业业务领域的决策权力可以收高一点。

(3) 我们一定要做网络极简[○],实现极速、宽带、视频引领这个世界(极致体验)。

(4) 收缩 CRM,将研发人力转到视频上。华为自己的 CRM 变革都这么困难,怎么能帮运营商进行 CRM 变革呢。视频已经出现机会窗,我们把 CRM 业务策略调整出来的资源投入到视频等战略机会点上去,让这些有经验的员工在上甘岭立功、快速晋升。视频是比较复杂的技术,有经验的员工比新招进来的员工效果要好得多。

(5) 收缩边缘化产品,梳理乱投资行为。关注车联网技术的开发,能源(开发)要聚焦做好部件。无人驾驶我们不可能称霸世界,称霸世界就一定要掌握数据,我们没有优势,我觉得聚焦在车联网上,可能还可以称霸。要开发车联网技术,利用车联网实现无人驾驶是其他公司的事情。能源我们要往小功率做,往手机里做,往模块里做,来实现赶超。公司原来投资比较分散,有我的责任,EMT 批评我讲过的话,说只要有更高利润能养活自己就行。我

○ 2018 年,华为正式提出"极简网络"概念,从极简站点、极简架构、极简协议和极简运维四个方面分别做了诠释。华为希望通过站点简化、架构简化、协议简化和运维简化打造端到端的极简网络,实现网络统一承载、敏捷高效、自动智能,满足新兴业务对网络大带宽、低时延的要求,并加快业务上市速度,同时降低单比特建设和维护成本。

检讨，过去的事我承担责任。

（6）笔记本电脑要走向高端化，减少低端化。

（7）重视低端手机。这个世界百分之九十几都是低收入者，友商的低端手机有低收入者市场，不要轻视他们。华为也要做低端手机，我们的老产品沉淀下来可能就是做低端手机。[⊖]

3. 对外投资聚焦于互补创新

华为也有适当做一些对外投资和并购，但并没有开展以获取财务回报为目的的产业投资，而仅限于在ICT领域开展支撑主航道业务的战略投资，其目的是：构建接触业界创新资源的"触角"，洞察业界创新趋势；布局前沿技术，开展体外创新；控制关键资源，促进战略合作，保证供应安全；围绕主航道构建良性生态系统；提升管道能力，扩大管道流量，促进连接的覆盖与数量。

2019年4月23日，华为成立了哈勃科技投资有限公司（简称"哈勃投资"），一年多时间，哈勃投资共投资了近30家企业，投资领域主要包括AI、存储器、功率半导体器件、第三代半导体材料、石墨烯、射频等，补强了ICT产业链。

与很多企业不同的是，华为不鼓励、不投资所谓的内部创业。

第三节　支撑责任中心运作的数据"魔方"

《大数据时代》作者维克托·迈尔·舍恩伯格认为，数据即洞察，数据即价值，重复利用数据可让数据发声。

长期负责华为财经委员会的轮值董事长郭平说："业界对大数据时代

⊖ 任正非，《聚焦主航道，围绕商业竞争力构建和全流程系统竞争力提升进行投资管理》，2017年。

财经管理架构的定义，是以数据为基础的业务洞察、效率和控制的统一和平衡，其核心就是有效增长。华为财经一定要探讨如何以数据为武器，为公司各个组织提供业务洞察，通过优化业务模式、资源配置和资本结构，实施业务和流程变革，确保有效的控制和风险管理，驱动整个组织更有效率，业务持续有效增长。"①

"随着大数据时代的来临，仅仅停留在不做假账的层面显然是不够的，提供至小、至实、至真的数据，特别是各种基线数据，是财经作为业务伙伴的基础。财经要充分利用'任何人都必须用数据说话'的机会，通过建立业务规则，对数据进行深度整合和分析，在助力经营管理的同时，推动建立面向未来的业务模式。要让数据成为财经的灵魂，财经就必须面向未来建立数据治理体系，培养拥有分析专长的分析师队伍，并以最小数据集为基础，建立自己的大数据战略。"②

多维度获取经营和决策数据，对一个企业来说非常重要。华为 CFO 孟晚舟介绍，华为在全球实施的 RFID 物联资产管理解决方案，目前已经覆盖 52 个国家和地区、2382 个场地、14 万件固定资产。RFID 标签贴在需要管理的固定资产上，每 5 分钟自动上报一次位置信息，每天更新一次固定资产的使用负荷（或闲置）情况。部署 RFID 后，固定资产盘点从历时数月下降为只需数分钟，每年减少资产盘点、资产巡检的工作量为 9000 人天。在资金规划领域，基于大数据模型，由计算机进行上万次数据演算和模型迭代，经营性现金流已实现跨度为 12 个月的滚动预测。从历史数据的拟合度看，最小偏差仅 800 万美元。对于在 170 个国家实现销售，收入规模超 1000 亿美元，年度现金结算量超 4000 亿美元的公司来说，800 万美元的现金流滚动预测偏差，已经接近理想效果。

华为也非常重视各类报告的形成和使用，华为主要有三类报告：一是

---

① 郭平，《大数据时代的财经管理》，2013 年。
② 同上。

主要针对外部使用的财务报告，主要满足于外部遵从；二是基于经营分析需求的责任中心经营报告，主要用于内部经营管理、经营结果评价；三是基于考核需求的考核报告，主要用于内部激励分配（见图4-1）。

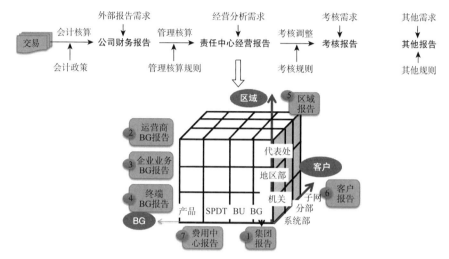

图4-1　支撑责任中心运作的多维度报告体系

一、支撑经营管理与结果评价

责任中心经营报告是责任中心建设后的需求延伸，责任中心的财经部门有责任基于业务实质提供及时、准确、适配内部管理需求的经营报告，服务于作战队伍，这也是财经的价值贡献所在，华为的责任中心经营报告主要有三个维度，即区域、客户、产品，如同一个魔方。

不管是什么责任中心，必然存在一定的经营责任，对利润负责，或者对成本和费用负责，或者对投资收益负责。但责任如何体现，如何驱动呢？其必然要定义到每个组织/个人的目标和KPI。所以，每完成一个经营周期，一方面要适当对经营情况进行分析形成报告，对目标是否达成做出总结，对一些问题做出根因分析，以便后面的过程管理；另一方面要对业务的经营结果做出评价，对相关人员的绩效结果做出评价。

因此，责任中心经营报告要反映真实的经营结果，其核心价值在于支撑经营管理及结果评价，其结果评价又为考核报告提供依据，为激励导向和激励分配打下基础。

"业务要对风险负责任，财务要向业务提示这个风险的存在。当财务发现了业务存在的问题时，不只是向业务的当事人报告，同时应该扩大报告的范围，每个得到报告的人都有权利及义务在上面做批示，而不光是业务主管一个人做批示。监控与效率存在天然的矛盾，我们可以快速通过，并辅助事后回溯，也可以事前控制，说清楚问明白后再让业务通过，这取决于我们对风险的判断与把握。共享中心应该提供风险报表，这个报表就像公告牌一样，公告业务运作中出现了什么问题，是怎么处理的，并且广而告之。公告不要太多内容，像王大妈的裹脚布那样，每周或每月只有几条就可以。你只承担风险的揭示作用，让有关部门去承担执行责任，你就不会天天太累。你只负责将你的发现贴出去，你只要报告了就行，协调处理并不由你承担，压力会小一些。公告应分成几个部分，应有上一次报告发布之后业务的改进结果，也包括新出现的问题、沟通的结果、改进的机会，这些公告应与经营分析报告一起例行纳入各业务单元的经营管理机制中。改进的责任在业务组织，共享中心也承担一部分责任。应该由业务部门制订改进计划，共享中心检查改进结果。在业务未达标前，共享中心应停止相应的财务服务。有原则、有立场的财务服务才是我们提倡的。"⊖

经营报告重在对业务部门进行结果评价和风险揭示，为下一阶段业务部门制订改进计划提供依据。

二、高效、优质、低成本提供报告

虽然经营报告分三个维度，但每个维度都有对应的责任中心，经营报

⊖ 任正非与罗马尼亚账务共享中心座谈会纪要，2011年。

告出具的责任也在各责任中心，怎样才算是一份好的经营报告呢？那就是高效、优质、低成本。

（1）高效就是快。每个经营周期完成后，必须及时给出报告，说明各类指标的完成情况以及存在的问题。华为的月度经营报告在每个月结束后5天内提供。

（2）优质。数据的准确性、完整性是基础，收入和费用不能张冠李戴，也就是做到账实相符。其次才是报告分析内容要能够满足经营管理的需要，结论能支撑考核和评价的需要。

（3）低成本。组织结构经常会随着业务发展和流程的改变做出调整，这就需要投入大量的IT人员和财务人员对数据魔方和报告逻辑进行修改，数据可能会涉及几百万、上千万行的数据量，如果手工调整，既不经济也可能不准确，只有通过流程优化和IT导入才有可能实现低成本。

经过多年的努力，华为逐步摸索出一些数据管理的经验。

（1）找到最小核算单元，把交易数据和核算维度定义到最小的核算单元。

（2）建立数据Owner管理体系，谁的孩子谁领回去。

（3）建立主数据、元数据、交易数据等层次的管理架构，灵活多变地出具管理体系报告。

（4）数据仓库、数据集市等进行灵活的数据交互，形成基于公司交易过程到结果的数据中台。

第四节　案例：支撑责任中心建设的组织变革

前面我们已经提到，华为代表处主战，BG主建，机关以服务支持为中心，已成为华为组织变革和明确经营责任的主要方向。为提升一线的决策力，用项目来牵引代表处，用代表处来牵引大区/地区部，由此来定义三个层级的责任中心：第一层，项目型组织；第二层，系统部；第三层，代表处。并分别定义它们的责任，设计其权力、监管、干部评价标准。地区部逐渐发展成能力中心和资源中心。集团董事会承担终极经营责任，机关为实现终极责任提供服务与支持。

2014年，华为发布了《关于公司组织变革高阶方案的发布说明》，关于此次组织变革的背景是，董事会领导下以BG为主要经营责任中心和利润中心的组织架构运行三年来，对公司的企业业务、消费者业务的孕育和快速成长起到了极大的作用，但同时也出现了BG和区域责任不够清晰、BG间结算较为烦琐等运作问题。为聚焦战略、简化管理、提升效率，实现多业务全球化下有效增长的战略目的，经过近一年的多次酝酿和慎重研讨，围绕组织变革的目标形成了华为组织变革的相应高阶方案。方案要点如下。

（1）为使各类组织的责任定位更清晰，更有效地相互协同配合，由原来基于BG（客户/产品）和区域两个维度的组织架构，调整为基于客户、产品和区域三个维度的组织架构。三个维度的相应组织都是为客户创造价值的组织，共同对财务绩效（收入、利润和现金流）的有效增长、市场竞争力的提升和客户满意度负责，但所承担的责任各有侧重。

（2）为适应ICT行业的技术融合趋势，对面向产品的组织进行整合，将分属原运营商BG和企业业务BG的各产品组织，整合为统一的产品与解决方案组织。

（3）为适应不同客户群的业务特点，成立运营商BG和企业BG，其中：

- 运营商BG是面向运营商的解决方案营销、销售和服务的管理和支持组织，并对解决方案的规划、设计及验证负责。运营商BG对所有产品及服务在运营商客户群的业务有效增长、市场竞争力和客户满意度负责。

- 企业 BG 是面向企业 / 行业客户的产品和行业解决方案营销、销售和服务的管理和支持组织，并对行业解决方案的规划、设计及验证负责。对所有产品和服务在企业 / 行业客户群的业务有效增长、市场竞争力和客户满意度负责。
- 消费者 BG 是面向终端产品的端到端经营组织，对利润、风险、市场竞争力和客户满意度负责，消费者 BG 的原业务范围保持不变。

（4）对于各类区域组织的职责定位和组织形态做相应调整，其中：

- 地区部是能力中心、资源中心和利润中心，地区部对上承接公司组织要求，对下支持各代表处的业务运作。
- 代表处是经营单元和利润中心，是公司战略在代表处所辖区域落地的执行者。代表处可根据各类业务的发展状况及管理成熟度，参考标准模型灵活设置代表处。

（5）片联是负责公司干部资格管理的机构，推动公司干部的循环流动；作为中央特派员机构，负责区域与各 BG 及产品与解决方案组织间冲突的协调；作为区域的归口组织，行使相关管理职责。

（6）为加强软件业务的效益管理，适应软件业务的管理特点，将原电信软件与核心网业务分拆成核心网业务、电信软件业务和 IT 云计算业务，其中核心网业务和电信软件业务分别作为产品与解决方案组织的下属组织，IT 云计算业务并入 IT 产品线。

第五章

防腐败促经营的内控系统

随着华为业务规模不断扩大及业务复杂度不断增加，尤其是国际业务的不断增长，内外部风险也在逐步增加。如果没有内控支持，企业将难以做大，利润也不能得到保障，还可能由于效率低下和营私舞弊而导致损失增加。内控就像企业的"红绿灯"，没有人希望受到它的限制，但没有"红绿灯"，整个企业有可能陷入一片混乱。所以，内控的目的仍然是支撑商业成功，多打健康的粮食，支持千军万马上战场，保障企业持续有效增长。

华为认为，内控不是为了问责而存在！

简单来说，内控管理的目的是防腐败，促经营，形成威慑。"监管的根本目的不是为了监管而监管，也不是为了让我们的队伍变成一个无比纯洁的队伍，而是为了威慑，帮助公司沿着既定的政策方针和流程正确前行，避免因为个别人的贪婪而葬送了整个公司。"㊀

华为除了对资金管理权、账务管理权、审计权进行中央集权管理之外，逐年加大对一线的授权。但授权不代表不进行风险控制，因此，随着作战指挥权前移，业务监管也随之前移。

㊀ 任正非，《从关爱的角度去实现监管》，2011年。

所有的内控,都是在业务过程中实现监管。"作为监控体系应该很清楚,公司这么多年来一直是在发展中解决问题,而不是停下来,把问题解决后再发展,如果那样的话,那华为公司早就止步不前了。所以,我们还是强调在发展中解决问题,不能因为腐败而不发展,也不能因为发展而不反腐。公司建立监管体系,就是为了公司的长远发展。"㊀

华为经过多年的探索,建立了"一点两面三三制"的内控管理框架。

第一节 内控管理的体系架构

华为认为,审计是"司法部队",关注"点"的问题,通过对个案的处理建立威慑力量(不敢);财务监控无处不在,关注"线"的问题,与业务一同端到端进行管理,揭示并改进端到端的风险(不能);道德遵从委员会,关注"面"的问题,持续建立良好的道德遵从环境,建立"场"的监管(不想)。

一、内控管理的体系

华为基于组织架构和运作模式,设计并使用了内控体系,其发布的内控管理制度及内控框架适用于公司所有流程(包括业务和财务)、子公司以及业务单元。该内控体系基于美国COSO㊁模型而设计,包括控制环境、风险评估、控制活动、信息与沟通、监督五大部分,同时涵盖了财务

㊀ 任正非,《坚持治病救人,让所有队伍放下历史包袱,轻装上阵》,2015年。
㊁ COSO(Committee of Sponsoring Organizations of the Treadway Commission),美国反虚假财务报告委员会下属的发起人委员会。1985年,由美国注册会计师协会、美国会计协会、财务经理人协会、内部审计师协会、管理会计师协会联合创建了反虚假财务报告委员会,旨在探讨财务报告中舞弊产生的原因,并寻找解决之道。两年后,基于该委员会的建议,其赞助机构成立COSO委员会,专门研究内部控制问题。1992年9月,COSO委员会发布《内部控制整合框架》(简称《COSO报告》),COSO把内部控制细分为经营效率与效果、财务报告可靠、遵纪守法三类子目标,以及控制环境、风险评估、控制活动、信息与沟通和监测五项构成要素。

报告体系，以确保财务报告的真实、完整和准确。华为将内控体系的建设称为"穿美国鞋，不打补丁"。

1. 控制环境

控制环境是内控体系的基础。华为高度重视职业道德，严格遵守与企业公民道德相关的法律法规，制定了员工商业行为准则（BCG），明确了全体员工（包括高管）在商业行为中必须遵守的基本业务行为标准，并例行组织全员培训与签署，确保其阅读、了解并遵从BCG。华为建立了完善的治理架构，包括董事会、董事会下属专业委员会、职能部门以及各级管理团队等，各机构均有清晰的授权和明确的问责机制。在组织架构方面，华为明确了各组织权力和职责的分离，以相互监控与制衡。公司CFO负责全公司的内控管理，业务控制部门向公司CFO汇报内控缺陷和改进情况，协助CFO建设内控环境。内部审计部门对公司所有经营活动的控制状况进行独立的监督评价。明确业务管理层/流程Owner是内控的第一责任人，并将内控设计和执行的有效性纳入各级管理者的PBC指标中进行考核。

2. 风险评估

华为设立了专门的内控与风险管理部门，定期开展针对全球所有业务流程的风险评估，对公司面临的重要风险进行识别、管理与监控，预测外部和内部环境变化对公司造成的潜在风险，并就整体的风险管理给出策略及应对方案。各流程Owner负责识别、评估与管理相关的业务风险并采取相应的内控措施。华为已建立相对完善的内控与风险问题的改进机制，以管理和规避重大风险。

3. 控制活动

华为建立了全球流程与业务变革管理体系，发布了全球统一的业务流程架构，并基于业务流程架构任命了全球流程 Owner 负责流程和内控的建设。全球流程 Owner 针对每个流程识别业务关键控制点和职责分离矩阵，并应用于所有区域、子公司和业务单元；例行组织实施针对关键控制点的月度遵从性测试并发布测试报告，从而持续监督内控的有效性；围绕经营痛点、财务报告关键要求等进行流程和内控的优化，提升运营效率和效益，支撑财务报告准确、可靠及合规经营，帮助达成业务目标；每年进行年度控制评估，对流程整体设计和各业务单元流程执行的有效性进行全面评估，向审计委员会报告评估结果。

4. 信息与沟通

华为设立了多维度的信息与沟通渠道，及时获取来自客户、供应商等的外部信息，并建立内部信息的正式传递渠道，同时在内部网站上建立了所有员工可以自由沟通的心声社区。公司管理层通过日常会议与各级部门定期沟通，以有效传递管理导向，保证管理层的决策有效落实。同时，在内部网站上发布所有业务政策和流程，并定期由各级管理者/流程 Owner 组织业务流程和内控的培训，确保所有员工都能及时掌握信息。华为还建立了各级流程 Owner 之间的定期沟通机制，回顾内控执行状况，跟进和落实内控问题改进计划。

5. 监督

华为设立了内部投诉渠道、调查机制、防腐机制和问责制度，并在与供应商签订的《诚信廉洁合作协议》中明确相关规则，供应商可根据协议中提供的渠道，举报华为员工的不当行为，以协助公司对员工的诚信和廉洁进行监督检查。内部审计部门对公司整体内控状况进行独立和客观的评价，并对违反商业行为准则的经济责任行为进行调查，审计和调查结果报告给公司高级管理层和审计委员会。此外，华为建立了对各级流程 Owner 和区域管理者的内控考核、问责及弹劾机制。审计委员会和公司 CFO 定期审视公司内控状况，听取内控问题改进计划与执行进展的汇报，并有权要求内控状况不满意的流程 Owner 和业务部门汇报原因及改进计划。

二、内控管理的治理架构

从华为的上层治理结构来看，内控管理的责任机构主要有董事会及其下面的审计委员会、监事会。从严格意义来说，道德遵从委员会不算是治理机构，它是一个自下而上产生的组织，但在华为的重要程度也很高，在内控中起着不可忽视的作用。

华为董事会是公司战略、经营管理和客户满意度的最高责任机构，肩负着带领公司前进的使命，行使企业战略与经营管理决策权，确保客户与股东的利益得到维护。在内控体系中，董事会的主要职责是：批准事关公司重大风险和重大危机的管理方案，管理重大突发事件；批准内控体系与合规体系的建设。

审计委员会是华为集团董事会下设的专业委员会，在董事会授权范围内，履行内控的监督职责，包括对内控体系、内外部审计、公司流程以及法律法规和商业行为准则遵从的监督。审计委员会成员由监事、董事和相关专家组成，审计委员会成员必须经过董事会批准。内部审计组织及外部审计师对审计委员会及董事会负责。

监事会是华为公司的最高监督机构，主要职责包括董事/高级管理人员履职监督、公司经营和财务状况监督、合规监督。各级组织履行业务规则，监事会履行监管规则。监督型子公司董事会，是针对子公司内外合规的监督机构，向监事会汇报。

道德遵从委员会，其核心价值在于华为文化的传承，激发人性中积极进取的力量，包括使命感、责任感、奉献精神，引导员工遵守商业行为准则，引导干部恪守"干部八条"。道德遵从委员会在干部任命过程中有一票否决权。华为新一届道德遵从委员会有 19 名委员、11 名候补委员。

董事会、审计委员会和监事会属于事权管理，倾向于他律部分；道德遵从委员会强调"人"的重要性，侧重于人的管理，其意义在于引导员工实现自律。

2017 年，华为酝酿和组建了平台协调委员会、ICT 基础设施业务管理委员会、消费者业务管理委员会三大委员会。平台协调委员会针对集团职能平台的服务与监管，ICT 基础设施业务管理委员会针对运营商 BG 和企业 BG 的治理与监管，消费者业务管理委员会针对消费者 BG 的治理与监管。

三、内控管理的结构

《华为内控框架 3.0 版》对内控管理的结构做了如下定义。

第一层：处于金字塔最底部的是内控的基石和控制环境。全球端到端流程和 Owner 理念是华为内控的基础，应充分理解、完全执行，从而保证内控的成功。全球流程 Owner 对所辖流程范围内的内控负首要责任。

第二层：控制工具与指标，包括关键控制点的遵从性测试、内审及外审发现，以及其他能对内控评估提供重要输入的控制工具及指标。

第三层：评估。通过使用第二层的控制工具和相关审视，其相关控制指标转变成定期评估华为内控状况的有用信息，管理层可以定期看到这些评估报告并使用它们。

第四层：考核与问责。在业务控制人员的指导下，业务 Owner 和管理层可以通过使用上述评估结果并结合他们日常的管理监督过程（监督职责包括评审、讨论、业务风险评估、日常运作监控、信息沟通以及专业化判断），综合实施相应的考核与问责。内部审计人员和业务控制部门也使用这些信息，结合专业分析，向审计委员会和 EMT 汇报审计趋势或公司的整体内控状况，采取相应的激励、惩罚和改正措施。

第五层：政策。公司最高管理层（BOD 和 EMT）对公司内控的有效性和状况负责，制定和回溯内控管理制度。

为方便理解和执行，华为将内控管理的框架提炼为"一点两面三三制"。一点：促经营，防腐败。两面：流程建设，内控责任。三三制，即三大内控角色：业务 Owner、业务控制（business control，BC）、内审（internal audit，IA）。三大管理工具：遵从性测试（compliance test，CT）、半年度控制评估（semi-annual control assessment，SACA）、主动性审视（proactive review，PR），前两个工具是周期性的，后一个属于专项自查，可随时开展。

业务 Owner：根据政策、流程等开展业务，在打粮食过程中确保过程合规，并及时开展自检（CT/SACA/PR）。其职责是：创造价值和有效监管。

BC：BC 组织主要负责内控管理框架的建立和维护，协助管理者建立和维护良好的内控环境，以及进行 KCP^㊀和内控工具与方法等知识的培训。

IA：其主要作用是事后回溯，对违规形成威慑，减少粮食浪费并保证颗粒归仓。

三大内控工具将在后面的"流程内控"章节中详细阐述。

四、案例：消费者 BG 组织治理与监管关系高阶方案

华为于 2019 年 4 月 4 日对外发布了《消费者 BG 组织治理与监管关系高阶方案（试行）》，这一方案对消费者 BG 组织治理与监管关系做出了明确定义（见图 5-1）。

1. 消费 BG 组织治理与分层运作

公司董事会：保留消费者 BG 业务边界确定、长期发展战略审批、公司整体品牌管理、财务政策规则制定、高层关键干部与梯队建设，以及资金/账务/审计三项中央集权管理。

㊀ KCP（key control point），关键控制点。

图 5-1 消费者 BG 组织治理和监管关系

注：CBG 为"消费者 BG"。

消费者业务管理委员会：在公司董事会的授权与监管下，全权全责承担消费者业务经营、内外合规、持续发展责任，行使业务战略与经营管理决策权、关键干部监管权。

消费者 BG EMT 会议：在消费者业务管理委员会授权下，负责消费者 BG 业务日常经营与合规管理，对经营与合规结果、消费者市场的市场品牌及用户体验提升负责。消费者 BG EMT 由 CBG CEO、CBG Controller[①]、CBG 监管副总裁、CBG COO、CBG CFO、荣耀总裁、MSS 总裁、手机产品线总裁、消费者云服务部总裁、硬件工程部部长、软件部部长、人力资源部部长、大中华终端业务部部长等成员构成。

区域/国家层面消费者 BG 组织：负责区域消费者业务的日常经营、作战指挥与组织管理。在公司区域性统一管理与支撑平台下，消费者 BG 业务相对独立运作。

2. 关键角色设计与管理关系

消费者 BG CEO：负责消费者 BG 日常经营管理与长期发展，对消费

---

① Controller，内控代表。

者业务的商业成功、在消费者市场的市场品牌与用户体验的提升负责；构筑消费者 BG 端到端的业务核心竞争力及外部产业生态；建立并运营匹配消费行业特点的组织与管理体系；消费者 BG CEO 的抓手是干部管理、组织建设和消费者 BG IRB、EMT 会议等。

消费者 BG Controller：作为中央集权（账务、资金）在消费者 BG 的特派代表，负责中央集权业务在消费者 BG 的有效落地；作为消费者 BG EMT 成员参与业务管理，对账务真实性、资金安全性负责，可独立向公司董事会和消费者业务管理委员会报告；消费者 BG Controller 的抓手是财报内控等，参与消费者 BG EMT、各级业务管理会议。

消费者 BG CFO：作为消费者 BG CEO 的伙伴，共同承担端到端的经营责任，进行经营效益和风险管理，促进业务的可持续健康发展；消费者 BG CFO 的抓手是计划管理、预算与费用管理、经营预测与分析等。

消费者 BG 监管副总裁：代表公司对消费者 BG 干部团队进行平行监督，确保消费者 BG 与集团战略和价值观的一致性；作为消费者 BG CEO 在风险管理的伙伴，保证风险管理委员会有效运作，确保风险可控、业务平稳发展；统筹监管职能，制定监管规则，协同监管组织，对消费者 BG 外部合规结果负责。

消费者 BG COO：负责消费者 BG 的供应、采购、质量、成本、流程与 IT、隐私保护与网络安全、变革管理等。为消费者 BG 提供及时、安全的供应和高效稳健的运营。

3. 消费者 BG 合规与监管方案

（1）内部合规管理以财报内控、流程内控为基础及范围展开：

- GPO/RCO 发布流程保留权力清单，并明确各级各类组织的流程授权，定期进行流程合规审查或稽查。
- 流程内控按年度成熟度管理目标进行达标管理。

- 财报内控的年度目标由集团财经的账务管理部作为中央集权组织下达。
- 清单外的内部合规事项由 BG 和区域相关组织基于授权，最终协商并决策。

（2）外部合规管理在 BG 层面和区域层面分别按以下规则开展：

- 在 BG 层面，由 CBG 监管副总裁统筹稽查、法务以及各级合规组织，基于 CBG 业务场景识别和管理全球性的合规风险，将合规策略、目标和贯彻于 CBG 各级合规组织，在 BG 内部开展日常监管和合规指导，对外部合规结果负责。
- 在区域层面，基于"一国一平台"合规管理模式，将 CBG 区域组织合规工作纳入区域子公司董事会统一管理。以代表处 CFO 协调会议为平台，承接并落实子公司董事会的统一性合规管理目标，并基于 CBG 业务管理的不同场景实施分类管理，采取相应的合规管理措施。

第二节　内控的多维运作机制

华为从财务角度，定义了"4 个 3"的运作机制来监管整个公司的风险。什么是"4 个 3"？它就是：

- 三类风险，华为把经营风险分成战略风险、运营风险、财务风险。
- 三层防线，沿着业务的每个业务活动建立三层防线。
- 三角联动，设在伦敦、纽约与东京的三个蓝军团队独立作战，挑战红军。
- 三层审结，通过 CFO 组织、账务组织与资金组织，建立业务活动的三层审结机制。

华为 CFO 孟晚舟 2017 年在伦敦财务风险控制中心（FRCC）的汇报中详细解释了对三类风险的理解："我们对每类风险都做了详细的要素澄清。比如战略风险，我们知道公司一定会面临技术上的风险，会不会有颠覆式技术出现以挑战我们的技术模型。在运营风险方面，比如说供应风险：前段时间炒得沸沸扬扬华为手机 P10 的 Fash（闪存）芯片问题，其实是上游供应商在控制给我们的供应量，这是我们的供应风险。当然还有财务风险、外汇风险、税务风险，这都是我们要去面对的。我们把公司的所有风险进行了详细分类，对于每类风险，公司都安排有唯一的责任人，他负责打破部门墙，打破组织边界，去管理这类风险在整个公司中的发展。他通过识别、评估、应对、监控、报告周而复始的风险管理循环，使这些风险尽可能降到最低，这是我们在三类风险上的管理。"⊖

三类风险是靶点，三层防线是堤坝，三层审结是基于内部视角的业务监管，三角联动是基于外部视角的风险控制。

一、三层防线

华为在内控与风险管理方面定义了"三层防线"，以起到堤坝的作用。

- 第一层防线：在业务运作中控制风险，这是最重要的防线。华为 90% 以上的精力是要把第一层防线建好，既要有规范性，又要有灵活性，没有灵活性就不能响应不同的客户服务需要。第一层防线的责任主体是业务主管、行政主管和流程 Owner。
- 第二层防线：针对跨流程、跨领域进行高风险拉通管理，为第一层防线提供大量方法论，大量补充、循环和培养干部。第二层防线的责任主体是内控和稽查部门。
- 第三层防线：通过审计调查，对风险和管控结果进行独立评估和冷

⊖ 孟晚舟在伦敦 FRCC 的汇报提纲，2017 年。

威慑。第一层防线留下的疏漏，由第三层防线进行监督和检查，既建立威慑，又修补漏洞。第三层防线的责任主体是内部审计部。

华为为什么要建立"三层防线"以及其运作机制？对此华为 CEO 任正非做了阐述。

任正非说：

关于建立"三层防线"的目的，第一层防线，最终目的是要让业务主管承担起内控责任，比如是经营责任人，也是内控责任人，各层级都应该这样。过去的管理者不承担内控责任，现在要逐渐承担起内控责任来。代表要转身成总经理，内控管理是承担综合经营责任的基本要求。以前代表主要是抢单的销售代表，而成为总经理后，他们就是综合经营者，所承担的责任目标转换了，自然就重视内控了。从代表变为总经理，首先他要转身，现在为什么转不过来呢？代表提拔后回公司，依旧是到片联、到销售组织去，而其他组织的人员也去不了代表处当代表，这说明我们在干部选拔上有问题。将军要学会系统性作战，关键过程行为考核是用于选拔干部的，内控管理也是重要的考核指标。

第二层防线，针对跨流程、跨领域进行高风险拉通管理，要担负起方法论的推广责任，大量干部接受内控赋能后走向前线。为第一层防线提供大量方法论，大量补充、循环和培养干部。我们要确认流程 Owner 的责任，SACA（半年度控制评估）是对责任人的评价，我们要帮助他们做些试点，建立起流程监管的制度、岗位和角色并发挥作用。同时，建立"金种子计划"，通过实践（比如 iSales[⊖]、配置打通交付上 ERP），一个一个国家推，成功了，就一分为二，就从这个地方补充到其他国家打仗去。打了胜仗以后，就又产生一批人，这样干部螺旋式洗澡，把优秀的人洗上来了，培养金种子。第二层防线实际上是帮助别人建立起正确的业务组织并进行拉通管理，而不是针对具体事情的监管。

⊖ iSales，销售流程的 IT 主平台。

第三层防线，通过审计调查，对风险和管控结果进行独立评估和冷威慑。第一层防线会把绝大部分工作做完，但他们可能有疏漏，这就由第三层防线来监督。通过对疏漏的检查，建立威慑，修补漏洞，还可以请外部机构来检修堤坝，第三层防线永远不会消失。第一道防线建好后，第三层审计应该没多少事干。不能第一层防线做得一塌糊涂，后面全靠审计。番茄烂就烂了，大家对这个烂番茄没什么反应，那么这个番茄就完全没有意义，从流程组织建设上，就应该摘掉它。一旦发现问题，无论案子大小，审计去查的时候，一个蚂蚁蛋都不能放过，这样才能建立起冷威慑，来配合第一层防线的建设。○

关于每层防线的能力要求，任正非也做出说明：

第一层防线，业务主管/流程 Owner，是内控的第一责任人，在流程中建立内控意识和能力，不仅要做到流程的环节遵从，还要做到流程的实质遵从。流程的实质遵从，就是行权质量。落实流程责任制，业务主管/流程 Owner 要真正承担内控和风险监管的责任，95% 的风险要在流程化作业中解决。业务主管必须具备两种能力：一个能力是创造价值，另一个能力是做好内控。

第二层防线，内控及风险监管的行业部门，针对跨流程、跨领域的高风险事项进行拉通管理，既要负责方法论的建设及推广，也要做好各个层级的赋能。稽查体系聚焦事中，是业务主管的帮手，不要越俎代庖，业务主管仍是管理责任人，稽查体系是要帮助业务主管管理好自己的业务，发现问题，推动问题改进，有效闭环问题。稽查和内控的作用是在帮助业务完成流程化作业的过程中实现监管。内控的责任不在稽查部，也不在内控部门，这点一定要明确。

第三层防线，内部审计部是"司法部队"，通过独立评估和事后调查建立冷威慑。审计抓住一个缝子，不依不饶地深查到底，碰到旁边有大问题也暂时不管，沿着这个小问题把风险查清、查透。一个是纵向的，一个是横向的，

○ 任正非在公司内控与风险管理"三层防线"优化方案汇报的讲话，2013 年。

没有规律，不按大小来排队，抓住什么就查什么，这样来建立冷威慑。冷威慑，就是让大家都不要做坏事，也不敢做坏事。○

关于这三层防线的配合关系，任正非做了如下表述：

当建立了第一层防线后，就把现在第二层防线的一部分责任转移给第一层防线，第二层防线的责任是看沿着流程走的都走好了没有，好了，第二层防线就不需要了，就合并至第一层防线中；发现还要重拳打击某些癌症点的时候，第二层防线又和第三层防线结合起来。因此，我们的重心要放在第一层防线上，建立第一层防线的过程中既要有规范性，又要有灵活性。

我们在建设思路上，要学习三层防线这种顶层架构的设计方法。上层设计好后，拿出实施方案，然后再推广，推不动，我就派一群干部接管你这个组织，接管的干部回来参加工程队，上战场边打仗边培训，又产生种子。你们不要急于求成，要讨论后再推行，避免出现问题后再回头补好多漏洞，这补漏洞的方法实际上更慢。○

总而言之，华为通过建立以业务主管和流程 Owner 为核心的第一道防线，解决了 95% 以上的内控问题；通过第二道防线的"传道"以及第三道防线的"威慑"，实现了查缺补漏。

二、三角联动

从 2014 年开始，华为在伦敦、纽约和东京设立了三个风险控制中心（简称"风控中心"），以形成"制动""仪表盘""油门"的联动作用（见图 5-2）。

（1）制动。伦敦风控中心负责对财务策略和财务架构进行独立评估，以规则的确定性应对未来的不确定性，以法律宗旨的确定性应对政治经济的不确定性。伦敦财务风控中心包括账务、税务和资金三方面。之所以选

○ 任正非，《内外合规多打粮，保驾护航赢未来》，2016 年。
○ 任正非在公司内控与风险管理"三层防线"优化方案汇报的讲话，2013 年。

择伦敦建立风控中心,首先,英国是一个法治化程度很高的国家,其制度框架被各国广泛采用;其次,它所在的时区可以便捷地覆盖欧洲、非洲、中东、中亚;最后,伦敦的金融从业人员数量众多且资深,金融人才的薪酬水平低于中国。

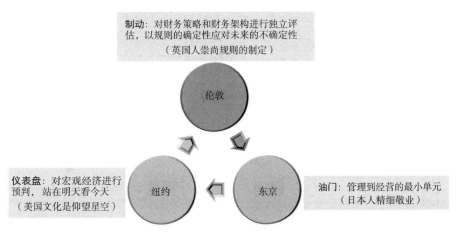

图 5-2　伦敦、纽约、东京三角联动

（2）仪表盘。纽约风控中心主要负责宏观经济形势的判断,针对政治、经济、汇率以及贸易战的不确定性进行研究和预判。因为海外收入占华为总收入的 60%,所以全球经济的变化会对华为的经营情况产生影响。

（3）油门。东京风控中心负责项目的经营问题。鉴于日本精细化管理的优势,华为在东京设置财经组织负责管理项目的经营和财务风险,对项目进行审视,发现问题,提出建议,并进行风险控制。

三、三层审结

第一层审结：日清日结。资金每日完成银行对账,确保每笔资金的流动都源于账务处理。第二层审结：账务在核算中,确保流程合规、行权规范,每笔账务处理都源于业务真实。第三层审结：通过独立的 CFO 体系,对业务决策形成现场制衡。

"三层审结是我们建立的比较特殊的机制，很多公司的CFO是独立的，但资金和账务不见得是独立的。我们在每一个行政长官背后都配置了一个CFO，除了我们理解的国家CFO、区域CFO、客户CFO以外，我们在每个大合同、每个项目也都配置了CFO，人力资源部有CFO，行政采购部有CFO。这些CFO干什么？一方面，提供专业支持，帮助业务做决策时能够做出正确的经营判断；另一方面，因其独立汇报，在决策汇报过程中如果识别了不合理、不真实、不充分的风险事项，有向上举手的报告机制，向上级主管报告，提醒上级主管干预和管理此事项。"㊀

第三节　内控的目标和重点

华为的《内控管理制度》定义了内控管理的目标：合理确保公司的资金安全、财务报告的真实可靠、法律法规的遵从，有效控制运营风险，提高业务运作的效率和效益，从而帮助公司实现既定目标。

"内控主要是针对工作流程、运作程序和管理优化工作，主要是把流程中存在的问题堵住，并总结经验教训。内控是要以人为友，以员工为友，大家要共同讨论出现的问题应该如何纠正。内控部门也相当于一个业务部门，从逆向流程来发现我们的执行过程中是否存在错误。除非有充足的证据，否则我们只对事不对人。流程规范好、制定好，问题也就少了。工作中只有建立良好的合作氛围，才能推动大规模的发展。"㊁

华为消费者BG所定义的治理与监管目标是：为实现消费者BG"规模增长"和"效益提升"双赢的战略目标，支持消费者BG在业务边界内，为以中央集权监管为原则，以内外合规为底线目标、有效管理库存风

㊀ 孟晚舟在伦敦FRCC的汇报提纲，2017年。
㊁ 任正非与采购系统干部座谈纪要，2000年。

险，实施相对自主经营、自主管理的业务运营模式。

在内控建设方面，华为坚定不移地向IBM学习。2007年，华为EMT就此提出了以下五点指导意见。

（1）华为内控体系建设就是要"穿美国鞋"，在内控体系建设上不打补丁，要从头做起。在组织与流程不一致时，我们改革组织以适应流程。现在任职的所有干部，理解这套体系的人就上岗，不理解的人就下岗，不讲资格、资历，要用一些明白人向IBM学习，把这套体系建立起来。

（2）公司的内控审计系统可以推翻重来，不要在我们现有的内控基础上做。要完全按照IBM的内控管理系统来实践，重新起草华为的《内控管理制度》，并作为内控建设的纲领性文件推行，制度起草不必受制于华为已签发的原有相关文件。公司在监控及审计上以前做了很多工作，保证了公司过去20年的安全运行。尽管公司先前已经签发了一套内控制度，也充分征求了IBM顾问的建议，但面向未来20年，这个制度是不能支撑的。新制度的起草不会抹掉老员工的光辉，只要他们不成为阻碍者，并积极参与到新制度的起草中来，他们也是很光荣的。

（3）成立公司级的内控制度文件起草及推行小组并进行任命。该小组的组长为任正非，副组长为×××（IBM顾问），组长全权授权副组长起草文件。另指定一名EMT成员担任组长助理，负责调配资源和配套支持，其他人只能当组员。IBM顾问不用太顾忌组员的面子，哪个组员不听话，就把他开除。

（4）为保证内控管理变革的有效推行，首先要建立一个良好的内控环境，并从公司各级管理层做起。要选用理解IBM内控管理系统的干部上岗，不理解的干部要予以替换。各级干部要加强对IBM内控管理流程、方法、经验等知识的学习。要按照IBM内控的标准，通过网上、学习班等各种方式对各级干部进行内控知识的应知应会考试。对未通过考试的干部，将冻结调薪，不能升职，并限期通过考试，限期内仍不能通过考试的，将予以替换。

（5）为了不断传播和强化各业务管理者的内控意识，就要建立相关的干部职业发展通道和干部轮换制度。让有业务经验的人到审计监控系统工作，并不断输送有内控经验且绩效好的审计监控人员到业务部门担任管理职务。

此后，华为每年发布内控的管理要点。以 2013 年为例，华为内控管理的要点如下。

（1）继续围绕"促经营、防腐败"的内控工作目标，聚焦于重复发生的 TOP 经营痛点问题实施流程改进，获取经营管理收益，遏止腐败。

- 各级管理者和流程 Owner 应基于 CT 与 SACA、审计、稽查等发现的问题，在相应的 ST 会议上研讨，找出自身的 TOP 内控问题。
- 对于每个 TOP 问题，须指定明确的业务改进责任人，负责具体改进计划的制订与执行。
- 所有 TOP 问题的改进应基于流程（本地化）、规则的发布与执行，改进的效果通过内控 BC、审计、稽查的结果来验证。
- 内控 BC 负责协助各级管理者和流程 Owner 实施 TOP 问题的改进，并例行对改进进展进行监督和报告，对于已改进的问题在内控管理系统中验收关闭。

（2）内控管理的关键是建立内控责任体系，这是内控的核心工作。各级管理者和流程 Owner 是所负责业务领域的内控第一责任人，必须主动承担起自己的内控责任。

- 全球流程 Owner 负责建立基于流程的授权、行权、问责的内控责任体系，发布明确的业务问责制度，并层层落实内控考核要求。
- 各级管理者和流程 Owner 应建立内控奖惩机制，对内控管理做得好的予以奖励，对于需要改进的可以发放红黄牌警示，责其进行内控述职。

- 各级 CFO 必须协助相关管理者和流程 Owner 建立内控责任体系。

（3）各级管理者和流程 Owner 需持续提升 CT、SACA、PR 等内控工作的质量和真实性，实现内控的自我管理。

- 各级流程 Owner 应按月度实施 CT 并进行季度报告，内控 BC 负责对 CT 工作质量进行例行抽检复核。
- 各级管理者和流程 Owner 应从主动管理风险的工作需要出发，不定期组织 PC/BC 实施 PR 自检工作，以发现问题并及时改进。
- 各级管理者和流程 Owner 应基于日常内控管理工作，每半年实施 SACA 并报告，内控 BC 负责对 SACA 结果进行复核和质量回溯。

（4）要关注存货管理、交付管理、采购管理、合同质量、行政管理、渠道管理、资金税务等高风险业务。各高风险业务相关的流程 Owner 应加强和持续开展"内控在前线"工作。

- 内控工作应聚焦于高风险业务进行建设和改进，高风险业务的管理责任人应建立跨流程的联合内控改进工作组，持续实施内控改进。
- 内控工作应深入到业务中去，跟随服务，在炮火中前进，实现快速运作流程与合理监管，最终让"内控在前线"，以匹配一线的业务场景，建立适用的本地化流程与规则，并将内控责任持续传递、分解到一线的项目和岗位。

（5）全面推行和落实 KCFR[一]工作，加强财务支撑和监督，拉通业务与财务流程，确保公司内控的有效性，以及财务数据的真实准确、资金资

[一] KCFR（key control over financial reporting），关键财务控制要素。

产的安全。

- KCFR 是落实业务和财务流程拉通，支撑资金资产安全、经营结果改进，提升财务报表准确性、完整性的有效保障。
- 在日常的内控工作中，要主动识别、全面执行 KCFR 的要求（含 KCFR 方案本地化后的要求）。
- 各级管理者和流程 Owner 要将业务与财务流程的拉通作为本部门的重点工作之一，通过设立财务或业务指标来衡量 KCFR 的执行效果，不断改进优化，并通过例行 CT/SACA 等手段来及时监督、提高 KCFR 的遵从率。

（6）持续加强内控 BC/PC 组织的能力建设。

- 对于内控管理较差、风险较高的流程，相关流程 Owner 应设立专职化的 PC 团队，以快速提升内控管理水平，实现有效监控。
- 各级管理者应加强内控 BC 组织的管理及其能力建设，以更好地实施内控支持、监督和报告工作。

华为曾于 2015 年 4 月 29 日召开 EMT 会议，讨论并明确了华为三年的监管目标：

（1）2017 年达成内控"基本满意"（60%），是公司的内控成熟度目标。

（2）2015 年上半年，内控成熟度底线要求定为 30%，低于此要求且改进不力的，应启动弹劾程序。

（3）原则上，2015 年下半年，内控成熟度底线设定为 40%；2016 年年底，内控成熟度底线设定为 50%；2017 年，内控成熟度底线设为 60%。

内控适用"基本满意"标准，具体包括三点：①流程被有效设计且实质遵从，不存在重大风险且损失处于正常损耗范围；②财务报告基本可靠，无重大调整差异；③评估期间无新增重大（含多发）的舞弊事件。

第四节　流程内控：流程即防御

华为内部流程建设的总体思路是"前端灵活，平台有力，明晰授权，监控有效"，在对主干流程 L1~L4（一级至四级流程）进行统一管控之外，要确保末端流程 L5/L6（五级/六级流程）具备足够的灵活性。因此，华为允许一线根据业务的实际情况进行流程的适配，L5/L6 流程建设在 L1~L4 流程的框架下，根据自己的业务痛点进行设计或变更，以实现"班长的战争"。

流程既是对业务的总结，也是业务规则的执行，因此需要将监管方法通过 L5/L6 流程真正落地到一线，形成长效机制。所以，流程本身就是内控防线，合理、完善的流程可以帮助企业建立良好的防御系统。

"公司流程要做到既简化又有效，最主要的监管还是在流程中。流程本身就是防线，完善了流程就等于已经建立了良好的防范系统。打通流程是我们矢志不移的奋斗目标。现在我们有些流程做得很烦琐，而且很多人不看前言后语就签字，很不担责，也说明这个流程没有意义。流程部门主管一定要有基层实践经验，没打过仗，如何为作战组织服务？流程有效，不一定是数量多，也不一定要流程长。流程简化，每个环节都要起到有意义的关键作用，最主要的监管是在流程中。"㊀

因此，一套合理、完整的流程体系，本身就应该是一个能自我证明的免疫系统。其如同一条条能"自我净化"的小溪，不管是大雨还是山洪，过一段时间又能清澈见底。

㊀ 任正非在公司内控与风险管理"三层防线"优化方案汇报的讲话，2013 年。

一、流程 Owner 是内控第一责任人

任正非曾强调，需要沿着流程授权、行权、监管来实现权力的下放，以摆脱中央集权的效率低下、机构臃肿，实现客户需求驱动的流程化组织建设目标。随着端到端流程的打通，在重要流程环节上定义和设置监控点，即为内控构筑在流程中。基于此，华为将业务主管和流程 Owner 定义为内控第一责任人，因为他们是具体业务的设计者和执行者。也只有这样，才能将监管融入业务。

要坚定不移地推行流程化建设，同时加强流程责任制。要从流程遵从走向流程责任，业务主管和流程 Owner 要真正承担起监管的责任。以前讲的流程遵从，你顺着这个流程做就可以了。流程责任制要比流程遵从提升一步，你在这个地方签了字，出了事情就要承担相应责任。现在我们说很多领导要签字背书，背书后就要承担责任。

业务主管要真正承担起教育、内控的管理责任，抹不开面子的主管要转入业务操作岗位。做好员工教育，包括本地主管做好本地员工教育；落实"干部三管"，做好典型高风险岗位的权责适配；落实终端、交付、销售、企业业务等关键内控，有效提升内控成熟度。关键过程行为用于选拔干部，特别是高级干部，反腐是重要的考核指标。在反腐问题上不坚决的，就只能是普通的职业经理人，选拔高级干部的过程中要强调这个要求。内控改进持续不力的高风险领域流程 Owner 和业务主管要向审计委员会述职，内控作假及内控不作为的管理者直接弹劾。㊀

流程 Owner 就是监控的责任人，要负责把监控的责任承担起来。监控管理部要提供方法和模板，协助流程 Owner 承担起监控的责任，并对流程 Owner 进行考核，而不是代替他们监控。EMT 已经决定，各业务部门的一把手是监控的负责人，所以首先要明确，自检、内控检查与评估、授权体系建设这三项工作的责任人就是流程 Owner，监控管理部不能越俎代庖，不要搞

㊀ 任正非在大规模消灭腐败进展汇报会上的讲话，2013 年。

成业务Owner不在乎，而监控人员很积极，这样解决不了问题。只不过目前做得还不够规范，监控部要帮助其规范，把监控责任落实到流程Owner，并通过对业务的内控检查与评估，促使业务Owner对其管辖的地盘负责任。监控管理部有考核的权力，参与对干部的评价，必要时，可以进行弹劾。

首先要对人的行为实施管理，其次对各级流程的责任制度实施管理。把行为准则、岗位责任、处罚规定、奖励制度制定出来，流程Owner就不敢松懈了。思路、方法、模板是监控应该建立的一种专业的指导、规范的东西，交给业务部门，让业务部门按照要求建设自己的监控体系，监控负责验收和评价，这样才能使监控与业务真正结合起来。㊀

"公司管理的宗旨就是高效、及时、准确地提供服务。管理不是要创新，而是要创造价值。一般认为流程责任制就是不能出事，强调出事要负责，缓慢不用负责。如果是这样的责任制，我们公司就会成为一个惰怠的公司、一个垮掉的公司。流程责任制就是要及时准确地提供服务和支持，追求的是产粮食，而不是没事故。我们追求火车要跑得快，而不是为了不出事就不发车。"㊁

"流程Owner是内控的第一责任人。通过任命全球流程Owner，业务管理层承担流程运作的首要责任，保证所管理的流程能以高效和可控的方式运作。PC是流程专家，协助流程Owner建设流程并实施日常运作机制，包括设置流程中的KCP，每月进行遵从性测试等，并将月度测评和SACA的结果反馈给BC。"㊂

"我们的管理确实存在相互扯皮、彼此推诿的情况，从根本上讲，其原因就是我们的流程责任制还没有真正落地。各级流程Owner应主动承担和履行本领域的流程建设和内控责任，质量与流程IT管理部对跨领域架构和流程集成进行拉通管理，只有将流程责任制真正落实到我们的日常

㊀ 任正非对区域监控工作的讲话纪要，2007年。
㊁ 任正非在变革战略预备队誓师及颁奖典礼上的座谈纪要，2015年。
㊂ 任正非，《华为内控组织要先实施过渡方案，不能出现真空》，2008年。

作业循环中，才能从根本上保障流程遵从、数据清洁。"○

二、业务与监控角色双循环

众所周知，业务负责人和流程 Owner 往往缺乏风险控制意识，也缺少这方面的专业知识，因此，华为除了要求监控管理部提供方法和模板之外，还要求业务干部和监管干部进行循环轮换。

监控要尽快落实人员的大进大出，经过循环轮换培养干部，将懂监控的人员输送到业务管理岗位，实现对业务的监控。我早就要求监控管理部要做到大进大出，尽快循环轮换，要抓住机会培养干部。一定要从业务系统里面抽调人员到财务系统中来，大量监控人员要从业务系统里面来，他们从业务走向监控，监控搞明白了，将来再走向业务，经过这个循环，就有利于建成业务的监控体系了。监控要紧紧抓住应付流程培养干部，这是最重要的工作。在 AP 项目培养了 20 多个人，不也才 20 多个吗？监控管理部一定要大胆进入，不要排外。我早就说过，要从国内用户服务部门抽调 100~200 人到监控管理部。经过简单的财务训练，就可以参加监控。如果纯粹靠你们孵小鸡，肯定不行。

监控管理部要像黄埔军校一样，进来一批走一批，然后散布到整个公司，谁最明白这个流程，就把这个人留下来做县长，这个明白人进去了，在流程中当一把手，流程不就能够监控了嘛。华为最大的监控主管是谁？不就是我嘛。各级业务流程 Owner 经过这个循环，走向业务，有了工作方法，有了管理的权限，通过制度和考核，他自然就有了责任心，监控不就实现了吗？

大进大出的实现有两个方面：一是业务骨干到监控锻炼之后，再循环到业务中去；二是监控拿出方法、思路、模板，出去推广。这就会使更多的人明白监控，参与监控。○

○ 任正非在质量与流程 IT 管理部员工座谈会上的讲话，2016 年。
○ 任正非对区域监控工作的讲话纪要，2007 年。

三、流程管理中的财务监控

华为坚定不移地推行流程管理，坚持在流程中实行全面的财务监控，要求内控部门要敢于揭露问题并推动改进。任正非说：

（1）只有广而告之，才能推动大家按流程和制度办事。共享中心要把你们所看到的管理问题贴在心声社区和《管理优化报》上。不管对错，有则改之，无则加勉，错了也是一种警示，不然公司怎么能进步呢？你们最好把案例转给总裁办，不用"穿鞋戴帽"，说清楚事情就行。总裁办可以转发你们的案例，帮助业务主管认识到数据质量及流程遵从的责任。

（2）财务最重要的工作就是揭示问题，讲真话，哪里货物出现积压，哪里有坏账核销，要通过监控报告揭示内部运作中的问题。业务主管看到了就会着急，就会加强管理和协调，以提高内部运作效率，这就是财务对他们做出的贡献。

（3）账务要敢于管理，否则就失去了账务大坝的意义。遇到有问题的单据，应要求业务做出进一步澄清。如果涉及机密或敏感信息，由权签人的上级主管再次确认费用的真实性后，才可以进行财务处理。账务不能对自己不清楚的费用稀里糊涂地接单处理。财务在提供会计服务的同时，不能忘记自己的监控责任。

（4）财务数据的真实、准确依赖于前端流程的规范和数据的清洁。账务要勇于面对困难，把最优秀的员工派到前线，把账务要求带到作业的过程中去，通过参与业务来落实账务要求。只有规范前端业务行为，才能提高财务数据的质量。

（5）业务与财务共同承担数据准确的责任。业务应把完整、准确、清晰的数据传递给财务；财务要按制度、规则和流程进行正确的处理。业务主管不应干涉流程运作，只可以作为流程优化的发起人和提议者。

（6）你们在工作中要善于发现业务的优秀苗子，向地区部推荐，向公司推荐。这些优秀苗子承担更大的管理责任后，就会努力把盐碱地洗干净，相信他们也会积极落实财务的要求。⊖

⊖ 任正非与毛里求斯员工座谈会议纪要，2012年。

四、稽查是流程 Owner 的助手

稽查重在及时发现问题并督促业务改进并管理风险，审计紧跟其后做事后调查，形成冷威慑。

稽查是流程 Owner 和业务主管的助手，开展事中稽查，强调对流程遵从与合规的过程管理及监督。稽查部门的责任是建立方法和培训干部，发现或输出问题，通过训战结合，让业务主管学会正确地做事、做正确的事。所以，稽查是流程 Owner 和业务主管发现问题、推动并及时解决问题的重要支撑。

"稽查作为第二层防线，要担负起方法论推广的责任，对第一层防线的业务主管进行内控赋能，工程稽查要成为全公司的总稽查，逐步成为流程 Owner 的顾问、审计的向导。这样公司在未来几年达到一定规模时，依然是健康的！" ⊖

五、内控工具 KCP、CT、SACA

流程内控不是一成不变的，风险控制也不能面面俱到，既要适度控制风险，又要保持业务的灵活性。流程内控的原则应是协助管理者识别及改进已经出现的或潜在的风险，保证企业行进在正确的轨道上。在前面内控结构中我们曾提到，BC 组织主要负责公司的内控体系框架的建立和维护，协助管理者建立和维护良好的内控环境，以及进行 KCP、CT、SACA、PR 等内控工具方法的培训。

1. KCP：流程内控的基石

KCP 指的是流程中关键的活动单元。企业通过建立内控风险 KCP，建立判别标准和确立甄别方法，从而指导企业将有限的资源高效、有针对性地用于重要风险的管理上。

⊖ 任正非在大规模消灭腐败进展汇报会上的讲话，2013 年。

在流程内控中，KCP 是对流程目标的达成、业务风险的控制起着至关重要的因素。业务流程的节点很多，作为业务主管不可能对每个节点都进行管控，如果能识别出 KCP，并对其活动进行严格的规范和定义，那么业务达成、风险控制就能得到基本保障。

KCP 的制定原则：

- 资金流重要节点。
- 与合作伙伴（供应商、客户）的关键接口。
- 业务的核心增值流程。
- KCP 控制成本不能高于业务成本，否则业务就没有存在的必要了。

KCP 由业务部门识别，流程 Owner 发布。选择了 KCP 之后，还需要考虑进一步的问题，比如，如何设计该控制点的目标，如何衡量出现的偏差，谁应对哪些失误负责，哪些信息反馈的价值最大、最经济实用等。根据流程运作现状（流程是能基本映射业务），需要对 KCP 做定期更新，通常是半年更新一次。前一阶段定义的 KCP，在经过一段时间的改进和控制之后风险级别降低，可不再作为 KCP，而有些新问题可能会涌现出来成为新的 KCP。例如，客户的重复付款问题就是一个 KCP，在手工操作情况下容易出错，但建立 IT 手段后该问题不再发生，那么在新的评估周期中就可以去掉这个 KCP 了。

2. CT：流程遵从性测试

CT 是针对业务流程是否遵从 KCP 要求而建立的管理机制，业务部门对照 KCP 表对样本进行自检，每季度例行测试一次。CT 保质保量地完成，也为 SACA 工作例行化打下了基础。

CT 通常要注意以下几个原则：

- 选取一定的样本量，样本量的选择及数量由流程 Owner 决定并发布。
- 测试者在规定时间内对各样本量参照 KCP 自行测试，测试结果分为符合、不符合、不适用。
- 不同地区、不同维度的流程遵从性从上述测试结果中获得。
- 对于不符合项目，发出整改通知，限期整改。

3. SACA：进行半年控制评估

SACA 是一种内控自我评估及体检机制，在各级 BC 组织的协助下由业务管理层/流程 Owner 负责实施，目的是各级管理者通过这种方式主动自我暴露所辖领域的内控问题。例如，流程 Owner 要检查并确认每个流程是否都有专人负责，是否确定了流程中的 KCP；是否对流程文档化，并持续不断地对员工进行培训；流程的规定是否遵守了公司的各种制度；使用的管理系统是否进行过 SACA 认证；以往在评估、检查、审计中发现的问题是否得到了及时的解决；是否对风险进行了有效的管理；是否确保有效的职责分工；等等。

SACA 一年进行两次：春季 SACA 和秋季 SACA。通过打分的形式进行自我评估，SACA 报告分值为 0~5 分，分别代表极不满意、不满意、合格、满意、非常满意。如果某领域的 SACA 结论是"不满意"，通常会给予 12 个月的改进期，其间不会安排对该领域进行审计，直到其 SACA 的评分结果为"合格"或"满意"。

需要强调的是，SACA 只作为一种识别机制，构建的是问题的及时识别能力，让改进成为组织和流程 Owner 自身的动力，不是外部推力，因此不适合用来考核和晾晒。

4. PR：进行主动性审视

各级管理者和流程 Owner 从主动管理风险的角度出发，不定期组织 PC/BC 实施 PR 自检工作，以发现问题并及时改进。PR 属于专项自查自纠，随时可以开展。

第五节　财报内控：从"移动靶"到"固定靶"

在 2001 年宣告破产之前，安然曾经是世界上最大的电力、天然气以及电信公司之一，2000 年披露的营业额达 1010 亿美元，其连续 6 年被《财富》杂志评选为"美国最具创新精神公司"。但财务造假丑闻，使这个拥有上千亿美元资产的企业在几周之内濒临破产。安德鲁·法斯托（Andrew Fastow）是安然公司造假的核心人物之一，他于 1988 年 3 月~2001 年 10 月担任安然公司 CFO。2011 年他出狱后反思说："我并没有打算犯罪，当然也没有打算伤害任何人。要知道，我在安然任职期间算得上是个英雄人物，因为我帮公司做每个季度的财务报表。那时我觉得自己是在做好事，还觉得自己很聪明，虽然实际上并不是这样。"

安然的崩溃并不仅是因为做假账，更深层次的原因是整个管理团队的急功近利。在美国历史上 10 个高达 20 亿~70 亿美元的集体诉讼判决中，有 7 个是因为做假账或虚假披露。"安然事件"之后，美国国会颁布了《萨班斯法案》，明确上市公司的 CEO 和 CFO 需建立有效的财报内控体系，以确保财报信息披露的及时性和准确性。

虽然华为不是上市公司，面对的不是公众投资者，而是经过 30 余年建立起来的社会信用和品牌形象，但华为还是从安然公司身上看到了财报内控的重要性。

华为的财报管理在集团财报、子公司财报、纳税遵从三个方面满足董事会、外部审计及政府监管机构的要求。财报管理既要确保财报结果的真实、公允，也要有良好的财报内控机制，通过财报内控机制的建立和运作确保财报结果的质量。

财报内控，是为了保证财报的数据可靠（真实、公允）、合规（内外遵从）和稳健（安全、健康）而建立的内控管理体系。所有影响企业财报（资产负债表、利润表、现金流量表㊀）、资金资产安全、纳税遵从的各类流程活动，都属于财报内控的管理范畴。

华为认为，财报内控的目的是推动基于三张报表的财报质量的持续改进，绝对不是为了问责而存在。基于这个指导原则，数据质量、纳税遵从（ITC）、子公司 Local GAAP㊁、子公司财报、财经流程内控等各项要求，都应整合到财报内控的管理中，以一个可持续的目标来牵引业务和财务持续改进。

华为财经组织在财报内控中的责任是：建立有效的内控体系；例行开展内控有效性的评估；正确理解业务场景，并且使用适当的会计政策，对业务数据进行处理；基于业务的无缺陷、无遗漏事项的陈述，对外提供财报及内控报告。

财报内控和财经流程内控的关键是要建立长效机制，这样才能为"积极授权、有效行权"提供制度性保障。"让听得见炮声的组织敢于行权、积极行权，让看得见全局的组织合理授权、有效控制；这才是我们想要的管理和控制机制。内控机制的真正受益者是公司的各级作业组织，它们将权力更多、责任更大、边界更清，每个组织都能在自己的权责边界内活得精彩、活得滋润。"㊂

一、财报内控是手段，账实相符是目标

账实相符是财报诚信的基础。华为在《关于全面落实账实相符目标

㊀ 资产负债表、利润表、现金流量表，通常称为"三张报表"。
㊁ Local GAAP（Local Generally Accepted Accounting Principle），当地公认会计准则。
㊂ 孟晚舟，《却顾所来径，苍苍横翠微》，2007 年。

（财报内控）的工作要求》中指出，账实相符是指所有财务结果必须真实反映业务运营情况，它是各国法律和会计准则的底线要求，通过独立监管体系与严格的问责制度保证其落实，并在业界得到广泛实施。账实相符不仅指存货实物账实相符，还包括收入、成本、费用、收款、付款、固定资产等所有财务结果的可靠度、准确度、及时性要求。

华为认为，账实相符包括两个层面的要求：一是基于完整的业务数据，选用适合的会计政策，进行正确的账务处理；二是业务数据应包含可能影响财务判断的业务信息，而且业务信息与业务实质相符。只有满足这两个层面的要求，才有可能让财报做到客观、可信及公允。

2013年，华为确立三年内实现账实相符、五年实现"五个一"的目标。"今年争取在小国代表处做到账实相符，培养出100个金种子，然后破格提拔；第二年将他们调配到中等国家代表处去当干部，冲击中等国家账实相符；第三年将他们调配到大国代表处，三年在全世界做到账实相符，五年做到'五个一'，打通全流程，让公司的管理在3~5年改变模样。"⊖

"业界对于账实相符是有成熟的管理方案的，就是建立财报内控机制，通过流程内控的手段确保账实相符。关键是各级业务主管及流程Owner要重视，要对账实相符的最终结果承担责任，要通过流程固化去解决问题，不要让问题重复发生。全球法务也应该把查假账纳入你们的工作范畴，这是法律遵从问题，做假账是要坐牢的，不要把做假账置于法务之外。所以，不要盲目地建立一个法律架构，搞形式主义，我们一定要扎扎实实地一层层做好。"⊜

蔡志坚在《财报何以清如许》⊜一文中，对财报内控的管理动作做了描述：

⊖ 任正非在关于重装旅组织汇报会上的讲话，2013年。
⊜ 任正非在与法务部、董秘及无线员工座谈会上的讲话，2015年。
⊜ http://app.huawei.com/paper/newspaper/newsPaperPage.do?method=showNewHwrPaperInfo&sortId=1&newsInfo=35374&search_result=2.

2014年7月，集团CFO签发《财务报告内控管理制度》，在公司层面正式明确了各级CEO、CFO、流程Owner的财报内控责任，通过建立一套财报内控机制确保财报结果的可持续性。

2014年8月，华为财经委员会签发《对虚假确认销售收入行为处理的决议》，规定"将收入造假行为按BCG违规予以相应的纪律处分"，旗帜鲜明地表达了对收入造假的"零容忍"。

2014年9月，集团CFO签发《关于启动财报内控责任函签署的通知》，共计290名CEO及CFO、41名流程Owner及1032名业务主管在财报内控责任承诺函上签下了自己的名字。

2014年10月，EMT通过《关于对业务造假行为处理原则的决议》，明确"出现业务造假导致财报不真实问题，将给予直接责任人解除劳动关系的处分"。

2015年年初，集团财经签发文件，明确各级CEO、CFO、流程Owner作为"账实相符"的责任人，要以落清责任、讲清问题、自我改进为主线，提升财报的质量。

2016年8月，华为内部审计部对集团销售收入风险管控进行评级，首次给出"满意"的结论，跨年风险收入比例明显下降，达到华为史上最佳水平。

2016年年底，华为集团整体财报内控测评达到了"基本满意"的标准。收入造假问题基本杜绝，会计调账率下降50%，付款合规性大幅提升，支付准确率的部分指标达到业界最佳水平。

2017年1月，任正非在市场工作大会上公布了财报内控的管理成果："170个国家的账实相符，170多种货币、1万亿美元的流通量，差错率比银行低100倍。"

二、业务数据质量是财报内控的基础

财务并不能创造数据，所有财务数据的形成完全基于业务数据或业务判断的流入，因此，业务数据的客观、完整、准确，直接决定了财报的质量。要保证财报的质量，就得从业务数据的质量管理做起。

为了明确各级管理者的财报内控责任，华为以《财务报告内控管理制度》文件形式，清晰定义了各级 CEO、CFO、流程 Owner 对其所辖领域的数据质量负责，明确了各维度的财务数据的管理责任，建立了分层分级的财报内控责任承诺机制。

2007 年，华为启动 IFS 变革，IBM 帮助华为建立起完整的财务作业体系，业务流和数据流终于实现融合。然而，自来水管道修好了，但管道里流的是净水还是脏水，没有机制能予以保障。于是，2013 年年底华为开始推行财报内控项目——KCFR（财务报告关键控制点）。

KCFR 是支撑财报内控的关键工具。KCFR 是指在流程中识别出与财报质量相关的关键控制要素，并采用 CT、SACA 的内控方法，对 KCFR 的遵从情况展开例行监控，以此来识别及判断所在业务领域的关键数据及信息是否真实可靠。

明确了财报内控的责任，识别了流程中的 KCFR，并开展了例行 CT 和 SACA，仍不能完全保障财报的质量。因为即便是在 KCFR 遵从的情况下，也可能存在手工调账的情况，比如存货数据、项目亏损拨备等。因此，华为将手工调整的账务数据也纳入数据管理的范围，与流程的 KCFR 评估共同构成完整的财报内控机制。

"……我们引入了 KCFR 概念，从财报结果往前看，梳理出影响财报结果的前端业务流程的关键活动，建立起相应的测评指标，联合业务一起例行监控、改进，逐步落到前端流程，业务的语言和账务的结果就建立起了关联。也是从这个时候开始，业务的手才终于和财务的手握在了一起。业务开始明白，财报不是财务一个部门的作品，而是公司所有人共同的作品，他们任何一个不经意的动作都会对财务产生影响。他们主动跟财务一起解决问题，想办法在前端业务设计时就满足财务的诉求，一起做出全世界最真实的财报。"⊖

⊖ 史延丽，《做最真实的财报》，2017 年。

三、从"移动靶"到"固定靶"

通常财务报告有三张报表——利润表、资产负债表、现金流量表,但对很多管理者来说,普遍关心的是利润表,因为它跟绩效表现有很大关系,也事关各组织及个人的利益。

但只有完整的三张报表,才能展现一个公司的财务健康度。因此,影响这三张报表的业务及财务事项,都应纳入财报内控的管理范围。华为CFO孟晚舟将财报内控循序渐进的过程称为"移动靶"到"固定靶"。

孟晚舟说,内控推行之初,财经被视为业务的对立面,内控的目的似乎就是为了阻止业务快速通过。在混沌和迷茫中,内控渐渐找准自己的定位,提出"内控价值要体现在经营结果改善上"的管理目标,并沿着这个目标把内控工作揉细了、掰碎了,一个一个区域、一个一个组织逐个讲解、逐个沟通、逐个松土,逐个确定本领域、本组织的内控工作目标。有了目标,就要承诺;有了承诺,就要实现。内控管理在经营活动中渐渐地扎了根、发出了芽,一线团队也渐渐接受了内控概念,愿意沿着内控的管理要求展开作业。

可以把"移动靶"看作专科检查,当我们身体的某个部分开始疼痛时,就要去看专科医生,制订专项治疗方案。"移动靶"并不能全面地评估我们的健康状况,仅能重点解决一些已出现风险的事项。"固定靶"就像全科检查,无论我们的身体是否出现了状况,都要进行例行的检查,以便及早地识别和发现那些潜在风险。

华为要持续健康地发展,保持基业长青,就必须进行例行的、全面的体检、保健和修护。"固定靶"应该成为我们财报内控的最终目标,通过全面的、例行的评估、分析及改进,保障财报的公允及可靠。"移动靶"的初衷,是为了让大家从某个细节入手,认识、了解并接受财报内控;"固定靶"的本意,是站在财报公允、可靠、及时、准确的角度,将影响财报质量的各项数据纳入管理范畴。

"移动靶"是基于"点"的认知,"固定靶"是基于"面"的履责。从"移动靶"走向"固定靶",是我们从"接受财报内控"走向"履行财报内控"的过程。[一]

第六节　内部审计与调查

一个企业必然是在发展中解决问题,不能因为腐败而不发展,也不能因为发展而放任腐败。

反腐败、反造假、反浪费,是华为建立内部监督机制的出发点,而内部审计又是内部监督机制的重要组成部分。"我们审计的目标是为了建立合理的、规范化的经营管理体系和可靠的、最简化的运作程序。它的近期目标是规范化、程序化,建立全公司的资金和物流管理与制约的框架,并逐步去组织实施。抓住运行规范,控制重要环节,实行分级授权管理,形成不是少数人搞审计,而是每个运行过程都能自动审查和核销。要紧紧抓住合同评审,缩小和堵塞漏洞,逐步发展到对全公司进行有效的监控管理。"[二]

任正非说:"全球统一的会计核算和审计监控就像是长江的两道堤坝,只有这两道堤坝足够坚固,财经管理职能才能从容、有效地开展。"展开说就是,会计核算是对业务的监督,内部审计是对会计核算的监督。会计核算形成财务数据,这些数据是进行财务管理的基石,只有把会计核算与内部审计做实,财务数据才值得信赖,财务管理才能有效开展,并为业务决策提供支持。一句话总结就是:业务制造数据,会计核算数据,审计监督数据,财务使用数据。

《华为基本法》第八十九条和第九十条对内部审计制度做了明确定义:

[一] 孟晚舟,《财报内控,从"移动靶"到"固定靶"》,2016年。
[二] 任正非,《励精图治,再创辉煌》,1995年。

第八十九条　公司内部审计是对公司各部门、事业部和子公司经营活动的真实性、合法性、效益性及各种内部控制制度的科学性和有效性进行审查、核实和评价的一种监控活动。

公司审计部门除了履行财务审计、项目审计、合同审计、离任审计……基本内部审计职能外，还要对计划、关键业务流程及主要管理制度等关系公司目标的重要工作进行审计，把内部审计与业务管理的进步结合起来。

第九十条　公司实行以流程为核心的管理审计制度。在流程中设立若干监控与审计点，明确各级管理干部的监控责任，实现自动审计。

我们坚持推行和不断完善计划、统计、审计既相互独立运作，又整体闭合循环的优化再生系统。这种三角循环，贯穿于每一个部门、每一个环节和每一件事。在这种众多的小循环基础上组成中循环，再由足够多的中循环组成大循环。公司只有管理流程闭合，才能形成管理的反馈制约机制，不断地自我优化与净化。

通过全公司审计人员的流动，促进审计方法的传播与审计水平的提高。形成更加开放、透明的审计系统，为公司各项经营管理工作的有效进行提供服务和保障。

内部审计是华为的第三层防线，对风险和管控结果进行独立评估和冷威慑。

一、基于关爱原则实施监管

任正非认为，监管体系应该基于四个原则。①要有一个基本假设，华为的绝大多数人、绝大多数事是好的，个别违规的事情并不是由动机引起的，更多是由无知或无意引起的，只有少数人在主观动机上有违规的想法。基于这个原则，要从关爱的角度去实现监管。②要坚持实事求是，重事实、重证据，多站在对方的角度思考问题，不要主观臆断。凡事不能急，要让员工及干部感到氛围宽松，而不是恐怖。即使有问题的人，也有充分说明的机会、改过自新的机会。③坚持坦白从宽的处理原则。改过以后，要既往不咎，要给人一条出路，让人的主观能动性好的一面能释放出来，不这么做，会把许多人逼到绝路上去，产生对抗。④监管部门要成为公司团结人的组织。

从人的监管角度来说，最核心的是对各级干部的监管。对此，任正非提出了三个原则：①我们监管的目标是要攻下上甘岭，不是为了监管而监管；②要把对干部处理的界限文件化、明细化、标准化，让员工都知道自己出的事能受多大处分，能宽大到什么程度，对问题判断的条件可以公开，公开就是威慑；要让员工自己知道不要走到那一步，这样能使员工减少犯错；③对待干部不能非友即敌，中间要有灰度，要给干部和员工改过自新、重新做人的机会。

"随着我们公司管理的科学程度越来越高，我们出现大的问题的可能性在减少。我们在打人的时候可以用鸡毛掸子，不一定用大棒，但是要坚持'打'不动摇；道德遵从委员会对诚信档案要分轻重程度，处分也要区分轻重程度，如果一段时间不再犯了，可以从档案中抹掉。这样宽严有度，使大家改正错误，不背历史包袱。"㊀

二、审计部是"司法部队"，建立威慑系统

内部审计组织独立于业务及流程之外，对内控体系履行独立评估的职责。但审计只对结果负责，不对行为负责，不对流程负责。

（1）审计与 BC 的区别。BC 是沿着流程体系进行内控建设，在业务运作中不断闭环实现监控，其执行主体是流程 Owner 和他们业务主管；审计是关注"点"的问题，通过对个案的处理建立威慑力量，其执行主体是审计人员。

㊀ 任正非，公司重点工作"建设监控和问责体系"汇报纪要，2015 年。

"内控的主要责任在行政长官,第一是这个片区的行政管理长官,第二是流程 Owner,你们是起支持和推动作用的贤内助,如果他们两个对内控体系的建设都没有承担起责任来,他们玩猫捉老鼠,那么你们能捉得住一个老鼠吗?肯定是捉不住的,所以要明确谁是第一责任人,谁要承担什么责任。因此来说你们要形成有效的威慑,推动内控体系的建立,促进公司管理的改进,而不是去包揽天下。"㊀

(2)审计与稽查的区别。稽查是事中抽查,展开端到端的流程和业务的稽查工作,对流程遵从的实质做出评估,找出漏洞,帮助业务部门实现方法改进;审计是对已出现的问题进行深入调查,一查到底,并实施问责。

(3)审计与账务监控的区别。账务部门在全流程中的每个监控点上都要发挥作用,是第一监控者,即流程 Owner 和业务主管的助手,账务监控负责揭示风险,执行纪律;审计是随机的、随时的,就事论事,抓一个点就抓死,以形成威慑。

(4)审计是为了督促科学用权。"对 EMT 人员的审计报告已在心声社区全网公布了,查我们的目的不是查我们有什么问题,而是查谁在拍我们马屁。我们还要查地区部总裁、代表处代表,查谁在拍他们马屁,为什么不能在华为公司消灭掉腐蚀上一级、做内部公关的人呢?我认为的最好的干部是什么样的人呢?就是眼睛老盯着客户、盯着做事,屁股对着我、脚也对着我的人,他是千里马,跑快了,踢了我一脚,我认为这才是好干部。一天盯着做事的干部才是好干部,才是我们要挖掘出来的优秀干部,而不是那种会'做人'的干部。"㊁

这几年,我每周都会收到关于员工贪污、受贿的审计报告,我看了以后

㊀ 任正非与 IFS 项目组及财经体系员工座谈纪要,2009 年。
㊁ 任正非,《以"选拔制"建设干部队伍,按流程梳理和精简组织,推进组织公开性和均衡性建设》,2011 年。

真的很痛心。这些审计报告揭示了各种形式的贪污，都是公司的内部员工，包括管理者。参与的人涉及公司相关部门的经济岗位，从采购、基建、海外工程采购、行政采购，一直到市场体系，从这些揭示的贪污活动中可以看到，少数管理层和员工图利的做法已经到了令人吃惊的地步。这些人还混在奋斗者之列，出现这样的情况，我们承认制度上有漏洞，我们要改善制度，加强审计；还有一个就是管理不严。

审计部在去年审计完 EMT 成员后，现在继续往下审计，尤其要对报销的合法性、合理性，以及出入场所等加强审计。去年审计部审计 EMT 成员时，也是在一桩"小事"的报销上看到了问题。我的原则是，与下属就餐时由我买单，一是我愿意买单，二是我不知道转身之后，是否就有人去把这个单给报销了。上次就审计了我们，关于某一顿饭，就一定要问我是在哪儿吃的，吃了什么，给我张照片看，问是不是这个地点。这是一次快餐，有四五个人，当时忙着赶飞机，不知道是被谁买了单，之后又拿去报销了。当然他不是故意坑害我，也知道公司有规矩——自己人吃饭不能报销，但他可能没有严格要求自己，做到公私分明。①

任正非有一次到日本出差，应该自付的酒店洗衣费，不小心连同其他费用一起报销了，后面被审计出来，审计部专门找任正非谈话，不仅这笔费用得退回来，任正非还为此写了一份检讨。

"最近公司要签发对 EMT 成员的审计报告，这份审计报告中有写我多次出差到东京，有一次洗了两件衣服我没付钱，是公司付的钱。后被审计部审计出来了，因为我把公私混在一起了。我们一定要公私分明。大家认为我这么大年纪坐飞机应该坐头等舱吧，公司的文件是不允许我坐头等舱的，公司的最高报销级别是商务舱，我坐头等舱得自己掏钱。"②

2018 年 1 月 17 日，华为发布了一则"对经营管理不善的领导责任人问责"的通报，通报说："近年，部分经营单位发生了经营质量事故和业

---

① 孙亚芳在公司干部大会上的讲话，2011 年。
② 任正非，《世博结束了，我们胜利了》，2010 年。

务造假行为，公司管理层对此负有管理不力的责任。经董事会常务委员会讨论决定，对公司主要责任领导做出问责，并通报公司全体员工。"作为公司 CEO，任正非被罚款 100 万元，三位轮值董事长各罚款 50 万元。

三、查处分离，以挽救干部为出发点

华为建立了严密的调查程序和处理原则，宽严有度。主要的原则和方法有：①事权与人事分开；②调查工作要以挽救干部为出发点，不是以整人为目的；③集体决策，少数服从多数；④不能随便侦查干部，不能让调查成为整治异己的工具；⑤一旦立项就不能撤，一定要有结果；⑥坚持查处分离的原则，严格调查，宽大处理。

1. 事权与人事分开

监事会、审计委员会、审计和调查部门主管事权，主要负责对事情的调查，可以发表意见；HRC[一]纪律与监察分会主管人权，负责对被调查人的处理。

2. 调查工作要以挽救干部为出发点，不是以整人为目的

任正非在内部特别强调，不能非友即敌，在"友"和"敌"之间还有很多层次，要掌握一定的灰度。调查工作要以挽救干部为出发点，不是以整人为目的，要珍惜干部的政治生命。"我们可以与被调查本人沟通，让他们自己澄清一下，宁可信他的说明，也不宁可怀疑，他来说明，其实也是一种承诺——我以后不会干这个事了。不要总是说打草惊蛇，其实让他知道被公司发现了，他就会停止继续犯错，这也是一种目的。所以，我们要珍惜干部的政治生命，花很大精力才能培养起来一个干部，要提醒他'早处理、早退账、早退赔'，避免他犯错误。我们的最终目的是让大家积

[一] HRC（human resource committee），人力资源委员会。

极去作战，不是把公司变成幼儿园，只有幼儿园是最干净、最清白的。但是，我们并不允许问题不断发生，如果你的问题演变得比较严重，对公司有影响性了，不处理也不行。对于违法类，原则上与司法对齐，但也不能走极端，主要还是希望悔过自新。但如果你自己不愿意悔改，那就没有办法了。"㊀

"公司培养一个干部很不容易，常务董事会研究处理干部，每次向我汇报时，我都很痛心。其实通过努力为公司做出贡献而获得的利益更大，华为总体待遇不低，高级干部的待遇和收入更高，为了一点小小利益去做不正确的事，不值得！对干部的离任和在任审计，其实就是在关怀爱护干部，让干部至少不要把坏事做大。惹大了事，坐牢不舒服，就地司法制度改革后会更痛苦，国外的牢坐得更不舒服。"㊁

"我们在查事的过程中，可以向各级管理团队开放信息，如果说开放信息会走漏风声，防范他不再干坏事，也是我们的目的，并不是一定要把他逮住才是目的。同事不是敌人，在被调查期间一定要把问题说清楚，擦干净了，爬起来接着前进，还可以冲上甘岭去当英雄。现在的审计是为了避免我们的被调查者犯更大的错误，我们很慎重，不会草菅人命。"㊂

3. 集体决策，少数服从多数

华为要求，调查授权的每个关键决策点都要坚决贯彻"集体决策、少数服从多数"的原则。

"各层级的调查立项、沟通、审批、司法等所有环节，都要贯彻'上级管理团队集体表决制，少数服从多数'的原则。在业务决策权上可以实行首长决策制，但对人的调查问题不能由个人来决定，没有个人审批权力。坚决贯彻少数服从多数，一把手可以主持会议。针对不同层级，就有

㊀ 任正非在调查工作授权及流程优化汇报上的讲话，2015年。
㊁ 任正非，《内外合规多打粮，保驾护航赢未来》，2016年。
㊂ 任正非在监管重装旅座谈会上的讲话，2015年。

不同层级的管理团队来集体投票表决，少数服从多数。比如，涉及对22级以上人员调查时，应该由常务董事会集体表决，仍然是少数服从多数，要保也要保在明处，要有会议记录，保的人要负监管责任。但不是所有人员调查都需要常董会审批，要分层分级授权，19~20级应该由哪一级团队集体表决通过，你们可以去设计。每个参与表决的人，都要明确表达意见，同意或不同意，弃权是50%同意、50%不同意。如果不能明确表态，就主动退出。"①

4. 不能随便侦查干部，不能让调查成为整治异己的工具

任正非要求，对干部调查要建立严格的批准程序，不能随便用手段去监管、侦查干部。"对干部的调查，应该讲事实、讲道理，应该由上级团队集体讨论，并遵循少数服从多数的表决程序。我们知道有些干部不好，你可以对他们有想法，但是要有事实根据。你不能丢了斧子，就怀疑他们是偷斧子的人。我们要有原则和制度，要明确哪些干部需要授权哪级组织去调查。调查的人可以发表意见，但是对被调查人的处理不归调查部门，应交由HRC纪律与监察分委会处理。如果我们没有这种制约措施，干部随便被调查，公司还能安宁吗？即使坚持要调查，请你上报上一级组织，可以听取你的意见决策，但你不能擅自行动。不能因为一个人的意见与决定，就去调查这个干部，不执行一票否决权制。否则公司就会出现帮派、圈子，我们必须杜绝这种行为。"②

"我们要防止有人利用权力组建山头，不能因为哪个领导说查就查哪个人，不能让调查成为整异己的工具，否则就会形成帮派。"③

5. 一旦立项就不能撤，一定要有结果

华为规定，就像司法一样，一旦调查立项就不能撤，一定要有结果。

---

① 任正非在调查工作授权及流程优化汇报上的讲话，2015年。
② 任正非在监管重装旅座谈会上的讲话，2015年。
③ 任正非在调查工作授权及流程优化汇报上的讲话，2015年。

对于匿名投诉，原则上不受理。对于调查过程，无论是对参与决策的人员，还是调查人员，都要求严格保密，严禁在没查清楚也没有结论的情况下，就把消息散播出去。

"我曾说过，'审计 30% 就可以做结论'，这里'30%'的概念，是指将某一个问题彻底查清。要么就别查，要么就查到底，不是查到一个新问题就转移方向，那没有效果。你们调查这个问题，又横向发现很多问题，然后你们的精力转向了，那你们就不是搞清了'30%'，那是不对的。你们找到一个问题，就要从头查到底，一定要把细节查得很清楚，让他知道你们是有能力和方法的。然后回过头再清理其他问题时，他就知道是否告诉你们还有其他错误。"○

6. 坚持查处分离的原则，严格调查，宽大处理

华为坚持查处分离的原则，内审部门负责把事情查清楚，真实记录；纪律与监察分委会负责按照政策执行和处理。"我们对干部要有一种宽容的态度，但也有严肃的态度。所谓严肃的态度，就是我们调查细节是严格、认真的，该了解的情况还是要了解的，但是在处理上，尽可能宽大。所以，审计通过报告来披露真实情况，把想说的话都体现在报告中，包括被调查人态度好坏，有没有重大立功……我们在处理时，一定要站在被处理人的立场上，而不能总站在自己的立场上。如果处理过头，实际就是冤案。你们可以去和纪律与监察分委会多沟通，处理不能僵化，要有一定灵活性、弹性，也可以倾听被处理人的意见，包括移送司法。如果他不愿讲，那就只能让审计部去跟他沟通；如果他愿意讲，再大的问题，我们都可以针对问题进行宽大处理。我们主要是解决队伍净化问题，让大家都不敢干坏事就行了，而不是为了针对哪个人量刑。纪律与监察分委会处理问题时要宽大一点，根据情况治病救人，但业务部门 AT 提出建议时应该严

○ 任正非在调查工作授权及流程优化汇报上的讲话，2015 年。

格一点。我们也不能让各层级都宽大，就算宽大也不是无边，否则 AT 还怎么去管理其他员工呀。"^㊀

四、无罪推定，问责适度

华为在《关于审计工作的相关要求》中明确规定：审计要遵循组织控制原则，要设定工作规则。审计的对象、审计的内容与范围、取证的方式方法、谈话人员的委派、谈话的内容与范围等，都必须经过组织批准。

要根据审计对象的级别和审计内容，设定审计工作开展的分层批准机制。一级部门正职以上干部必须经总裁办批准，二级部门正职以上干部经 HRC 批准，其余人员经一级管理团队批准。对于 BCG 经济类问题的调查，审计人员必须在证据确凿的情况下，才可以开展与审计对象的面谈，而且面谈内容必须在授权范围内。审计人员在开展审计工作的过程中，不能擅自突破组织批准的工作范围。审计要适可而止，不能使员工过度恐惧，被审计对象并不是敌人。如果在工作开展中又发现原工作范围之外的新线索，必须就此请示相应层级的主管，由主管来决定后续工作的开展与调整，不得随意扩展。审计要在内审部的职责范围内开展工作。当前审计是审违法、违纪、违规问题，管理的合理性问题是各级管理团队的管理范围，审计不能越过管理线。

1. 审计调查采用无罪推定

审计调查问题，首先要坚持无罪推定。必须要有证据，没有证据不能随便伤害一个干部；同时要有科学的方法、实事求是的方法，要尊重人权。干部要严格要求自己，尽量不出现违规问题。当出现问题时，同情已经没有意义，如果都以同情为借口，最后摧毁的只能是好人。如果确有证据，处置要有理、有利、有节，而不是无情打击。

㊀ 任正非在调查工作授权及流程优化汇报上的讲话，2015 年。

2. 加强问责，适度问责

在问责上，华为要求将BCG违规与业务工作失误进行严格区分，事后监控、问责与事前的流程管理结合起来，适度问责。"有些人犯了错误，只要在一定期限内改正不再犯，就可以从档案中抹掉。处理人是有分寸和水平的，但是该'杀头'时还得'杀头'，你可以先把他的'头'砍了，半年以后再把'头'给他装上去。这类事情不能轻描淡写，否则我们就永远建立不起一支优秀的作战队伍。"○

因此，要加强问责机制，"在过渡时期，通过设置廉洁账户给大家一个改过自新的机会"。华为于2012年6月设立廉洁账户，2016年12月31日关闭廉洁账户。"没有了廉洁账户，大家就要更加严格要求自己。关闭廉洁账户，并不是反腐力度减弱了，而是更进一步加强对队伍的约束，就地司法就是一种形式。通过问责体系的建设，让大家愿意按照正确的规则做事，愿意尽职尽责地做事。"○

3. 逐年提高退赔系数

经过审计委员会讨论，华为对违反BCG后愿意主动申报的员工，仍执行"主动申报从宽"的政策。员工可以向专用邮箱发送邮件进行实名申报，申报要求：主动、如实、完整并愿意退赔。CEC安排专人对主动申报邮箱进行管理，收到申报信息之后，转内审调查部进行处理。对主动申报的员工，除退还全部不当所得，按规定赔偿公司损失，影响一次饱和配股（含TUP）资格外，不做行政和司法处理，也不进行其他经济处理。

在BCG经济类违规行为问责处理框架中，不同处理阶段处分不一样。主动申报是目前争取最宽大的处理途径，不影响年度奖金，也不涉及行政处分。华为号召既往有BCG经济类违规和业务违规行为的员工，要吸取

○ 任正非，《内外合规多打粮，保驾护航赢未来》，2016年。
○ 同上。

教训，消除侥幸心理，主动向公司申报，争取宽大处理的机会！

华为要求 HRC 纪律与监察分委会处理问题要宽大一点，根据情况"治病救人"，但宽大也要有一定限度。2016 年 1 月 14 日，任正非对《华为公司监管纲要》做出批示：逐步提高监管的力度，宽大不能无边，逐步提高司法惩治的力度，特别是主航道上的违法，惩治力度慢慢加大。

一方面，华为逐年提高退还不当所得的退赔系数，退赔系数从 0.2 到 4 不等，并逐步公开化，让所有员工都清楚违规成本有多高，从而产生威慑。另一方面，华为加大司法的处理力度，持续加强对高风险领域及海外重点国家的查处力度和司法威慑，特别是终端、泛采购、交付、行政业务的高风险领域及海外重点国家的舞弊调查。2013 年，华为在企业业务领域展开了一场反腐运动，华为内部共 116 名员工涉嫌腐败，其中 4 名员工被移交司法机关；另有 69 家经销商卷入其中。

2014 年 10 月，华为官网增设了一个"除名查询"版块，因腐败而被华为除名的员工信息在华为官网可公开查询（输入完整的姓名和身份证信息）。华为称，除了司法方式可以增大对员工的威慑以外，将员工在华为工作期间的违规行为在社会上适度公开，对员工来讲也是一种威慑，会减少员工"大不了辞职，再找个单位也不难"、可以"打一枪换一个地方"的想法或侥幸心理。

4. 审计要尽可能避免冤假错案

以上是华为关于审计调查的管理方法和实践经验，但这不代表华为就已经做得十全十美了。华为有一网名叫"日不落项目组"的员工经常用春秋笔法写一些批判性文章，对于审计，他提出了四点批评意见：一是部分审计结论重文本描述而不重业务实质；二是用"基于后端问题来定性某个前端流程不遵从"的逻辑值得商榷；三是审计是威慑，不是威胁，部分审计人员工作方式不太合适；四是审计应就事论事，不能"举一反三"。

可见，方法是人在用，对的方法用在错的人上，也难免出问题。审计人员既要立足于公平公正的立场，也要理解业务，尽量避免无意犯错，或者无谓地打扰业务，更不能对业务形成干扰和冲击。为了防止因人的问题而出现冤假错案，华为在审计机制方面也做了一些设计：

一是内部审计不能有项目奖金激励，相比业务的考核导向，审计不是强调火车头的部门，不需要拉开收入差距，这种温和的考核导向容易营造一种团结的氛围。

二是所有审计问题的发现都需要与业务两次确认，一次是沟通并签署工作表，另一次是签署报告。工作表一般是事实描述，不做定性，而报告包括审计结论和审计发现，必须对风险或问题进行定性。按照业界惯例，工作表是不需要业务确认的，华为从程序上更趋于保守。业务也可以申请在报告后面加备注或加不同意见的附件；当业务与审计无法达成一致意见时，可以升级处理。

三是审计报告有几层评审流程，首先审计项目经理会基于工作表输出一个初稿，然后经过审计项目主管评审，再经过审计部主管评审，如果是大项目，还需要内审部总裁评审。还可直接上升到集团董事会，这种汇报关系既确保了审计的独立性，又能尽量确保审计报告的客观性。

五、案例：华为反腐政策

华为在各国有关公平竞争、反贿赂和反腐败的法律框架下开展业务，将公司的反贿赂和反腐败义务置于公司的商业利益之上，确保公司业务建立在公平、公正、透明的基础上。

华为长期致力于通过资源的持续投入建立符合业界最佳实践的合规管理体系，并坚持将合规管理端到端地落实到业务活动及流程中。华为重视并持续营造诚信文化，要求每位员工遵守商业行为准则，每位员工以及与华为进行商业活动的实体和个人都应遵守和维护华为在反贿赂和反腐败方面的政策。

华为禁止为获取或保留业务，或者获取不当优势，以腐败为意图，给予公职人员、交易对方有关人员和能够影响交易的其他人员财物或其他有价物的行为；华为同样禁止员工收受贿赂，禁止其直接或间接索取礼品或利益。

华为因此专门发布了《反腐败声明》《华为公司反腐败政策》《华为公司合作伙伴反腐败政策》，以此阐明对腐败和贿赂零容忍的基本态度，明确对员工和合作伙伴的合规要求。

《华为公司反腐败政策》主要针对内部员工，其核心内容如下。

1. 礼品与款待

在任何情况下，华为员工均不得以腐败为意图，直接或间接向公职人员、客户人员或合作伙伴人员赠送礼品或进行款待；也不得向合作伙伴人员索要礼品或款待。不同国家的法律和客户的规定差异很大，在给予或接受礼品以及款待前，员工必须铭记公司禁止腐败行为，并评估此举是否会对华为的声誉造成不利影响。

给予或接受礼品以及款待前，必须考虑以下几点。

（1）目的正当：应以建立和维护良好的商业关系为目的，而不应以获取或保留业务，获取不当优势，影响正常的业务流程或决策为目的。

（2）时机恰当：不得在招投标过程中或重要决策阶段等可能影响公平决策的敏感时期。

（3）价值合理：符合正常的商业惯例，不能提供或接受超出一般价值的礼品，现金或现金等价物，或者其他被禁止的礼品类型。

（4）合法合规：礼品与款待事项应公开透明，符合当地适用法律及对方反腐败的规定。

关于员工接受和提供礼品以及款待的详细指导，可参考华为的《交际应酬费管理规定》《采购业务行为准则》，以及其子公司的《礼品与款待政策》。

2. 慈善与捐赠

（1）华为坚持不片面地追求自身利益最大化，注重自身社会责任的担当。

（2）华为禁止以慈善与捐赠的形式掩盖腐败目的，要求采取有效措施确保慈善与捐赠活动的透明、合法。

（3）华为不直接或间接参与任何政党政治活动，不对当地国家的政党、候选人及其关联人或其任何附属组织等进行赞助活动。

3. 第三方管理

第三方包括服务提供商、供应商、下级经销商、代理商、顾问和其他合作伙伴等。华为与第三方开展的合作应真实、合法，并要求第三方遵守《华为供应商社会责任行为准则》、华为公司相关的合作伙伴行为准则、诚信廉洁承诺要求及本政策。

（1）华为认为适当的尽职调查、完整的协议条款及相应的管控程序，是确保第三方遵从华为反腐败政策的重要手段。

（2）华为禁止任何通过协助、教唆促使第三方或与其合谋的方式进行贿赂的行为。

（3）华为要求第三方在代表华为的情况下或与华为合作的过程中，不得进行任何形式的贿赂和腐败，包括以任何方式贿赂华为员工，如提供不合乎商业惯例的礼品与款待等。

4. 账簿与记录

（1）华为坚持以透明和诚实的方式提供恰当的文档支持商业决策，并根据要求归档。

（2）华为要求对每项资产处置、财务支出，根据文档保存政策保留真实、完整、准确的账簿与财务记录，以备核查。

（3）华为禁止设立体外资金池。

华为要求所有合作伙伴（包括供应商、服务提供商、分包商、经销商、代理商、顾问、生态合作伙伴及其他合作伙伴等）遵守所有适用的反腐败法律法规，遵从业界通行的道德标准，遵守《华为公司合作伙伴反腐败政策》。其主要内容如下：

1. 不实施任何形式的贿赂和腐败行为，包括但不限于：

（1）不使用来自华为的资金或其他有价物等，或不能出于帮助华为获取或保留业务的目的，贿赂公职人员、交易对方有关人员和能够影响交易的其他相关人员。本政策所称"贿赂"是指以腐败为意图，以任何形式给予财物或其他有价物的行为，包括现金、现金等价物（如礼品卡、贵金属）、不当的礼品、旅行和款待、不当的慈善与捐赠等。

（2）华为禁止任何华为员工行贿和受贿，如果任何华为员工试图通过、协助、教唆、促使合作伙伴或与其合谋的方式进行贿赂，合作伙伴应明确拒绝并主动向华为举报。

（3）不以任何形式贿赂华为员工。

2. 避免采取任何可能导致华为承担连带责任的不当行动，包括允许其合作伙伴采取任何可能导致华为承担连带责任的不当行动等。

3. 保留真实、准确和完整的账簿和记录，不在账簿和记录中录入虚假、不准确、不完整、伪造或误导性条目。不建立或使用任何未公开或未记录的账目。

4. 建立有效的合规管理体系，并将反腐败要求端到端地落实到业务活动及流程中。同时，为确保更好的遵从适用的法律法规和华为的反腐败要求，合作伙伴应将华为的反腐败要求传递给其员工及其合作伙伴，并定期审视。

5. 配合华为的工作。为确保我们的合作伙伴始终遵守法律、道德及华为的反腐败要求，华为有权对合作伙伴进行适当的尽职调查及实施相应的管控程序，合作伙伴应提供真实、完整、合法、有效的资料，不隐瞒任何可能对华为合法利益造成不利影响的信息。

下 篇

财经组织与BP文化

第六章

组织与变革

任正非认为，企业最终目的是多产粮食，不能多产粮食就没有意义。"不能多产粮食的流程是多余的流程，不能多产粮食的部门是多余的部门，不能多产粮食的人是多余的人。"㊀

华为对财经组织的定位是，建立一个全球性的服务、管理与监控体系。财经人员不是账房先生，也不是记分员，而是价值整合者。要做价值整合，一是要理解企业的战略和业务；二是要有"以客户为中心"的思维，不仅要向后看历史，更要向前看未来。但对"风险大于天"的财经人员来说，"简单、固执，只会苦干，不会巧干""空军司令""颐指气使"……似乎成了他们甩不掉的标签。任正非经常苦口婆心地提醒他们，时而出离愤怒。

对于财经组织的期望，任正非明确说，财经组织下一步的目标，不是追求做世界第一或世界第二的高水平财务，而是要形成对业务作战最实用的财务能力。为此，华为拉开了长达十余年的组织"血洗"和财经变革。

㊀ 任正非在监管重装旅座谈会上的讲话，2015年。

第一节　华为财经组织

华为全球的财经人员有 8000 人左右，其中驻海外人员约占总人数的 50%，海外本地员工约占总人数的 25%。华为财经目前已覆盖 14 个地区部财经组织、7 个账务 SSC 和若干 COE，为 170 多个国家的 110 多个代表处提供财经服务。华为财经组织建设经历了以下三个阶段。

第一阶段：专业财务（1987~2006 年）。从起初的手工记账到 1996 年 ERP 上线，到 1998 年实现财务管理"四统一"（流程、制度、编码、监控统一），再到 2006 年华为的账务组织全球共享，华为财经经过 20 年时间完成了基础的财务团队建设。

第二阶段：业务伙伴（2007~2014 年）。华为财经进行了两项重大变革：IFS 变革和 CFO 体系建立。IFS 变革由集团 CFO 孟晚舟作为项目经理主导，解决了财务如何与业务融合，以及财务流程如何与业务流程对接的问题。

第三阶段：价值整合（2015 年至今）。这一阶段财务转型为价值整合者，通过对业务深入洞察，创造更好的财务收益，为企业整合更多的价值。

一、财经三支柱

2003 年，华为基本完成了全球统一财经组织的建设。2008 年，华为 EMT 批准成立区域性财经组织，并重新设立了集团财经组织架构。2011 年，企业 BG 和消费者 BG 从运营商 BG 中独立出来，这两个新成立的业务 BG，也相应设立了财经组织。

与人力资源三支柱模型⊖ 相似，华为集团财经组织总体也可以概括为三支柱模型，即 COE、BP 组织和 SSC（见图 6-1）。

⊖ 人力资源三支柱模型，是美国密歇根大学罗斯商学院教授戴维·尤里奇于 1997 年提出的，包括 COE（专家中心）、HRBP（人力资源业务伙伴）和 SSC（共享中心）。

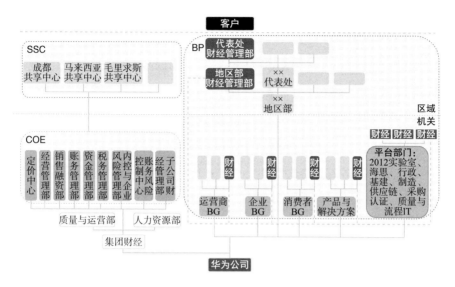

图 6-1 华为财经三支柱

华为财经组织和能力建设,有"经线"和"纬线"之说,经线是指纵深的专业能力,主要通过 COE 来建设;纬线是被定义为面向客户、面向业务、支撑作战的价值整合能力,主要通过 BP 组织来实现。

1. COE

COE 是华为财经的"经线",是立足于专业领域的行政管理组织。

华为 COE 的定位是,负责和董事会沟通与提供决策支持,是提供政策、流程、方法论的中央平台,同时包括集团财经职能(资金管理、财务管理等)、高阶投资组合管理等。负有制定全集团政策、发布文件和制度的责任,让集团高层的管理思想、理念在本领域形成可执行及可落地的政策、文件和制度。

COE 涉及的流程和业务有经营管理、销售融资、资金、税务、核算与报告,设立的组织主要有定价中心、经营管理部、销售融资部、账务管理部、资金管理部、税务管理部、内控与企业风险管理部、财务风险控制中心和子公司财经管理部。

经营管理部：主要围绕销售收入、净利润、SG&A（销售和管理）费用率、滚动预测数据质量、L5/L6 流程建设完成率等关键指标，提升经营管理的宏观调控能力。经营管理部的定位是公司的驱动器、发动机。经营管理部的主要职责是主导公司三张报表的平衡，通过计划预算核算机制及公司的业务绩效报告和分析，揭示经营风险和问题，促进公司经营指标的达成，支撑并牵引公司实现长期有效增长。

销售融资部：主要围绕融资销售、融资提款、客户信用（新增超长期应收账款占收入比）、内控成熟度、L5/L6 流程建设完成率等关键指标，提升公司的融资能力。销售融资部的主要职责是通过构建长期稳定的金融资源关系，培育公司的融资能力；积极管理客户风险，促进业务有效增长。

账务管理部：主要围绕收入成本核算成熟度、存货核算成熟度、财报优化项目的问题解决率、账税拉通覆盖率、内控成熟度等关键指标，提升核算与报告分析能力。财务管理部的主要职责是支撑公司产业运作，提供端到端账务核算与报告；拉通账务各流程，强化税务核算与外部遵从的职能，支撑公司合规运营；建立共享中心，发挥账务监控的作用，突破财报优化、财报内控、账税拉通三个重点和难点。

资金管理部：主要围绕经营性净现金流、资产负债率、财务成本率、汇困能力、汇兑损失、数据质量综合水平、内控成熟度、内控优化度、L5/L6 流程建设完成率等关键指标，提升资金统筹能力、计划运营能力。资金管理部的主要职责是发挥管理职能，管理集团资产负债表及现金流量表；匹配公司战略，通过合理规划资产结构和安全高效的运作，保障资金供给；支撑业务发展，提升资产运营的效率，规避财务风险。

税务管理部：主要围绕集团 ETR（有效税赋比率）、滚动预测偏差率、全球利润分布目标偏差率、账税拉通覆盖率、海外税务与子公司人员配置、数据质量等关键指标，建立税务能力。税务管理部的主要职责是洞察公司运营中的税务机会和价值，提供有竞争力的税务解决方案；确保子公司税务安全与合规运营，对公司盈利能力及税务现金流做出贡献。

2. BP 组织

BP 组织是华为财经的"纬线"，是业务伙伴和价值整合者。

华为财经 BP 组织，一方面，面向业务，以作战需求为中心，为业务提供财经集成解决方案；另一方面，面向客户需求，构筑从机会到机会变现的端到端全流程解决方案的能力，助力商业成功；同时，将内控融于业务之中，既支撑作战，又保持一定的独立性。

华为财经 BP 组织，由各地区部、三大 BG（运营商、企业、消费者 BG）、产品研发部门及平台部门的财经人员组成，具体包括产品与解决方案 BP、三大 BG 财经 BP、平台财经 BP 及区域财经 BP。

产品与解决方案财经 BP：作为产品与解决方案的财经搭档，持续完善产品与解决方案财务管理体系。通过财务与业务的融合，以及专业的财经评估方法落实投资战略，实现投资、经营管理的闭环，共同承担提高投资效率和效益、管理并规避财务风险及企业运营风险的责任，支撑业务持续有效增长。

三大 BG 财经 BP：作为相应 BG 的财经搭档，协助 BG 总裁，建设并持续完善 BG 的财经管理体系；统筹 BG 在内控方面的各项职能，揭示并降低经营风险，规避财务风险及企业运营风险；支撑 BG 的发展规划、经营效益和绩效管理，与业务主管共同对经营指标的达成负责，促进 BG 业务有效增长和可持续发展。

平台财经 BP：作为相应平台部门（如 2012 实验室、海思、行政、基建、制造、供应链、采购认证、质量与流程 IT）的财经搭档，为该平台部门提供全面的财经服务，提供专业的财经解决方案，开展财务相关风险管理，促进业务目标的达成。

区域财经 BP：作为片联、BG、系统部的业务伙伴和价值整合者，确保面向各客户的经营目标的达成，提升运营资产效率，实现持续有效增长和安全稳健运营。

从职位来说，财经 BP 的定义是，作为连接财经部门与业务部门的纽带，既要懂财务，又要懂业务。财经 BP 的根本价值在于，深度了解业务，与业务部门进行良好的沟通和配合，助力业务对业务的财务流程进行梳理和优化，在业务前端快速地识别和规避风险，为业务部门提供良好的财务支持和服务，用财务专业帮助业务部门解决问题。

财经 BP 有以下典型的岗位职责。

（1）深入业务一线，理解业务需求，梳理业务线财务流程，规范业务部门的审批流程，提高业务效率。

（2）协助业务部门建立可量化的 KPI，跟踪结果，并根据执行情况优化 KPI，提高财务效益。

（3）负责业务部门的月度、季度、年度预算，深入了解业务，根据业务的执行情况，提出合理化建议与意见，分析财务事项，向管理团队提供及时有效的财务状况及经营状况分析。

（4）根据业务发展的需求，了解新业务并建立财务模型，为业务部门及公司决策提供有力支持。

（5）根据业务部门的需求，改进报告体系，提高财务报告系统的整体有效性，划小核算单元，为业务部门的管理提供各类财务数据模型，为决策提供有力支持。

（6）通过审批合同，从财务角度把控业务的经营风险，同时有效控制财务风险及相关营业费用。

（7）对业务部门的在施项目进行事前、事中、事后跟踪管理，为项目的顺利完成提供即时有效的财务信息。

3. SSC

华为 SSC 始建于 2005 年。这一年，华为陆续开展新"四统一"、海外 ERP 实施等财经内容的建设，其中也包括 SSC。史延丽在《做最真实的财报》一文中回忆说："2005 年，在一个偌大的会议室里，IBM 顾问声情并茂地阐释了共享服务的概念。他说，这是将原来分散在不同业务单元的财务和人力资源管理等活动分离出来，由专门成立的独立实体提供统一的服务。像福特、惠普、IBM 等知名跨国企业设置的财务 SSC，就可以向旗下所有的企业提供高质量、优成本、一致性的财务服务。听完顾问的介绍，我们面面相觑，完全惊呆了，甚至连问题也问不出来。这种 SSC 的作业场景，已经远远超出了我们的认知。隔着千山万水，我们怎么去了解子公司当地的会计准则呢？申请人不能亲自把发票送到会计手中，弄丢了怎么办？没有财务在身边提供不间断服务，业务人员怎么办……"

在这种情况下，2005 年华为开始在马来西亚建立账务 SSC，进行小范围试点，覆盖范围为亚太地区的部分国家：

- 2006 年，华为以项目的方式在中国深圳、阿根廷、马来西亚、罗马尼亚、阿联酋、毛里求斯建立了六个 SSC，以费用集中报销（SSE）为先导，形成全球格局的集中账务管理。
- 2007 年，实现了 SSC 例行化运作，将所有账务流程纳入了共享体系。
- 2008 年，华为将费用集中报销、固定资产、关联交易核算等业务逐步回收到深圳 SSC。
- 2009 年，开始关注共享成本，华为将阿联酋的业务转到深圳，并扩大全球共享服务的范围。
- 2010 年，华为大规模运作成都 SSC，降低共享成本。
- 2011 年，巴西 SSC 从阿根廷 SSC 分离出来独立管理。
- 2014 年，关联公司账务 SSC 成立，包括集团总账、成都总账和关联交易。

由此，在 IBM 的帮助下，华为区域 SSC 陆续得以建立，包括中国深圳和成都、马来西亚、罗马尼亚、毛里求斯、阿根廷、巴西七大 SSC。

华为 SSC 可分为标准化 SSC 和全球性 SSC 两种类型，七大标准化 SSC 负责所辖区域的应付账款、销售核算和经营分析报告；全球性 SSC，包括成都 SSC 和关联 SSC，负责全球资产核算、应收账款核算和全球关联交易核算（见表 6-1）。

表 6-1　SSC 分类及职能对比

	成都 SSC	关联 SSC	中国深圳和成都、马来西亚、罗马尼亚、毛里求斯、阿根廷、巴西七大 SSC
中心性质	全球性 SSC 兼区域性标准 SSC	全球性 SSC，包括集团总账、成都总账和关联交易	区域性标准化 SSC
核心职能	为全球应收款/固定资产核算的 SSC： 1. 支撑全球业务发展，管理并执行应收款录入、核算规划、解决方案、报告分析和会计监督，支撑高质量财务报告，确保公司应收资产安全，确保财报结果的稳健、公允、可信赖 2. 对美洲、中国区应付账款进行核算的 SSC 3. 中国区三大 BG 销售核算的 SSC，管理并执行收入、存货成本、对账验证等领域的核算规则、解决方案、报告分析和会计监督	作为关联交易核算的流程 Owner： 1. 建立全球统一的关联交易核算规则，搭建账务处理平台，提供高效、高质量的账务服务，确保集团关联交易政策的落地实行 2. 保证关联交易业务的外部遵从，监控全流程关联交易的执行，保证关联交易环节的资金资产安全及合规 作为集团报告的流程 Owner，根据公司内外会计及核算政策，设计合并抵消的方法，搭建集团财务报告、管理报告平台，实施合并处理规则，及时准确地还原集团业务的实质	作为销售核算的 SSC： 支撑中国、美洲、欧洲、非洲、亚太地区三大 BG 的业务发展，管理并执行收入、存货成本、对账验证等领域的核算规则、解决方案、报告分析和会计监督，支撑高质量财务报告和成本管理，确保公司应收、存货资产安全，财报结果的稳健、公允、可信赖
核算流程	全球应收账款 全球资产核算 美洲、中国区应付账款 中国区销售核算 中国区报告分析	关联交易核算 集团合并报告	所辖区域的应付账款 所辖区域的销售核算 所辖区域的报告分析

华为建立账务 SSC 的目的，与国外企业有点儿不一样，国外企业在建立 SSC 时，主要考虑的是规模效益及成本节约，而华为首先考虑的是内控及防御机制的有效性，其次考虑宗教信仰、时差、人才获取等因素，最后才是考虑成本。"账务 SSC 就像一道坚固的大坝，把相似的业务放到一个地方高效处理，既可以起到监督、控制的作用，又能节约成本，提供更好的服务。从制度设计来说，SSC 直接由机关管理，没有自己的'屁股'，能够保持独立，呈现相对真实的数据。"○

华为不仅账务有 SSC，在资金协调、税务处理等方面都有 SSC 的概念，这使得一线可以集中精力去做市场拓展，集中面对客户。

2016 年，华为内部针对"面向未来 2000 亿美元的财经集成架构"进行了一次大研讨，讨论如何构建面向未来 5~10 年的财经集成架构，会议最后提出了以下目标和要求。

（1）财经能够灵活响应海量业务、模式多变、外部环境的不确定性加剧、多种商业模式并行等各类诉求。

（2）使用新技术、新架构，做厚财经能力，提升作业效率。

（3）科学地管控风险，满足经营及合规要求。

（4）以"快速响应、智慧决策、前瞻推演"的策略更好地支撑业务发展。

（5）财经自身专业能力的成长蓝图要面向 2000 亿美元的目标，系统集成设计要基于能力成长蓝图进行。

（6）财经集成架构的设计要从业务实质、自身逻辑、技术实现三个层面思考，采用分布式 IT 架构实现各类需求的解耦，围绕"3 个中心、2 类应用、2 个平台"的建设思路进行整体设计，最终实现实时、自动、在线（安全）、敏捷、自助和共享的目标。

○ 史延丽，《做最真实的财报》，2017 年。

二、蓝军组织

财经三支柱 COE、BP 组织和 SSC 是华为财经的红军组织，华为财经的蓝军组织则是分布于伦敦、纽约和东京的三个 FRCC。

我们在第五章"三角联动"中介绍了这三个 FRCC 的职能，本节主要介绍 FRCC 创立的背景。

2008 年，金融危机席卷全球。全球通信行业发展迅猛，一方面，运营商及其投资方对设备的投资需求旺盛，它们不仅利用金融杠杆撬动大资本，还不断进行设备融资；另一方面运营商及其投资方对设备款付款及现金流出异常谨慎，合同执行非常苛刻。在此背景下，华为意识到在业务高速扩张的同时财务风险也在大量累积：一是现金流不均衡，一年中前 11 个月基本为负；二是存在高负债率问题，当时的资产负债率接近 70%，相反，应收账款周期高达 140 天，资金周转缓慢，需要不断大量借款弥补运营资金缺口；三是出现外汇管理问题，仅 2008 年华为报表汇兑亏损就达 8.3 亿美元，原因是华为对客户签约货币没有严格进行管理及规划，积累了大量的本币合同，而外汇远期管理能力没有建立起来。

"我们越快速发展，风险越大。我们自身运行风险也极大，我们所处的 170 多个国家和地区中，总会有战争、自然灾害、货币等风险，但不能因风险我们就不前进了，也不因前进而不顾风险。"⊖

华为为什么不把 FRCC 设在深圳总部呢？这跟华为的人才理念有关，就是"在有风的地方筑巢，而不是筑巢引凤"，华为更愿意把能力布局在人才聚集的地方，机构随着人才走，不是人才随着机构走。在任正非看来，离开了人才成长的环境，凤凰就会变成鸡，而不再是凤凰，缘于此，华为逐步在全球布局了各种能力中心。

华为通过建立伦敦 FRCC，来提供金融政策、税务政策及操作规则指

⊖ 白熠，《从"雷达"到"第三只眼"》，2017 年。

引。为什么华为选择在伦敦设立这个中心呢？

因为英国有成熟的制度、规则，其法律、金融、税务等制度框架被各国广泛采用，正因为有这样的制度性优势，英国率先走出 2008 年金融危机，伦敦也进一步巩固了其全球金融中心地位，具体讲有以下三点。第一，天时。从 17 世纪起，伦敦就是世界经济中心，也是全球最大的金融衍生品市场，占全球交易量的 49%。第二，地利。伦敦是具有包容性的金融中心，可便捷覆盖欧、非、中东、中亚这些区域，率先推出了金融审慎监管。第三，人和。伦敦金融从业人员超过 100 万，远超法兰克福与巴黎，而且资深金融人才的薪酬水平低于中国。华为伦敦 FRCC 在账务、税务、资金三个关键作业领域，对流程设计、财务策略、作业质量、合规风险进行端到端的管理，为华为全球提供金融政策、税务政策及操作规则的指引，建立国家风险应对制度。例如，华为在俄罗斯、希腊金融危机发生之前已识别出风险，通过调出资金保全了资产；同时，制度性地管理华为全球万亿级美元的结算及流动性风险，覆盖 180 多个国家和地区，超过 145 种货币。

华为建立东京 FRCC，主要专注于项目风险控制。日本人有极强的精细化作业意愿，他们能够把复杂的事情简单化，把简单的事情一次就做对。日本人在项目基线与预算管理上非常认真，有敢于停工的勇气，在项目风险管理上坚持的理念是"可以有异常，不能有意外"。正因为日本人有着这种精益求精的工匠精神，在项目管理上设立了全球最高的标准，所以华为东京 FRCC 围绕项目经营开展工作。项目经营围绕商业设计、谈判、风险预估、履行监控、完工决算这些环节来审视管理机会点，"一条绳子牵出一头牛"，从项目经营的细节中，发现系统性的改进方向。在项目操作上，东京 FRCC 制定了完备的《飞行员手册》，面向全球推广。

华为纽约 FRCC，主要专注于判断和应对宏观经济上的风险。美国经济周期及美元走势直接影响全球经济，美国政府的决策直接影响地缘政治和国家风险，而纽约就是美国经济、金融的走向暴风眼和决策汇聚之地。因此，纽约作为金融中心的优势在于占据了政策走向的制高点，同时有着全球性的影响广度。华为成立纽约FRCC，就是利用纽约这种远、高、广的优势，与华尔街顶级金融机构和智库对接，掌握第一手信息，帮助华为判断和应对宏观经济上的风险，不让"黑天鹅"飞起来，其中包括政治上的不确定性（如各国大选带来的影响）、经济上的不确定性、汇率的不确定性，以及贸易争端的不确定性。

2015年，华为集团财经要求FRCC转身为财经的蓝军组织，建立与COE平行及协同的风险管理能力，通过对比分析和审视，寻找现有组织在宏观应对、制度规则、政策遵从、项目管理等方面的漏洞，向集团管理层和业务部门提出警示，正向推动财经风险的识别及防范。

三、CFO组织

华为对财经的定位是价值整合者。为了达到这个目标，财经体系需要培养、建立一支敢于坚持原则又善于坚持原则，既懂战略又懂业务的专业队伍。项目财务是财经人员最好的成长路径，通过一个小项目的全循环，就可以帮助财经人员真正地认识财务与业务的关系，为转身成为各级CFO奠定基础。

1. PFC：滚一身泥巴

华为PFC[1]是项目层面协助项目经理进行项目经营管理的财务角色，支撑项目的概算、预算、核算、预测和决算等经营活动。

项目财务，顾名思义，是针对项目配置财务岗位，华为运营商业务和企业业务大多是以项目形式进行交付，因此，华为非常重视PFC的配置，并依靠他们来做好项目交付管理，向运营要效益。

---

[1] PFC（project financial controller），项目财务经理。

(1) 为什么要配置 PFC？

"为什么我们的项目不能盈利？其实是我们的项目 CEO 根本没好好算过账，'财大马虎'，他的目的只是想着给客户交付，没想过自己还有（很重要）目的，就是我们要盈利。我们坚持'以客户为中心'，但是我们自己的利益要从我们有效的管理中产生。我们现在的管理无效，项目经理不懂财务，项目 CFO 不懂业务。"㊀ 这就是华为要配置 PFC 的初衷。相信很多企业也都是这样，仗打得轰轰烈烈，但就是不赚钱，因为很多业务负责人不懂财务，没有成本意识，只图痛快。

"我们当前的项目管理还没做好，最早我们连项目交付都不懂，后来懂项目交付了，又开始不顾一切地交付，做完交付就完了，不在乎盈亏。现在我们不仅要会交付，还要关注交付效益，这就要把项目财务配上来。公司已出文件：PFC 到位率排最后的地区部，地区部总经理和干部部长要降一级。我们需要 3000 个 PFC 做项目财务，每个 PFC 最多管 3 个项目，今年要从应届毕业生中招 1000 人来培养，以后还要增加人员。今年配够资源，明年就要求 CFO 介入，把项目管出水平来。几年以后，项目管理就会变得优秀，我们这一挤，就挤出几十亿美元啊！"㊁

"PFC 在公司有什么作用？这些高智商的财经人员进入项目后，就开始懂业务，知道华为是干什么的，怎么干才能干好。从核算开始，经过预算、计划、项目管理，垫好人生的第一块砖。有部分适合做财务的业务人员，在基层熟悉财务后，也可以混合进这种队列……PFC 做好之后，一两年后可以做大项目的 CFO 或小项目的 CEO，真正弄懂弄明白基层的具体工作，怎么干、怎么把它做好。将来升至机关，不至于成为'空军司令'。"㊂

华为的项目类型与 PFC 的配置比例关系如表 6-2 所示。

㊀ 任正非，《将军是打出来的》，2015 年。
㊁ 任正非在中亚地区部员工座谈会上的讲话，2016 年。
㊂ 任正非在平台协调会上关于代表处 CFO 定位的讲话，2020 年。

表 6-2　项目类型与 PFC 的配置比例关系

配置维度	A 级项目			B 级项目			CD 级及以下项目（群）
项目区域类型	MS 类	TK 类	非 TK 类	MS 类	TK 类	非 TK 类	
PFC 配置系数	1	1	1	1	1	1	每人兼职项目不超过 3 个
职级	17~20	17~20	17~20	15~17	16~18	15~17	14~15
助理	1	2	1	0	0	0	0
PFC 人数/项目	2	3	2	1	1	1	1/3~1

（2）怎样才算是合格的 PFC？

PFC 要做好项目管理，就必须懂业务。"要和工程师下站点看装机，拿秒表测时间，再算一下你每秒的工资，然后看'快递哥'干要多少钱，这样不就测出来业务改进带来的收益了吗？我们的交付越来越标准化、规范化后，就能更开放化，软调也就能越来越'烟囱化'了。PFC 第一步最该做的就是'滚一身泥巴'，真正理解业务，只有这样，'三点闭环'才是可能的。否则，PFC 就是'空军司令'，不接地气，多少年后不给你'加油'就会掉下来。"[一]

华为要求 PFC 进行"三下两见"的实践：下站点、下仓库、下项目组，才能更好地了解产品和业务场景；见客户、见分包商，才能更好地理解销售对象。PFC 只有经过在一线"滚一身泥巴"的过程才能理解业务的本质，才能明白采购、交付、供应、法务、公共关系等的内涵和关系，才能找到概算、预算、核算、决算之间的密码。

当然，这算是一个非常高的要求，或者说是一种理想状态。虽然 PFC 是交付侧最懂财经的人，是财经侧最懂交付的人，但交付侧希望 PFC 帮他们看清数据，以改进经营为目标，财经侧需要 PFC 报告项目的进展动态，以内外合规符合要求。PFC 要同时满足这两端的需求，理想很丰满，

[一] 任正非在中亚地区部员工座谈会上的讲话，2016 年。

现实很骨感。我们来看一个 PFC 的现身说法：

从我个人经历来看，2014 年之前我负责一个小代表处所有项目的 PFC。2016 年增配以后我负责的工作变成了：一个人负责一个 A 级项目、一个 B 级项目、一个 C 级项目、一个无线重大项目，加上三个系统部的八个 D 级项目。机关要求售前售后拉通，于是又加上两个系统部的售前工作。一个人要面对各个项目经理及项目团队、PMO（项目管理办公室）、系统部、商务和平台支持部门。如果说体现价值，在这种负荷下，无论关注哪个项目或方向，其他团队都会认为你价值体现不足，没有满足他们的需求。

为什么总能听到业务说 PFC 没有体现价值？其本质是业务没有办法真正把 PFC 作为团队一员，更多时候只是把 PFC 当作财务部派驻人员。所以，当 PFC 体现业务所说的价值时，往往就失去了财经部门在业务中要求的价值，反之亦然。比如，当 PFC 作为预算监督者时，屁股坐在财务侧，但当作为预算编制者的时候，又是项目团队的成员；当项目经理要求降成本改善利润的时候，PFC 会拼命压缩人力成本和释放资源，可是当财务部门要求降低费用的时候，PFC 又不得不把费用吸收到项目里转化成本。又如，在财报内控指标制定、财经流程建设方面，屁股决定脑袋，目前 PFC 属于财务部门，所以 PFC 更多以财务部门利益为重。自然项目团队不会认可 PFC 所体现的价值。

项目财务如果要做好，要先确认 PFC 的定位。无论你在项目组还是系统部，我个人理解 PFC 是项目经理的助手、副手或预算的监督者。首先，要做好 PFC 手册中确定的 PFC 规定动作。从本质上看，这个岗位不是一个要求创新的职位，你能做好这些动作，就是一个合格的 PFC。越大的团队、越大的公司制定流程，本质上是要求各个岗位各司其职，这样才能使整个团队流畅运转。如果总是替别人做事或想别人的事情，本身就会成为秩序的破坏者。在这个基础上如果想成为一个优秀的 PFC，那就要求你比产品经理懂产品，比服务经理懂服务，比项目经理懂项目管理，你要付出他们三倍以上的精力才可以做好这个工作。㊀

㊀ http://xinsheng.huawei.com/cn/index.php?app=forum&mod=Detail&act=index&id=3353211&search_result=1.

2011年，任正非在与罗马尼亚账务共享中心座谈，谈到PFC时说："（PFC）当然会得罪人，然后360度考核就把他考掉了。所以，我们希望HR通过360度考核发现这个人的能力，发现他的贡献和潜力，从而为我们使用这个干部提供基础。然而我们现在都是在找他的缺点，越努力干活的人越得罪人。如果得罪人的干部不会被提拔，那我们公司就必然走向死亡。"

"我们招聘大量的优秀员工加入PFC的工作，是为了培养未来的接班人，PFC在高潮时曾达到1700人，其中有大量外国名校毕业的博士、硕士，我正高兴过几年我们就具有提升财务专家、干部的资源基础了，突然几年前一阵寒风吹，不知谁裁掉了1100人，让我生气不已。不知是谁干了这事，华为心声社区上也不检讨，这种领导鼠目寸光。"[一] 可见，虽然华为和公司高层对PFC寄予很高的希望，但PFC仍然处境艰难。

（3）PFC如何成长？

概括起来，PFC的成长路径大致可以划分为以下三个阶段。

首先，招聘高智商、高学历的PFC进入项目，从核算开始，经过预算、计划、项目管理等，逐渐了解一线业务。同样地，部分适合做财务的业务人员，也可以在基层熟悉财务后混编至PFC队列。

其次，PFC可以在一两年后做大项目的CFO或小项目的CEO，真正搞懂基层的具体工作怎样才能做好。尤其是小项目的CEO，要接受项目生存、组合资源、解决方案、配适网络、分包验收等环节的洗礼，从而快速成长。

最后，当这些优秀人才逐渐走上管理岗位，升为作战CFO后，他们又将会作为作战CEO的助手捆绑在一起，会对项目有更多的感受。"在CEO受'伤'的关键时刻，CFO要能立即替代指挥，作战CFO应该在全业务、全方位、全时段都是明白人。"[二]

[一] 任正非在平台协调会上关于代表处CFO定位的讲话，2020年。

[二] 同上。

PFC 是真正能实现业财融合的非常重要的一个角色。尽管目前 PFC 这个职位面临很多困难，面对很多非议，但经过多次循环后，最终会走向重要的专家或管理岗位。"你们是公司未来的希望，不仅是 CFO、CEO 甚至是董事长的位置都是向你们开放的。以前在市场高速发展的时候，我们过多地强调了销售，只要抢到的合同多，就意味着更多的利润。随着市场趋于饱和，我们能从市场中获利的机会越来越小，为了生存，以后我们要进行精细化管理。你们就是我们管理者的种子。"○

2. CFO：随时接任 CEO

任正非曾经给 CFO 提了四点要求：①财务如果不懂业务，只能提供低价值的会计服务；②财务必须有渴望进步、渴望成长的自我动力；③没有项目经营管理经验的财务人员，就不可能成长为 CFO；④称职的 CFO 应随时可以接任 CEO。

任正非对 CFO 的期望是：第一，要耐得寂寞；第二，要受得委屈；第三，要懂得灰色。

孟晚舟认为，CFO 有三个核心使命：参与及支撑战略决策；业绩评估及价值判断；成为首席沟通与协调官。

可见，华为对 CFO 寄予了很高的希望。

（1）合格的 CFO 是打出来的，不是任命出来的。

"西方公司以资源驱动企业发展，我们更多的是强调机会对公司发展的驱动。因此，CFO 一定要结合当地的实际情况，实干出来，不是说公司给了你一个头衔你就是合格的 CFO 了。现在你们已经有非常多的依托和机会，比如你们和山西票号不一样，你们所处的环境和公司创建初期也大不一样了，但我们认为，CFO 一定要在实践中才能成长起来。如果认为把 CFO 职责描述得好就可以当 CFO，那是科举制度。科举制度能选官？

○ 任正非与 PMS 高端项目经理的座谈纪要，2009 年。

华为的干部一定要能对自己各个时期的成功实践进行描述，然后大家来评议。合格的CFO是打出来的，不是任命出来的。你不去耕耘土地，土地不可能自己长出庄稼；同样，你不去做这个工作，华为公司正确的制度也不可能自然生长出来。这两三年我们已经有了很大改变，从非常幼稚的时代走到今天，我们已经有了洋拐杖，只不过短了一截，如果你完全依赖洋拐杖就只能歪着走，要想走好，就看你们在工作中如何履行职责。"㊀

（2）CFO最重要的工作目标是支撑公司及时、准确、优质、低成本交付。

我们认为，CFO最重要的目标是支撑公司及时、准确、优质、低成本交付，只有四个要素同时满足，才是真正以客户为中心。以客户为中心实际上是一个辩证的关系，就是要挤出公司内部最后一滴多余的成本，成就客户的成功，从而成就华为的成功。只要真正以客户为中心，就一定能实现有效增长，CFO要带着使命感去充分理解及时、准确、优质、低成本交付四个要素深层次的含义，坚持流程化、职业化，在分权过程中加强科学监管，降低风险和成本，实现公司有效增长。

CFO工作的突破口在于建立和执行财务流程，有效支撑业务流程运作。当前各地区部、代表处会选拔一些财务经理，很好地与业务经理配合，同时完成IFS落地和组织流程整改，这两件事情做好了，能适当地减轻后续的工作量和压力。CFO和CEO都要正确理解和掌握企业运作规律，共同促进企业成功和有效发展。CFO和CEO是一条船上的，他们大的目标方向完全一致，但他们的工作内容是有区别的。没有CFO的支持，CEO怎么能前进？我们不是让CFO去监督CEO，CFO要通过流程化、职业化方式建立和执行正确的财务流程，有效支持业务流程运作，实现有效增长，即正的利润、正的现金流、正的人效增长。在这个过程中，既能坚持原则，又能把事情做好，这就是管理。㊁

㊀ 任正非，《CFO要走向流程化和职业化，支撑公司及时、准确、优质、低成本交付》，2009年。

㊁ 同上。

（3）华为需要 1000 个 CFO。

2007 年，公司开始进行 IFS 变革；2009 年，华为开始启动 CFO 管理体系建设。从那个时候开始，任正非提出华为需要至少 1000 个 CFO。为什么是 1000 个呢？他是这么计算的，"公司的利润如何有效地激励到各个业务单位，这需要 CFO 来告诉我们。大家估计我们需要多少个 CFO？至少需要 1000 个。我们有将近 140 个代表处，70~80 个系统部，每个都需要一个吧；我们有这么多条产品线，每条产品线和子产品线也需要吧；我们要施行项目管理制度，项目 CFO 也需要吧；我们的支持平台也需要 CFO 吧。那么，是不是需要 1000 个？"㊀

四、账务组织

任正非说：账务组织就是一个纪律部队，执行的是纪律！

华为账务组织的主要职能是，支撑公司产业运作，提供端到端账务核算与报告；拉通业务各流程，强化税务核算与外部遵从的职能，支撑公司合规运营；建立共享中心监控组织，发挥其监控大坝的作用。

"什么叫监控？流程中的每个节点都有监控的作用。地区部总裁是地区部的第一监控责任人，系统部主任就是系统部的第一监控责任人，监控责任不仅仅是账务的责任。我们从客户那里收了一麻袋钱，为什么要点一点？我们付款时，抓一把不就行了吗？你们总会数一数金额，记一记账目，这就是监控。因此，账务就是一个纪律部队，你们执行的是纪律，否则就不需要你们。"㊁

1. 报告提供

财务组织支撑整个公司的报告提供，以及提供报告所需的数据和核算

㊀ 任正非与罗马尼亚账务共享中心座谈会纪要，2011 年。
㊁ 同上。

工作，确保数据及时、准确、完整、一致。所以，账务对内部经营管理的贡献在于确保账实相符，数出一孔，数据能反映实际业务情况。

账务管理权是集中做账，不为客户负责，不为业务负责，不为领导负责，只为真实性负责，其与所有业务管理组织脱钩。

存货账实相符项目的实施，在公司近 30 年的经营史上，首次实现了站点存货的可视、可盘点、可管理。站点存货账实一致率，从 2014 年的 76% 提升至 2016 年的 98.62%；全球中心仓 8800 万美元的账外物料实现了再利用；清理超期存货 7500 万美元；中心仓和站点存货的货龄结构得到大幅改善；ITO（信息技术服务外包）同比上年提升 44 天；这一条条、一项项可圈可点的成绩，再次证明了我们是一支"说到必将做到"的团队。2014 年，我们向公司承诺，用三年时间做到全球存货账实相符，"言必行、行必果"，如今，我们兑现了自己当初的承诺。

账务核算已经实现了全球 7×24 小时循环结账机制，充分利用了我们共享中心的时差优势，在同一数据平台、同一结账规则下，共享中心接力传递结账作业，极大缩短了结账的日历天数。24 小时系统自动滚动调度结账数据，170 多个系统无缝衔接，每小时处理 4000 万行数据，共享中心"日不落"地循环结账，以最快的速度支撑着 130 多个代表处经营数据的及时获取。

全球 259 家子公司均要求按照当地会计准则、中国会计准则、国际会计准则的要求，分别出具三种会计准则下的财务报告。还有，按产品、区域、BG、客户群等维度分别出具责任中心经营报告。这些报告都可以在五天之内高质量输出。㊀

2. 合规运营

拉通公司业务流程，强化税务核算，满足对外三大准则的报告需求，确保公司对外合规运营。

㊀ 孟晚舟，《却顾所来径，苍苍横翠微》，2016 年。

3. 监控大坝

账务是华为中央集权的一部分，账务系统垂直到底，始终保持账务的独立性，承担公司监控大坝的职责，对业务的行为进行监督和制衡。如果业务弄虚作假或不合规，坚决予以揭露。

"什么叫监督作用？比如，我们对项目的交付成本心中有底，当业务流入的数据出现异常波动和偏差的时候，账务就应该对此有敏感性，多问几个为什么，多要求一些验证材料，让业务明白，账务不仅有服务功能，还有监控责任，监控重于服务。账务的垂直运作是在我们的内部运作机制中建立了一个筛子。这个筛子，把合规合理的东西筛过去，不合规不合理的东西留在上面，经过沟通、请示、汇报等方法来减少差错，这个差错不是财务数据差错，而是业务运营过程的差错。"⊖

我们的仗打完了，数一数炮弹壳，到底你用了多少炮弹，我发了多少炮弹给你，这就是监管体系。冲锋打炮的人才不管呢，到底开了多少炮，他自己也不知道。但是打完101发炮弹以后，城墙还没有被炸开，业务主管说不炸了，费用花多了，审计要来查我们，这就是僵化教条。如果占领一个小小的山头，一般来说只用101发炮弹，这次打却用了3000发炮弹，这个数据是否合理，此时账务就要揭示风险。向有关领导请示一下，他们是否真的打了3000发炮弹才打下山头，如果看到确实旁边有3000个弹壳，我们就可以认为这件事情是合规的、合理的，账务就可以进行核销了。但是，如果我们数炮弹壳的时候只有500发，那么剩下的2500发炮弹壳到哪里去了，账务就要停止核销，多问几个为什么，把数据弄清楚后再核销，这就是我们的监管责任。

账务的责任就是要保证数据是真实可靠的，而且要保证账务的独立性。如果业务人员告诉你，你别来查了，我们就是用了3000发，那你也得去查，不然怎么能确认数据的真实性？财务的数据主要来自上游，上游说水没有被

⊖ 任正非与罗马尼亚账务共享中心座谈会纪要，2011年。

污染，难道你就喝吗？我们必须强调账务系统的人要保持对数据的独立认识和理解。如果上游的水没有被污染，业务为什么自己不喝呢？我举这个例子大家能不能明白这几点的关系？道德代替不了制度，也代替不了法律，道德降低了运营的成本，监控降低了运营的风险。

账务要建立业务的诚信度，诚信度低的，那么每单都要查，响应速度也要降下来。诚信度高的，就事后抽查，既能保证响应速度，也能履行监控的责任。账务人员对业务的熟悉程度，就像我们的鼻子，不熟悉业务，就像得了鼻炎，别人说啥就是啥，你就听他的。审计部门是化验水质的监控部门，只是负责偶然检查一桶水的品质，因此，我们的账务人员就要负担起这个职责，这样你们才能成长为更加优秀的人。⊖

华为账务管理部的岗位分为：①员工薪酬中心，核算全球员工的薪酬；②员工费用中心，核算全球员工的费用报销；③应付中心，核算采购付款；④应收中心，核算销售应收款；⑤总账；⑥共享中心，目前有七个；⑦报告中心，基于各个管理维度提供数据加工。

五、资金组织

资金管理权是华为三项中央集权之一。资金管理组织管理集团的资产负债表及现金流量表，匹配公司战略，通过合理规划资产结构和安全高效运作，保障资金供给，支撑业务发展，提升资产运营效率，规避和管理财务风险，并通过构建长期稳定的金融资源关系，培育华为的融资能力，积极管理客户风险，促进业务有效增长。

华为建有三个全球资金中心，分别设在中国的深圳和香港、荷兰。"欧洲是华为重要的市场，更是重要国际金融机构的所在地。为了筹备国际资金中心，2012年我和韦国带队考察了英国、爱尔兰、卢森堡、荷兰

⊖ 任正非与罗马尼亚账务共享中心座谈会纪要，2011年。

等地。荷兰拥有荷兰银行、荷兰国际集团（ING）等多家知名银行和金融机构，也聚集了大量跨国公司，税收条件适宜。相对国际金融中心伦敦，荷兰人工成本低。公司最终决策将国际资金中心放在荷兰阿姆斯特丹，一开始覆盖西欧、东北欧、中亚、俄罗斯四个地区部，后逐步扩展到整个 EMEA 区域。另一个资金中心设在中国香港，对接香港大量的国际金融机构，资金的集中处理及亚太资金业务。"㊀

1. 资金管理实行中央集权，夯实流程责任

"现金要统一在长江流，账套要统一在同一轨道上。所有现金一定在长江里流，不允许有很多水库。水库的存在必然会限制长江的流量，如果长江的流量来自银行融资，无疑就增加了成本。"㊁华为资金的进出全部由资金管理部负责集中管理。

"我们的资金管理分三级：财经委员会管宏观政策，以及政策解读及运用；销售融资与资金管理部主要是负责市场项目的融资、回款，以及生产供应的融资，不管账号及内部资金调度；账务部进行操作，但不进行决策。"㊂

"公司的资金管理必须形成从市场着眼、从抓货币资金收入着手的逆向思维、顺向管理的格局。将回收货款提到建设高度来认识，要在组织上、制度上给予落实。公司的资金管理要进入公司的综合计划，不是哪一个部门的事情，资金管理部、财务部要起到纽带作用，不能唱独角戏。因为公司的资金运作涉及公司生产经营的全过程，只有各方面共同参与，齐抓共管，才能消除梗阻，实现资金的良性循环。因此，公司的资金管理，必须把财务、资金管理、计划、生产、开发、销售、采购等部门有机结合起来，落实资金管理责任制，形成纵横的资金管理保证体系。把增加效益

㊀ 白熠，《从"雷达"到"第三只眼"》，2017 年。
㊁ 任正非，2001 年国内账务体系工作思路汇报纪要，2001 年。
㊂ 任正非，《财经的变革是华为公司的变革，不是财务系统的变革》，2007 年。

的立足点，转到挖潜力、练内功、降成本上来。因此，要从推行责任成本入手，以降低消耗为突破口，以提高劳动生产率为基础，以压缩可控费用为重点，大力节约费用支出。健全管理制度，规范财务行为，提高公司自控能力。"①

2. 规范账户管理，执行日清日结

一是华为通过清理银行账户，收紧资金的集中管理，并建立统一的司库制度，即实现统收统支，各驻外机构的收支账户统一管理，做到收支两条线。

二是华为持续关注资金的安全问题，建立日清日结制度并坚决执行。日清日结制度包含两层：第一层，建立在账务部，以会计、复核会计、费用支付权签人为循环的日清日结；第二层，建立在资金管理部，负责将支付记录与银行的流水账进行日清日结。

"资金规划领域的大数据项目，展现出令人惊讶的创造力。'经营性现金流预测'和'分币种现金流预测'的大数据项目已正式上线应用。基于大数据模型，由计算机进行上万次数据演算和模型迭代，经营性现金流已实现 12 个月定长的滚动预测。从历史数据的拟合度看，最小偏差仅 800 万美元。对于在 170 多个国家实现销售、收入规模约 800 亿美元、年度现金结算量约 4000 亿美元的公司来说，800 万美元的现金流滚动预测偏差，已经是极为理想的结果了。"②

3. 手动支付到自动支付

华为有海量的业务和数据，涉及 70 多个系统，支付次数和金额更是大得惊人。过去，整个支付流程采用六层管理机制，包括发票接收扫描、制单会计入账、复核会计入账、支付会计入账、审核付款、日结对账，需

---

① 任正非，《励精图治，再创辉煌》，1995 年。
② 孟晚舟，《却顾所来径，苍苍横翠微》，2016 年。

要层层过滤校验，都是采用人工比对，效率较低，出现差错也在所难免。

现在，华为借助高性能计算平台，实现了从"手动"支付到"自动"支付的转变，提高了资金支付的安全性和效率。支付差错率（金额）已经降低到 0.32‰；IT 系统卷积计算和监控历史开票数据时间从 2~3 小时降低到 5 分钟。

4. 构建汇困能力，实现稳健经营

针对汇困国家，华为一直强调量出为入，即出多少外汇，就进多少合同。在汇困国家，资金的汇出比项目销售更加艰难。可见，在汇困国家，财经是很重要的生产力，解决不了汇路，就实现不了销售。因此，在这些国家，华为强调加强对汇困人员的能力建设，并给予更多的及时激励。

第二节　TIME 模型与能力建设

财经人员既要懂专业，还要懂业务，因此提升财经综合作战的能力非常重要。如何基于场景化的解决方案展开赋能，如何将财经的专业知识聚合成支撑作战的综合能力，是华为财经能力建设的主要抓手。

一方面，华为通过 TIME 模型的定义，明确财经能力聚合的方向；另一方面，通过任职资格的定义和学习牵引，让财经人员开展自觉学习，训战结合，达到相应职位要求的能力。另外，华为还建立了业务与财经的循环机制，形成混凝土结构。在战略预备队的建设方面，华为不仅有各类型业务的战略预备队，也有财经方向的战略预备队，通过预备队的建设，训练出更高水平的 B 角，及时补充到财经改革的关键点。

总之，华为要求财经人员懂业务、懂经营、懂资金、懂账务、懂税务，任职资格满足要求，能通过 IPD 知识考试；还要善于沟通、被信任，能够促进经营、管好风险。

一、TIME 模型

华为前海外 CFO 何绍茂在《华为战略财务讲义》一书中，详细披露了针对财务代表的 TIME 模型，要点如下。

TIME 模型定义了业务型财经人员的职责方向和能力聚合要求。TIME 是目标（target）、投资（investment）、管理（management）、执行（execution）的英文简称。目标，即支撑获得批准的年度经营目标的达成；投资，是指参与投资决策评审（应用财务模型，度量/分析和评估投资项目及投资组合效率，提供决策依据），对投资经营结果负责；管理，即完成团队管理/团队经营；执行，即严格执行公司财务政策和纪律要求。

1. 目标

目标，支撑获得批准的年度经营目标的达成，重点围绕 KPI，关注规模、盈利、效率，从财务规划/预算/预测、经营分析、绩效推动、端到端成本度量、费用管理、售前项目支持、定价策略与盈利牵引、风险与内控八个方面加强管理。

财务规划/预算/预测：负责子产品线规划/预算/预测，包括战略规划、商业计划、滚动预测和 KPI 分解等。

经营分析：负责规模分析、盈利分析、运营资产效率分析、经营风险分析、客户及友商分析。

绩效推动：作为绩效管理的组织者，发挥信息中心、驱动中心、协调指挥中心的职能，及时发现经营风险，确保最终业务目标的达成。作为信息中心，整理、分发全流程销售合同数据；作为驱动中心，驱动行销及时形成订货、下单要货，驱动供应链及时备货、发货，驱动用服专员及时安装验收，驱动财务及时准确确认收入；作为协调指挥中心，总体筹划全流程季度目标，协调处理流程各环节出现的问题。

端到端成本度量：负责提升成本度量能力，建立分业务场景的总成本模型和投资基线，履行 IPD 流程中的成本管理工作，从中长期角度监控成本改进对于子产品线盈利要求的符合度。

费用管理：负责经营团队的费用管理工作，包括核算方案、弹性预算管理、监控、预测及风险揭示等；推广研发项目四算和项目费用授权，拉通战略规划、商业计划与产品投资规划，确保资源投入高效；开展国家拨款项目的立项、监控、审计工作，采用低风险、可追溯的方式，确保项目顺利通过验收。

售前项目支持：负责重大项目商务概算及盈利设计，包括关键商务条款审视。

定价策略与盈利牵引：基于业务管理团队中长期经营规划和年度经营目标，与相关业务主管共同商议确定国内与海外市场的定价策略（与市场平均价格相比），并将盈利目标引入产品基本价计算模型；参与制定各区域定价授权规则，参与评审超出授权价的投标项目。

风险与内控：遵从公司风险管理的政策和流程，协同业务识别关键风险，制定应对措施，定期回顾风险管理的执行情况。

2. 投资

参与投资决策评审，对投资经营结果负责，重点围绕项目的投资目标（目标成本达成率）、投资回报率及回收期、风险管理目标（风险措施闭环比率）等指标，从投资决策、投资风险管理、新交易模式的投资管理三方面加强管理。

投资决策：负责子产品线在战略规划、IPD 流程中的投资项目的财务评估，参与投资决策评审；建立投资评估模型和投资基线，有序开展投资分析（含投资回溯），评价投资效率和效益，支撑产品的投资组合管理，优化资源配置，牵引业务持续增长和盈利。

投资风险管理：牵引业务，从战略规划阶段开始识别风险、评估风险，平衡业务风险与回报，制定风险管理策略和应对措施，定期跟踪、了解风险管理措施的执行情况,保障有效经营。

新交易模式的投资管理:参与新商业模式的投资决策评审,提供投资决策的财务依据,如新交易模式的初步可行性分析、短期和中长期盈利分析、经营风险评估、项目的"概算、预算、核算、决算"等。

3. 管理

完成团队管理/团队经营,围绕业务满意度提升组织能力,围绕业务发展提升财经服务能力和交付质量,满足业务发展需要;积极引导业务管理团队,提升业务决策中的商业分析和判断能力,以商业成功作为最终目标。

4. 执行

严格执行公司财务政策和纪律,帮助业务团队理解公司的财务政策和要求,确保政策在业务实施中能够落实。

二、财经任职资格

任职资格,是在特定工作领域内,按照各职位业绩标准完成工作任务所必须具备的能力。其既体现了组织需要,也体现了任职者的职位胜任力,同时随着企业战略和业务的发展而发展。

华为推行任职资格管理有三个目的:①通过任职能力评估为公司选拔人才提供参考,为员工上岗提供依据;②激励员工不断提高其职位胜任力,促进组织绩效和员工个人绩效的持续改进;③树立有效培训和自我学习的标杆,以资格标准不断牵引员工终身学习,不断改进和提高。

任正非认为,任职资格不是为了发现和选拔完人,而是要打造"一支军队,一支战斗力很强的军队"。通过任职资格的导入,用科学的评价体系,大幅提升以前的感情化管理。

任职资格与绩效考核的区别在于,绩效考核解决的是业绩是什么,做出了什么样的贡献;任职资格是对绩效考核没有涉及的能力、素质、知识、经验等建立标准，需要解决的是综合考核的结果以及根据其他因素判断其是否达到岗位要求，当然，任职资格对绩效考核结果也会加以利用。

任职资格的详细介绍见《华为奋斗密码》第十章第三节。

1. 任职分级

我们以华为《财务岗位任职资格标准 V1.0》中"管理会计师"一职为例加以说明。

华为将财务管理任职资格等级分为一级、二级、三级，各级角色定义描述了本级专业技术人员的工作定义、工作内容和职责及影响范围。

（1）一级管理会计师：了解管理会计的基础理论及实务，了解公司总目标与财务目标之间的关系，以及公司总目标对财务工作的要求；能具体上岗操作，并在高级别任职者的指导下按计划要求完成任务且保证其质量。

- 按流程、规范完成所承担的数据收集和整理工作。
- 协助高级别任职者解决有关的财务管理问题，并提供可参考的实施建议。
- 完成所承担工作的文档。

（2）二级管理会计师：熟悉管理会计的基础理论及实务，理解公司总目标与财务目标之间的关系，以及公司总目标对财务工作的要求；能发现财务管理工作中存在的问题，并在高级别任职者的指导下按计划要求完成任务且保证其质量。

- 按流程、规范完成所承担的数据收集、整理和分析工作。
- 通过对数据的分析，发现业务中存在的问题。
- 指导低级别任职者，协助高级别任职者解决有关的财务管理问题，并提供有价值的实施建议。
- 完成所承担工作的文档。

（3）三级管理会计师：熟悉管理会计的基础理论及实务，深刻理解公司总目标与财务目标之间的关系,以及公司总目标对财务工作的要求;能敏锐地发现财务管理工作中存在的问题,并组织、协调各相关部门解决问题。

- 通过对数据的分析,敏锐地发现业务中存在的问题。
- 提出符合公司实际情况的工作建议,并有效组织、协调建议的实施。
- 指导低级别任职者。
- 完成所承担工作的文档。

2. 任职标准

以二级管理会计师为例。

(1) 基础知识(见表 6-3)。

表 6-3 二级管理会计师基础知识定义

工作要项	行为标准
一、公司知识	
1. 工作目标/任务	理解财经管理部的工作任务与目标
2. 组织形式、职责	理解与本人业务相关部门的组织结构及部门职责,并能及时根据组织结构变化调整业务策略与方法
3. 企业文化	遵守公司的员工行为准则,理解公司的核心价值观
二、专业知识	
1. 会计理论与实务	熟悉会计基础理论及会计账务处理实务
2. 财务管理理论及实务	熟悉管理会计的基础理论及实务
3. 管理信息系统	理解管理信息系统的基本原理
4. 财务分析(包含产品盈利分析、费用分析等)	建立财务分析资料库,并保证资料库的正确性和完整性;熟悉各种财务分析方法,及时、有效地完成财务分析报告
三、周边知识	
1. 市场知识	了解国内外同业现状
2. 产品知识	熟悉公司产品的主要分类
3. 企业管理知识	理解公司研发、市场、采购、生产、技术支持等部门的业务特点、管理需求,以及与财务部门的业务关联
4. 办公软件应用	熟悉使用文字处理、电子表格等办公软件
四、保密知识	
对财务数据的保密承担责任	正确理解保密与服务的关系;严格按保密规定使用和传递财务数据;不与公司外的员工讨论公司具体的业务问题

（2）业务技能（见表6-4）。

表6-4 二级管理会计师业务技能定义

工作要项	行为标准
一、预算与成本管理	
1. 预算编制	统筹制订年度全面预算编制计划，并有效推进、跟踪实施进度；理解公司不同部门的业务预算特点及编制要求；提出符合公司业务特点的业务预算方法，对业务部门的预算在方法上给予具体指导；运用统计及预测方法对主要经营指标进行可行性分析
2. 预算审核与综合平衡	保证预算表格合乎财务分析需求，保证预算数据库结构严谨、关系正确；通过对部门预算的审核，发现其中存在的问题；按期制作公司全面预算报告
3. 预算执行跟踪与分析	推动及保证各部门提交月度滚动预测；对各月预算执行数据进行审核，并保证分析数据库数据完整、结构严谨；有效推动业务部门按期对预算执行情况进行分析，召开部门预算分析会并提交分析报告；深入业务部门，了解相关业务，与业务部门预算人员一道进行业务预算的问题分析并解决问题；及时、高质量地完成公司预算执行情况分析报告；通过调查了解，发现业务活动中存在的管理问题，为公司决策提供依据
4. 全流程成本核算	掌握全流程成本核算的基本原理，并熟练掌握采购成本、制造成本、发货成本、研发费用、销售费用、用服费用、管理费用中至少一项成本核算；能够根据业务部门的需要，及时编制较高质量的成本方面的报告；熟悉成本模块的主要制度、流程，如标准成本更新流程、月末结账流程、存货盘点流程，并能发现其中存在的问题
5. 成本预测	在给定标准条件下，能够进行一定的成本预测，编制预算，并制定相关的成本目标
6. 成本控制	结合业务分析数据进行成本差异分析，提出成本控制的有效方法；通过调查了解，较高质量地完成成本案例分析工作，提出有参考价值的成本控制方案；指导初级任职者（或独立）完成专项成本分析报告
二、资产核算与资产管理	
1. 固定资产核算	熟悉固定资产的划分标准、核算方式和业务流程，能独立进行固定资产增减的账务处理；熟悉MRPIIFA模块的主要系统功能，对本模块系统设置有一定了解；熟悉FA模块与上下游模块的关系，并不断优化相关账务流程；对固定资产基础数据有一定的敏感性，能提出行之有效的提高固定资产核算效率与数据准确性的方法

（续）

工作要项	行为标准
2. 资产分析	熟练运用系统提取相关数据，进行资产统计与分析，不断探索提高资产使用率的方法；对部门资产管理现状进行调查和分析，并提出改进措施；熟悉固定资产管理的流程和制度，对接口部门资产管理工作能进行业务指导
三、制度与流程建设	
管理制度与流程优化	通过深入调查各业务部门的预算、成本或资产管理现状，制定相关管理制度，不断将各种例外工作转变为例行工作；组织、推动各部门结合业务特点优化相关预算、成本或资产管理制度
四、文档管理（略）	
五、MRP Ⅱ 系统应用与研究（略）	

（3）资源管理（见表6-5）。

表6-5 二级管理会计师资源管理定义

工作要项	行为标准
一、资源的计划与利用	
1. 工作计划管理	能有计划地安排工作，并对已制订的计划实施有效管理，保证工作按计划完成
2. 资源利用	能根据工作需要，有效地获取、使用信息资源，合理、有效地利用各种人力资源，有效地利用各种IT资源
二、协调能力	
1. 部门内交流	能组织部门人员协调开展工作
2. 部门间交流	能组织并推动上下游环节的人员进行业务正常沟通，并保持良好和稳定的业务关系
3. 与公司外同业交流	能与公司外同业（包括咨询顾问公司）进行专业交流，理解其先进的管理经验
4. 协同工作	能主动为他人提供合作机会，同时能取舍他人的合作机会；参与或以联合工作小组的形式与其他部门协同解决问题
三、团队建设	
1. 组织和参与部门活动	能积极参与部门活动
2. 建立与同事的伙伴关系	与同事保持良好的合作关系

（4）素质。

（5）发展潜力（见表6-6）。

表 6-6　二级管理会计师发展潜力定义

工作要项	行为标准
1. 改进能力	对相关业务有较深刻的理解，能发现业务中存在的问题，并能实施改进建议；对部门的管理改进提出系统性或建设性意见；接纳他人的意见并不断改进
2. 业务钻研	主动学习掌握本专业领域的新知识和新业务；能利用所学的新知识，提出业务工作的新方法、新思路
3. 授业	以个人良好的行为为新员工做出典范；对新员工进行系统的业务培训，帮带新员工；根据典型问题编写案例、编写教材，对基层员工及其他业务部门进行培训

三、混凝土队伍建设

混凝土组织，一直是华为组织建设的方向，主要通过两个途径来实现：一是业务转身成财务，或者财务转身成业务；二是业务和财务进行混编，最终实现业财融合。

混凝土结构是由水泥和沙石混合，并加水搅拌而成的坚固结构，加上钢筋，则具有更强的坚韧度。顾名思义，华为财经队伍的建设，不应该只有财经专业的水泥，还应该外加沙石和钢筋。任正非在内部多次呼吁业务人员加入财务团队，以形成"混凝土组织"。业务螺旋到财务，财务螺旋到业务，机关螺旋下去，基层螺旋上来，业务人员懂财务，财务人员懂业务，这样就形成了非常坚固的混凝土体系。

"财务人员要主动了解主流业务和一线的实际运作，每个人选择一个主流业务来考试，二级部门以上主管是重点考核对象。凡是考试通不过的，可以担任某个工作岗位的主管，但是不能升职加薪，也不准任命。如果连续三次考试通不过，工资先降一级。一定要严格执行。一线 CFO 组织建设要加快。代表处的融资、回款、财经等还是几张皮运作，没有有效地融合资源，也不能全面地提供支撑。财经及账务共享中心要把主要精力集中到主流程、主业务上，不要面面俱到。财务队伍中要掺'沙子'，配一个业务专家团队，混凝土因为有了沙子才坚固。"①

"我们从各个业务部门抽调干部，加强财经组织的建设，是为了帮助财经组织更加密切、更加有效地深入业务，同时在思维方式、做事策略等方面，改变财经组织一直以来简单、固执、只会苦干不会巧干的做法。加入一些沙子是为了形成混凝土，并没有取代你们的意思，而且他们也要经过会计考试。中级干部业务岗位的转换，是有利于干部更好地成长，符合'之'字形成长计划的，是优秀员工应该高兴的一件事。业务人员进入财经组织是自愿的，是看到了自己的机会，而不是通过什么许愿来完成的。输送部门关爱员工的方法是，这边通过考核没有用上，再帮助他回原岗位。输送部门把困难留给自己，而支持别的部门成长，是全局的、全盘利益的考量，也是高级干部的立脚点。"②

"若纯粹靠财务来实现账实相符，是不现实的，因为他们没有实战经验。可以从供应链找一批12级（华为大学认证过）左右有实践经验的老员工，他们英语也过关；或者找GTS的老员工，他们在管理上有经验；再从财务找一批优秀的种子，经过华为大学的培训，考试合格后，组成'混凝土'工作队。在容易的地方开始实战，一边训练一边培养干部，到第三年大会战时一定要出一批将军。"③

"优秀的财经干部可以转身到业务中，既可以拓宽财经干部的成长空间，也有利于实现财务与业务的融合。优秀的国家CFO可以转身为代表，优秀的项目财务可以转身为项目经理，这些通道的拓宽，将对经营管理产生正面的、积极的影响。"④

"今年要把项目概算、预算、计划、核算、决算重点抓一下，要从GTS中培养一些有经验的员工来做这个事情。要大力加强项目财经经理

---

① 任正非，《围绕客户PO打通，支撑"回款、收入、项目预核算"》，2008年。
② 任正非与财经体系员工座谈讲话，2011年。
③ 任正非，《三年，从士兵到将军》，2014年。
④ 任正非，财经向任总汇报纪要，2013年。

队伍的建设，未来的项目财务建设是混合编制的。要从有三年以上工程和技术经验、熟悉业务的员工中抽出一部分，从财经体系中对业务很熟悉的员工中抽出一部分，组建队伍，迅速培训，然后派到一线，增强系统部和项目财经经理岗位的人员力量，项目 CFO 也应该从这里产生。以后代表处、区域的 CFO，没有通过这一课的要补课，补考不合格的，暂时不能担任管理职务。未来三年，要把项目财经经理和代表处 CFO 两个关键岗位好好抓一下。干部选拔一定要强调成功的实践经验，这点一定不能动摇。在代表处的运作中，CFO 应该协助总经理把经营管理抓起来，经营分析和管理职责应该从 COO 办公室调整到 CFO 组织中。"㈠

第三节　财经管理变革

　　企业的每一次管理变革都是对管理改进的投资，变革瞄准的是业务价值，不为业务创造价值的变革都是没有意义的。因此，华为财经管理变革树立的核心思想，仍然是"一切为了前线，一切为了业务服务，一切为了胜利"。

　　华为认为，任何一次财经变革，不应仅看作财务系统的变革，而应是公司的整体变革，因此，华为要求每个高层管理团队都要介入到财经变革之中，不自以为是，不要小聪明。

　　这些年，华为通过与 PWC、IBM 的合作，不断推进核算体系、预算体系、监控体系和审计体系流程的变革，以完成端到端流程的打通，构建高效、全球一体化的财经服务、管理、监控平台，更有效地支撑公司业务的发展。通过落实财务制度流程、组织机构、人力资源和 IT 平台的"四统一"，支撑不同国家、不同法律业务发展的需要；通过审计、内控、投资监管体系的建设，降低和防范公司的经营风险；通过"计划、预算、核

㈠　任正非，《拉通项目四算，支撑项目层面经营管理》，2010 年。

算、分析、监控、责任考核"闭环的弹性预算体系，利用高层绩效考核的宏观牵引，促进公司经营目标的实现。到目前为止，华为在国内账务上已经实行了共享，并且实现了统一的全球会计科目的编码，实现了网上报销，海外机构已经建立了财务服务和监控机构。华为已经建立了弹性计划预算体系和全流程成本管理的理念，建立了独立的审计体系，并构建了外部审计、内部控制、业务稽核的三级监控，以降低公司的财务风险和金融风险。

华为财经在经线管理（纵深的专业能力）上已是世界一流，目前正在加强纬线的管理优化（面向客户、面向业务、支撑作战的价值整合）。同时，努力夯实底座，让优秀的管理继续下沉，到现场去解决问题，在作战中赋能。

"财经管理部下一步的变革不是追求我们要做成世界第一、世界第二的高水平的财务，而是要建立对业务作战最实用的财务能力，扎扎实实地将我们的基础搞好。有了基座，万丈高楼平地起。我们要夯实财经基础，不仅仅是财务基础。你们要明白自己身上担负的重任，所有不熟悉业务的财务人员必须抽时间去学习业务，所有业务人员都要知晓财经，这样才能使纬线管理优秀起来。纬线的贯通，会提高我们的运行效率。知道为谁服务，才能真正提供有价值的服务，也才能深刻解财务服务的意义。"[一]

一、财务管理"四统一"

1999 年，华为聘请毕马威为顾问开始进行华为财经很重要的一次变革，即在财务管理上实现制度、流程、编码和表格的"四统一"。这也是华为财经第一次引入管理咨询公司。

在"四统一"变革前，华为财经存在的主要问题有：①流程制度不统一，缺乏有效监控；②干部和部门职责不清，责任心和能力缺乏；③数据和信息系统没有打通；④办事处财务独立性不足。

[一] 任正非与财务部分员工座谈会上的讲话，2018 年。

史延丽在《做最真实的财报》一文中描述了那一时期的情景：

2001年我被调到了总账，每月的月度财报、每年的年度财报都出自这里。对于很多会计来说，这是会计核算的"象牙塔"。然而，当时的总账会计只能用"混乱"和"崩溃"来形容。

那时华为海外的财务系统五花八门，有的子公司在ERP中核算，有的在Peachtree中核算，有的在用友系统中核算，还有的是外包给会计师事务所进行核算，不得已，结账的时候我们只能把所有的数据都导入Excel。所有的财务报告，包括集团合并报告，都在Excel里完成。一个Excel表可以容纳的行数是6.8万多行，我们处理的表单往往用完一个表单的所有行数还不够。数据处理还要大量使用函数，因此我们常常自我调侃，总账会计都是打遍天下无敌手的Excel高手。

让人郁闷的是，同样一个代码10010，在俄罗斯华为是代表某个业务，到了阿根廷华为可能就变成了另一个业务。交上来的数据经常一个是麻雀，一个是兔子，根本不一样，没法整合。所以我要先建立一个索引，把这些转换成统一的东西，然后用统一的模板再做合并。

合并，在财务上是个很复杂的概念。打个比方，华为技术卖给德国华为，德国华为再卖给客户，但是对集团来讲，只有一笔销售，所以一定要把华为技术卖给德国华为这笔关联交易抵消，前提是华为技术的账跟德国华为的账要对平。

但那时的情况是，这些账完全对不平。华为技术说"我卖了一个亿的货给德国华为"，德国华为说"对不起，我账上只记了100万元"。这时候华为技术就抓狂了，"我要和德国华为沟通：我明明发了1个亿的货，你为什么只入了100万元？"一步一步到前端去看，到底中间出了什么问题。

每个月结账就像"大乐透"开奖，一次性通过的概率几乎为零，而所有的问题都必须在13日出报告之前解决。为此，总有几天我们一定要工作到凌晨4点，轮流值守检查数据，每个人都焦灼慌乱！

其实，华为在1995年就提出了"四统一"，当时的提法是统一流程、统一制度、统一编码、统一监控。1999年引入毕马威后，"监控"合并进了"流程",增加了"统一表格",其他三个前后保持一致。1999年9月,华为按照毕马威顾问提出的方案,开始取消手工记账凭证,突破传统会计习惯。随后按照"先僵化,后优化,再固化"的方法,全面展开"四统一"的变革。

(1)统一流程:华为对37个流程进行了梳理,提出了126个改进点,以实现流程的全面打通;取消了采购核算等流程中重复的监控环节,增加了客户资信管理等监控环节,通过设立多层次审批,对流程中的监控职责进行明确划分。

(2)统一制度:根据毕马威顾问设计的制度框架,从会计核算与报告、出纳、税务管理等七个方面,对原有制度进行了全面的修订补充、清理与完善,对直接影响财务信息一致性的账务核算制度进行了优化统一。

(3)统一编码:借鉴国际公司的做法,设计和切换了新的COA[一]编码,包括公司段、部门/IC段、会计科目段、产品/项目段和三个备用段,基本能够满足华为现有管理和实行客户群核算的需求。

(4)统一表格:同时将"四统一"延伸到表格的输入、过程和输出的优化。

2000年,华为基本穿上"美国鞋",在财务管理上实现了制度、流程、编码和表格的"四统一"。华为通过培训与考核,让业务人员充分理解和掌握经过优化的制度、流程/监控、编码;通过自查与审查,确保优化后的制度、流程、编码、表格在业务运作中落到实处;通过建立以账务核算、审核审批、系统操作为主要内容的业务操作指导,将"四统一"深入具体的日常工作中。2001年,华为在国内全面实现财务的"四统一",海外机构开始试行(见图6-2)。

"四统一"变革提出的最高目标是提供完善的报告体系,当时业务对财经并未提出助力经营的诉求。随着华为海外市场的逐步展开,特别是交钥匙工程(Turnkey)项目的大量实施,华为对财经有了新的诉求。在此

[一] COA(chart of account),会计科目。

背景下，2005年华为开始"新四统一"的财务管理变革，即实现制度流程、组织机构、人力资源和IT平台的四统一，以支撑华为不同国家、不同法律业务发展的需要，财经开始放眼全球。

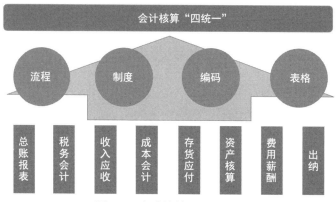

图 6-2　会计核算"四统一"

"新四统一"主要包括：搭建全球统一的会计政策、核算流程和COA体系；通过ERP海外实施项目，统一海外核算系统；共享海外核算组织，建设七个账务共享中心，实现全球统一核算。

二、IFS财经变革

经过"新四统一"变革后，华为财经搭建了全球的核算流程和COA体系，实现了组织和IT的贯通，但财经和业务仍然无法真正融合到一起，财经仍然解释不清楚数据背后的业务逻辑，业务也不关心财经的各种诉求，业务问题严重，运营资产效率低下，项目损益不可控，主要有以下表现。

（1）采购订单（PO）处理效率低，合同上载周期平均长达16天，影响合同履行的准备及交付的及时性，造成空运比例增大及成本增加。

（2）应收账款剧增，开票回款问题多，触发+开票周期长达30天，造成内部运营效率低，应收账款周转天数（DSO）长，对利润和现金流影响很大。

（3）项目利润核算前后差距很大。任正非举例说："我听一个项目汇报，一开始说亏损5000万元，后来又说亏损3000万元，最后告诉我不亏损了。到底哪句是真的哪句是假的，我不知道。这说明在我们的财经管理上，还有极大的空间。"

（4）对供应商付款速度慢。大量验收、付款信息依靠台账，错误及舞弊信息多，造成供应商投诉多，工程交付压力大，财务成本不准确。

（5）财经能做成本核算，但没有前瞻性的预算管理，没有参与前期的定价。

（6）报告效率低，每月20日业务才能拿到经营分析报告，经营分析会成了"追悼会"，无法支撑业务决策，数据质量及逻辑无法追溯，报告无法揭示业务问题的根因。

2007年年初，任正非亲自给IBM CEO彭明盛先生写了一封信，希望效仿IBM的财务管理模式进行转型。2007年7月，IBM邀请华为公司近10位财务相关人员到其美国总部进行了为期三天的访问，了解其财务系统情况，不久华为与IBM合作正式启动了IFS变革。围绕"计划、预算、预测""管理报告与分析""资金管理""关联交易"和"内控与审计"等，建立各项业务规则，实现管理、监控与服务的统一。通过IDS1（回款、收入、项目预核算集成方案包）的全球推行，在销售合同与采购合同两个维度拉通财务与业务。与此同时，IDS2（项目经营管理）、IDS3（拉通计划、预算、预测、核算，支撑各级责任中心经营管理）持续稳步推进。通过IFS变革，既能有效地支撑业务发展，又能系统性地降低经营风险。

任正非对IFS变革的期望值很高，2007年他在与IBM CFO交流时说，感谢IBM，IPD变革将华为从小公司变成了大公司，希望通过IFS变革，将华为打造成一个有长久生命力的公司。他说："财务现在要继续向IBM学习，当然也只能向IBM学习，不要别出心裁，不要盲目创新，不要自以为是。IBM的管理也许不是全世界最好的，我们员工中也有可能冒出一些超过 IBM 的人物，但是我只要 IBM。高于 IBM 的把头砍掉，低于 IBM 的把腿砍掉。只有谦虚、认真、扎实、开放地向 IBM 学习，这个变革才能成功。好好学习，学明白了你就伟大了，靠自己去创新、去悟，是悟不出大道理的。决心要穿一双'美国鞋'，那我们就不能摇摆，如果我们今天摇摆成这样明天摇摆成那样，我们将一事无成。所以要坚定不移地向 IBM 学习，集中精力向 IBM 学习不摇摆。"㊀

华为希望通过 IFS 变革使其财经运作得到全球的认可，接近业界领先水平，提升财经相关流程的效率、效果和集成度，具备准确、全面的全球财经数据，优化财经管理体系及运作能力。华为财经具体的变革蓝图是"加速现金流入，准确确认收入，项目损益可见，经营风险可控"。为此，IFS 变革立足于当前和未来，确立了两个目标。一是对现有业务和经营的支撑。"财经体系要服从业务体系的发展，我们的目标还是高速发展。当机会出现时，财务既要保障这些机会的实现，又要支撑及时、准确、优质、低成本交付，并完成有效监督"。㊁ 二是对未来公司作战模式的支撑。"变革成功后，起到的作用是什么？不是拥有资源的人通过 IT 来指挥前线，而是在前线指挥战争的指挥手要通过 IT 来调配后方的资源，应该是前方指挥后方，而不是后方指挥前线。打不打仗，后方决定；怎么打仗，前方说了算……这次变革完成后，我们的检验标准应该是总部是支持、服务监管的中心，而不是中央管控中心。"㊂

华为 IFS 变革的历程如下：

- 2007 年年初，IFS 项目第一阶段启动，内容包括机会点到回款、采购到付款、项目预核算、总账、共享服务、政策和流程、业务控制和内部审计、资产管理和薪酬等 13 个项目。
- 2008 年，IDSI 方案攻坚，完成了 IFS 方案架构，并全面启动 IDSI

㊀ 任正非，《变革最重要的问题是一定要落地》，2007 年。
㊁ 任正非，《CFO 要走向流程化和职业化，支撑公司及时、准确、优质、低成本交付》，2009 年。
㊂ 任正非，《财经的变革是华为公司的变革，不是财务系统的变革》，2007 年。

方案的调研和逐步输出；EMT 批准区域财经组织方案及 CSO 组织；IFS 交付的审计委员会组织和章程落地。

- 2009 年 3 月，IFS 核心方案包手工试点，8 月基于集成 IT 开始试点验证。"回款、收入、项目预核算"IDSI 方案开始试点，并正式启动面向全球的全面推广。经向 EMT 专题汇报，明确加快 CFO 队伍建设，以支撑 IFS 落地。
- 2010 年，IDSI 规模推行和第二阶段方案预研，推行覆盖区域的收入占比为 72%。
- 2011 年，完成 IDSI 的全球推行，IFS 项目第二阶段正式立项。IFS 项目第二阶段聚焦发展专业能力，其中包括报告和分析（R&A）项目，以及资金、成本和存货、关联交易、资本运作、税务遵从、计划预算与预测项目。
- 2012 年，项目经营 PPM[一]启动区域试点；支撑责任中心经营管理（PBF）；规模建设集成统一的财经信息系统 iSee 平台；各财经专业子项目（C&I、Treasury、Tax）试点。
- 2013 年，iSee 平台成功上线；PFM 全球落地；PBF、C&I、Treasury 各子项目有效推行。
- 2014 年，IFS 变革关闭，转部门来运作并持续优化。

归纳起来，华为 IFS 变革收获了四大成果：一是真正打通了财务和业务之间的这道门，让财经真正走到业务中去；二是财经团队开始在各级经营管理团队中扮演不可替代的角色，在一线的经营、计划、采购等环节中，财经各级 CFO 都是主要角色之一；三是建立了集成的信息系统，使得财经数据终于能够数出一孔；四是通过 IFS 的推行，财经通过理解业务，自身的能力与业务效率都得到了提升。

[一] PFM（project financial management），项目财务管理，IFS 变革关于项目经营管理变革的子项目。

第七章

"以客户为中心"的财经BP文化

以客户为中心,已成为华为的经营信条。让客户成功才是营销的最高境界,任正非在内部强调说:"华为要帮助自己的客户成功,否则没有了支撑点,我们是很危险的。"⊖

华为对运营商客户的支持,由原来的投资驱动全面转向价值驱动。所谓投资驱动,就是鼓励运营商客户买设备,华为同时提供销售融资,客户只要买设备就能赚钱。但随着互联网的数据分流以及产业趋势的变化,运营商不再像以前那么容易赚钱了,华为与运营商客户的合作开始转向价值投资的合作方式:一是帮助运营商重新定义战略投资要素,从以技术架构和用户体验为中心,向以商业价值为中心不断深化;二是关注运营商的商业模式、运营效率、投入产出和用户体验,帮助客户实现商业成功。

第一节 财经人员的业务思维

一、"我非常担忧财务人员内心比较封闭"

一线的客户思维最终要传导到企业内部,实现全体联动,才有可能真

⊖ 任正非,《最好的防御就是进攻》,2013年。

正实现"以客户为中心"的理想和愿景。

"我认为我们的财务干部有很多问题，我在毛里求斯、在新加坡请你们财务人员拿出笔来考试，画一下华为的产品是什么样子，应该说基本上没有一个人画对。要不今天散会的时候我走了，要他们发纸给你们画，画对了的就去吃饭，画不对的就在这里等到一直画对为止。你们作为财务人员，对业务如此不了解，然后还去指责人家不支持你、不配合你，我觉得你们是不是太无聊了。所以我认为，财务人员15级以上的干部，如果对公司的业务产品考核不合格，你们2009年的薪酬调整、所有的利益调整（包括职务调整）全部都冻结、不准动。高中级干部首先要考过关，否则怎么叫你的部下去考过关，如果你的部下考过关你没过关，由你的部下来管你。你得听懂业务讲什么话，你什么都听不懂，就指责人家这个数据不对，那个数据不对，你怎么指责呀？你怎么服务呀？你是为业务服务的，不是业务来为你服务的，一定要搞清楚。我们公司是业务为主导、会计为监督的公司。业务为主导就是业务抢粮食的时候，我们后方平台要支撑得上，后方平台不知道抢的是什么粮食，也不知道带什么袋子，别人抢的是小米，拿这个孔这么大的袋子去装，那不是完全漏光了嘛。所以，我们还要强调财务干部要对业务有了解。"⊖

财经人员不懂业务的根源在于：一是缺乏战略思维，缺乏业务认知，经常立足于过去看现在，而不是从现在看未来，简单遵循历史原则和谨慎原则；二是为会计而会计，为报表而报表，不愿意走出财务的方寸之地接受挑战。

任正非经常语重心长地劝诫："财务认为不需要业务部门介入就可以完成变革的话，那么没有业务要财务干什么，没有业务财务就是废纸。如果说财务是废纸，何必要监控，何必要审计。我们公司坚持以业务为主导、财务为监督。我非常担忧的是，财务人员的内心比较封闭。华为公司

⊖ 任正非与IFS项目组及财经体系员工座谈纪要，2009年。

不允许一些业务流程、一些部门掌握在少数精英手里，我们需要的不是少数人的成功。每个部门都要做到，其正职今天被免掉，明天就有人能来接班，如果有这样条件的话，这个被免掉的人应升职，相反的情况应降职。回去以后，财务每个部门要推荐接班人，如果实在找不出来，就要培养，我们付出了大量的顾问费，就是为了要让大多数中坚力量向顾问学习，不是为了培养少数人。作为一个领导，最重要的职责就是培养接班人。不培养接班人就是对公司最大的不负责。我说的接班人不是指一个人，而是整个团队，但不允许拉帮结伙。"[1]

"近几年来，公司不断要求财务人员了解业务、深入项目，是希望你们不要成为简单的'簿记员'，而是真正明白业务实质且能正确参与经营管理的财经人员。财务人员只有理解业务，才可能走上正确的成长道路，这不是对财务人员的排斥，而是十分中肯的期望。大家不能片面理解，更不能教条地去执行。我们盼望你们挑起重担来，未来的世界很大，财务的跟进速度还不够快。因此在优秀干部的使用上，要大胆一些，小步快跑。没有领导过百万大军，休谈你可以打好'辽沈战役'。"[2]

为此，任正非给财经人员指出了三个努力方向。

方向一：参与项目管理。企业规模越大，财经人员的分工越细，往往只能专注一小段工作，很难窥探财经工作全貌。基层财务人员要想尽快掌握会计整体，最好的选择是做项目财务。一个项目相当于一个小企业业务的完整周期，全面且贴近业务，经历过项目循环，财经人员可以为转身成CFO奠定基础。

方向二：参与经营分析。华为推崇经营分析，而不是单纯的报表分析。财务分析一定要结合实际，服务业务部门，否则分析报告的作用有限。具体而言，财经分析要透过财务数据挖掘业务背后的原因，突破财务的局限

---

[1] 任正非，《财经的变革是华为公司的变革，不是财务系统的变革》，2007年。
[2] 任正非与财经体系员工座谈的讲话，2011年。

找问题、找对策，落实责任，指导考核。

方向三：参与预算预测。计划与预算是什么关系？计划是龙头，制订计划的人一定要明白业务。华为要求地区部要成立计划、预算与核算部，让懂业务的人来牵头。只有计划做好了，预算与核算才有依据来修正、考核计划，即计划是方向，预算是量化，核算是校验，三者互相促进，其关键点是做计划的人要懂业务。财务对业务的支持从事后走向事前，预测才会成为可以为之的举措。准确的预测有助于公司做出正确的决策，可以优化公司的资源配置。财经人员必须不断与业务人员沟通才能得出务实的结论。

二、"五懂"和"四化"

财经与业务的关系可从两个维度来看：其一，监督业务，对业务成果的真实性进行审核，并做出记录；其二，服务业务，为业务协调资源，为业务决策提供支持。监督，是财经的一贯思维，所以要服务业务很难：一方面放不下架子，习惯充当监督者的角色；另一方面自己不了解业务，不知道从哪个方向帮助业务，甚至担心自己的帮忙与监督职能发生冲突。因此，华为对财经提出"五懂"的要求。

（1）懂项目：了解项目的不同阶段，比如不同阶段对人力的需求是不一样的，不能是一个项目10个人从头干到尾，没有资源的新增和释放。

（2）懂合同：比如付款条款要如何约定。

（3）懂产品：这是什么产品、有什么特性、施工过程中的先后顺序是什么样的。

（4）懂会计：比如哪个时点确认收入，如何把业务管理和财务管理结合在一起。

（5）懂绩效：项目经常是临时的，做完就撤了，如何设计这个项目的组织绩效。

财务服务业务，好说难做。财务人员如何与业务人员沟通，怎么做好工作对接，华为财经管理部提出了"四化"标准：财务理论大众化、财务语言通俗化、财务制度统一化、财务输出模板化。这"四化"有语言的艺术，有工作的技巧，对财经切入业务给出了方法。

由于财务监控与业务效率存在天然的矛盾，除了加强事前控制，华为要求财经人员以业务为先，对业务监控的一些节点可以先快速通过，然后通过事后回溯来实现监管。

2017年9月17日，华为集团财经围绕《华为公司改进工作作风的八条要求》（内部称之为"干部八条"），结合财经业务及组织管理现状，进行集体学习和研讨，并做如下纪要。

（1）主管以身作则，集中精力服务客户。"上有所好，下必甚焉"，只要各位高层主管身体力行地去践行"干部八条"要求，多讲真话，多些监督，"干部八条"要求自然会在组织内落实。对上级最大的交代就是聚焦工作，把工作做好，集中精力服务客户，而不是服务上级。

（2）对准最后成功，提供有价值的财经解决方案。在财经作业过程中对识别出的问题和风险事项，不简单拒绝，也不回避问题、矛盾，而是客观评估，以业务最终的胜利为目标，从端到端的视角，提供有价值的财经解决方案。同时，通过规则流程IT的建设，加强信息的可视和垂直穿透，使问题及时发现，及时解决，不捂盖子。

（3）深入一线，到现场去。作为机关COE主管，不管是业务决策还是重大例外事项/风险事项的审批，坐在办公室里想当然是不行的，一定要到一线了解真实的作战场景，识别痛点，洞察风险，才能适配符合业务实质的财务政策规则，设计匹配业务特性的财经解决方案。只有深入一线，才有对事物有深度洞察，剥茧抽丝，才能找出问题的根源和本质，才能抓住主要矛盾和矛盾的主要方面，把复杂的问题简单化，减少对业务、对一线的"折腾"，实现机关人和事的精简，实现业务的简单高效。

（4）要有战略意识，敢于授权。作为财经主管要有战略思维，看方向，看全局，抓结果。通过对下属和专家的授权，激发他们的积极性、主观能动性和担当意识。财经专家通过充分授权、专家上战场的方式，到一线去指挥，发挥专业价值。华为国家 CFO 的战略意识就是对客户的认知，对经济环境的认知，聚焦在关键活动上创造价值。

（5）爱护人格、廉洁自律，不造假、不私费公报、不搞迎来送往。去一线出差，要态度坚定地拒绝接送；一线邀请和安排的聚餐要根据情况予以谢绝，因交流需要和一线人员一同吃饭时，自己要主动买单；出差参加会议有会议餐不可以报就餐补助；多元化激励要切实用到团队、员工即时激励，避免不合理的事情发生等。主管要关注类似的细节，要有自己的原则，抵制金钱的诱惑，克制自己的欲望。

（6）树立坚韧、正向、胜利导向的工作作风。作为 COE 对一线的求助和反馈的问题要及时地给予关注和关心，给予反馈和改进。兵熊熊一个，将熊熊一窝。作为主管要勇敢面对困难，坚决抵制工作作风中的"歪门邪道""歪风邪气"，积极争取最终的业务成功，在团队内形成胜利导向的工作作风。

（7）选高潜、树标杆。做事情面面俱到，就不可能卓越，体现出来的只可能是平庸。所以我们需要找到大批能把事情做简单的员工，也就是具有"战略洞察力+决断力"的员工，带队伍的话，还要有"感召力"，他们将是带领华为继续前进的力量。我们的队伍里一定有大批这样的人才，只要去发掘，就能涌现出来。

三、案例：一次付款的艰难旅程

2015 年 10 月，华为的《管理优化报》刊登了一篇名为《一次付款的艰难旅程》的文章。文章反映了一线作为赞助商面向客户预付款时遇到审批多、流程复杂的问题，引发华为内部员工的激烈讨论，继而引起任正非的关注。《一次付款的艰难旅程》的大意如下。

（1）对一线而言，找不到流程入口，不知道全流程的所有要求和操作规范，流程指导和说明往往比流程本身更难懂、更复杂。

（2）流程建设多针对的是某个具体业务场景，防范的是特定风险，在设计上往往防卫过当，不考虑执行成本，更谈不上面向对象的流程拉通和友好的用户界面。

（3）公司呼吁各级主管要担责，但现实的流程、制度或监管组织却不信任主管。经常遇到的场景是："我是负责×××的，这个风险我愿意承担，流程能否走下去？"答曰："你担不起这个责任，请重新提交流程或升级到谁谁谁处理"。

任正非为此做出如下批示：

据我所知，这不是一个偶然的事件，不知从何时起，财务忘了自己的本职是为业务服务、为作战服务，什么时候变成颐指气使了。皮之不存，毛将焉附。

我们希望在心声社区上看到财经管理团队民主生活发言的原始记录，看你们怎么理解以客户为中心的文化。我常感到财务人员工资低，拼力为他们呼吁，难道呼吁是为了形成战斗的阻力吗？

华为财经管理团队面对巨大的压力，对此召开民主生活会进行讨论，并形成题为《一切为了作战，一切为了服务业务，一切为了胜利》的讨论纪要，对财经系统"流程长、效率低、响应慢"做出全面的剖析和反思。当时分管财经委员会的轮值CEO郭平发表了署名文章《记住插在硫磺岛上的那面旗帜》，对此评价说：

今天当我看到财经团队能以开阔的胸怀，不是解释推诿，而是聚焦未来的改进，从授权下沉、简化审批、及时准确地提供高质量的解决方案上发力，思考如何提升自己的专业能力，服务一线作战的时候，我看到的是一个氛围积极向上的团体,"一切为了作战,一切为了服务业务,一切为了胜利"也许会成为一个时代的口号。我也坚信华为财经管理团队会是世界一流的财务管理团队,能支撑公司未来1000多亿美元的收入。公司的目标只有一个,就是要聚全体员工之努力,"力出一孔,利出一孔"。这种民主生活会的制度化,标志着公司纠偏机制的建立成型,它就像二战中插上硫磺岛的那面战旗,财经部门当了旗手!我衷心希望你们勇于坚持原则,善于坚持原则,做世界最优秀的团队!

郭平于2015年11月27日组织召开EMT会议,提出管理模式的变革思路,由"中央管控"向"一线驱动"转变,以达成"前后方协同、担责、对准目标"的效果。"我们就数据分层收敛做出决议:通信费用、行政费用、差旅费用在国家维度进行审结,不再向上级团队报告。"

第二节　财经与组织绩效

美国著名学者斯坦利·E. 西肖尔（Stanley E. Seashore）认为,评估一个组织的绩效需要考虑三个不同层次的问题:一是组织长期总体目标的实现状况;二是由若干项短期指标衡量的组织短期经营业绩,这些短期目标综合起来将确定组织的最终经营情况;三是从属性低层次指标群所反映的当前经营状况,这些指标能及时反映朝向最终目标的进展或能反映达到成功的可能性大小。

西肖尔同时认为,绝大多数组织的目标都不是单一的,并且有些目标是相互冲突的。例如,组织的最终目标本身就可能具有多重性,且目标重要性各异,这使得其组织绩效无法简单地加以测量,组织决策也不可能同时使所有的目标都达到最大。

因此,多重的组织目标需要根据重要程度赋予不同的部门和人员,从整体来说,企业需要同时关注规模、盈利、效率、风险等目标维度,再具体细分是：

战略目标：

- 新机会；
- 格局；
- 关键能力；
- 竞争；
- 风险管理。

经营目标：

- 机会：订货；
- 增长：收入、回款；
- 投入：销售管理费用率（SG&A）；
- 效率：运营资产效率、库存周转率/应收账款周转天数（ITO/DSO）；
- 回报：利润、净现金流；
- 风险：超长期应收账款（AR）风险敞口。

管理改进目标：

- 客户：客户满意度；
- 内部运营：变革、质量、内控……
- 学习与成长：人才数量与质量、人均效率与效益。

这些目标一定不是面面俱到定义给所有部门，而是各有侧重，销售部门主要侧重于销售机会、市场竞争、收入增长、回款等目标；产品部门则重在关键能力、产品竞争、客户体验及满意度等；职能部门则承担变革、资产运营效率、人才发展等责任。

虽然各部门的目标重点抓住了，但问题也随之而来。"屁股决定脑袋"，每个部门都很容易站在自己的视角、自己的绩效利益看问题，甚至进行资源博弈，不是西风压倒东风，就是东风压倒西风。相反，财经部门掌握企业全方位的数据，不仅具有全局视角，而且没有"屁股"，可以在组织绩效管理中发挥重要的平衡作用。

一、打粮食，打健康的粮食

华为对组织绩效的评价标准是：多打粮食、增加土地肥力。根据当期产粮多少来确定基本评价，这是短期贡献，再根据对土地未来肥沃的改造程度来确定战略贡献，这是对企业长期发展的支撑，支撑未来多打粮食。

财经把内控因素加进来以后，绩效评价标准就变成了：多打粮食、增加土地肥力和内外合规，即打健康的粮食。

一个企业在确保踩油门的同时，还要用点刹来控制风险。尽量减少各类"黑天鹅"事件的发生，比如华为在欧洲，对数据保护条例有特别的关注与考核，通过这样的考核牵引华为欧洲的每个员工理解欧盟《通用数据保护条例》（GDPR）的规范要求，确保欧洲数据不出欧洲。

表 7-1 是华为消费 BG 的组织绩效考核标准，将风险管理定义为考核的扣分项，从内外合规和库存管理两个角度加以明确和引导。

表 7-1 消费 BG 的组织绩效考核标准

维度	权重	考 核 项
多打粮食 （当期经营结果）	70%	・增长：销售收入 ・盈利：贡献利润率 ・现金流
增加土地肥力 （30%~50%）	30%	・质量与用户体验 ・消费者市场品牌 ・组织能力
内外合规 （风险管理）	扣分项	・对内合规按成熟度和重大负向事件考核，对外合规按重大负向事件考核 ・存货风险控制

二、收放自如的 TUP 设计

前面已经介绍过的 TUP 是华为实行的基于员工绩效的利润分享和奖金计划。根据该计划，授予员工时间激励单位，获得时间激励单位的员工（"被授予人"）自授予之日起 5 年可享有以现金支付的收益权，包括年度收益及累计期末增值收益。

从本质上说，TUP 是华为实施的一种基于绩效的长期激励计划，而不是股权激励。只因为其与企业的整体增值挂钩，因此有人将其视同为股票激励，但其实两者之间有天壤之别。

TUP 有计算单位，如授予 10 000 个单位，其如同 10 000 股一样，其年度可享受收益，这一收益与企业利润分红挂钩，五年到期后的期末收益与企业增值挂钩，增值部分通常对标的是企业净资产的增值。TUP 通常 5 年一周期，5 年期满兑现现金收益之后，TUP 会自动清零。

因此，简单理解，TUP 是财务奖金计划，只不过通过挂钩分红和企业增值，引导员工关注企业的长期发展。TUP 一方面吸收了股权激励具有持续性的优点；另一方面规避了一般奖金可能引发员工"涸泽而渔"的短期行为。

三、研发费用节约不归己

华为不仅规定每年研发投入不少于年度收入的 10%，同时针对一些战略的研发费用，有一个"节约不归己"的原则。

当然，战略投入也并不是不讲产出。"我们有 68 个战略制高地、200 多个战略机会点，抢占战略高地要靠能力提升、靠策划、靠方法，不能完全靠激励。虽然做了战略高地，但若利润是负值，乘以任何系数都没用，因此还是至少要实现薄利，不要简单地说'未来如何赚钱'，即使未来赚钱，也是破坏了今天的战略平衡。设定的战略目标，要有销售收入浮动的

比例。"○

在这种情况下，作为一个管理者，很容易通过控制研发费用的投入，来确保利润目标的实现。既要确保短期有利润，又要保证战略投入不受挤压，华为针对这种情况提出一个核算原则——节约不归己。即使研发费用有节约，在年度实际核算奖金的时候，研发预算该花多少就按多少来核算。

四、案例：无下属陪同的差旅

几年前，任正非独自一人在上海虹桥机场排队打车的照片在网络上引起热议，正常理解，这么大一个老总，又年事已高，即便没有专车，也应该有助手随行。任正非独自出行，在华为一点也不奇怪，这既是任正非的行事风格，也是华为的管理制度使然。

为了防止一些管理者带下属出差，华为将此行为定义为"对业务不熟悉、缺乏管理能力的表现"。华为还上纲上线，于2007年8月24日经EMT会议讨论出台了《关于规范各级主管出差管理、提高效率、减少浪费的决议》，文件称，"有部分主管习惯于带下属陪同出差，前呼后拥，严重影响了工作效率，造成浪费，给各级员工树立了不良的榜样"，要求坚决纠正此类风气。

文件主要做出以下规定：

（1）由公司人力资源部和各级干部部（处）组织公司一级、二级、三级部门主管对是否存在这种现象进行自查，自查结果予以公布。今后每半年也应进行自查自纠。

（2）一级、二级、三级部门正职只应一人单独出差。确因业务开展必须二人及以上共同出差的，应报其体系总裁审批同意后方可出差，并说明为何要二人及以上同时出差，为何要同时返回；同行人员的工作量如何。同行人

○ 任正非在人力资源工作汇报会上的讲话，2014年。

员超过其工作安排外的人员投入所涉及的工资、奖金、差旅费用及补助费用等全额由其主管承担。

（3）员工出差时，因旅行时差调整的因素，可在到达后第二天上班工作；但完成任务后，应立即结束出差并离开，否则，其额外的滞留计为事假，事假期间的所有费用由个人承担。

（4）各级主管到驻外机构出差时，当地主管不应在工作时间接、送行。当地主管和相关人员可陪同半天至一天，以利沟通、汇报和工作交流。过分细致的生活安排和长时间陪同是政治投机。

第三节　业务主管的财经责任

华为对业务组织的财经责任有明确定义，例如：建立良好的内控环境，加强对内控管理流程、方法等的建设；提供准确的业务数据及关键信息；按内控要求例行开展有效的内控活动，并做出内控承诺。

任正非曾经说："我们的业务主管要对流程遵从负责，要保障业务数据准确、及时、规范，并约束部门不做假账，且具备基础的财务管理能力及承担监管的责任。业务数据的不准确、不规范，都将导致我们无法形成正确的财务报告。"㊀

2014 年 9 月，华为 CFO 孟晚舟签发了《关于启动财报内控责任函签署的通知》，共计 290 名 CEO 和 CFO、41 名流程 Owner 以及 1032 名业务主管在财报内控责任承诺函上签下了自己的名字。至此，"业务需承担财报责任"在华为的"法律"层面得以明确。

2015 年年初，华为再次签发文件，明确各级 CEO、CFO、流程 Owner 作为"账实相符"的责任人，以落实责任、讲清问题、自我改进为主线，不断提升财报的质量。

㊀ 任正非，《要培养一支能打仗、打胜仗的队伍》，2013 年。

一、成为半个财务专家

华为要求业务主管要成为半个财务专家。如何理解呢？一是在财务知识掌握上，不求精细，泛泛理解即可；二是侧重于理解财务管理方面的知识，无须纠结于具体的会计处理；三是对会计知识懂得解码，无须掌握编码。"既要懂财务，也要懂业务，是我们对业务主管的期望，也是我们对业务主管的要求。财务技能与业务知识的融合，业务主管和财务主管才能更加有效地行权"。㊀

"业务主管不要认为你们懂技术就达标了，你们也得有最基本的财务知识，光懂业务不懂财务是不能成为主管的。当我们拥有大量的渴望进步的接班人时，公司才是有希望的。这个希望从哪里产生？就是从懂得计划、预算、核算的业务人员中产生。"㊁

业务主管同时要学会解读客户财报，为的是了解更多客户的经营痛点，让产品综合解决方案能够和客户诉求对标，做到对症下药。不懂财务的业务主管只会卖产品服务给客户，强调产品和技术的优势，而容易忽略客户的盈利模式、资产状况和支付能力。

二、建立良好的内控环境

所谓内控环境，就是企业管理层对内部控制及其重要性的态度、认识和措施，良好的内控环境是有效实施内控的基础。如果管理层不重视内部控制，企业就建立不起合理的、符合企业实际情况的内控制度。进一步说，企业管理层不重视内部控制，即使建立了好的内控制度，实施起来也如一纸空文，不可能得到一贯而有效的执行，起不到应有的作用。内控环境决定了企业内控实施的基调，对企业的经营管理以至生存发展有着特别的意义。

㊀ 任正非与财务部分员工座谈会上的讲话，2018年。
㊁ 任正非与罗马尼亚账务共享中心座谈会纪要，2011年。

内控环境的建立包含多方面的内容，其中包括：通过"高管基调"等方式强调内控的重要性，明确业务主管/流程 Owner 是建立内控环境的第一责任人，并将内控设计和执行的有效性纳入各级管理者的 PBC 指标中进行考核等。

为建立一个良好的内控环境，华为规定选用理解内控管理系统的干部上岗，不理解的干部予以替换。各级干部特别是业务主管，要加强对内控管理流程、方法、经验等知识的学习，华为会不定期按照内控的标准对业务主管进行内控应知应会的考试。

内控环境的建立主要在于强化业务主管对内部控制的认知，以及"灰色地带"的妥善处理。《华为公司改进工作作风的八条要求》《关于规范各级主管出差管理、提高效率、减少浪费的决议》这两份文件就是对相对灰色和模糊地带的内控规范。

另外，华为还在全球范围内开展内控与诚信宣誓、"干部八条"自律宣誓等活动，以营造良好的内控氛围。

三、反腐败和业务造假

任正非曾强调，没什么可以阻挡华为公司的前进，唯一能阻挡的，就是内部腐败。因此，华为非常重视干部队伍的廉政建设，2013 年华为出台《华为公司改进作风的八条要求》，分别经过 2015 年、2018 年两个版本的修订。具体表述如下。

（1）我绝不搞迎来送往，不给上级送礼，不当面赞扬上级，把精力放在为客户服务上。

（2）我绝不动用公司资源，也不能占用工作时间为上级或其家属办私事。遇到非办不可的特殊情况，应申报并由受益人支付相关费用。

（3）我绝不说假话，不捂盖子，不评价不了解的情况，不传播不实之词，有意见直接与当事人沟通或报告上级，更不能侵犯他人隐私。

（4）我们认真阅读文件，理解指令。主管的责任是胜利，不是简单的服从。主管尽职尽责的标准是通过激发下属的积极性、主动性、创造性去获取胜利。

（5）我们反对官僚主义，反对不作为，反对发牢骚讲怪话。对矛盾不回避，对困难不躲闪，积极探索，努力作为，勇于担当。

（6）我们反对文山会海，反对繁文缛节。学会复杂问题简单化，600字以内说清一个重大问题。

（7）我绝不偷窃，绝不私费公报，绝不贪污受贿，绝不造假，我们也绝不允许我们当中任何人这样做，要爱护自身人格。

（8）我们绝不允许跟人、站队的不良行为在华为形成风气。个人应通过努力工作、创造价值去争取机会。

"干部八条"中的第1、2、5和7条，就直接与官僚、腐败和业务造假相关。

2009~2011年，华为某代表处一名员工利用职权自购车辆租给分包商，不当获利4万美元；同时他还从事第二职业，向客户销售光纤熔接机设备，价值人民币50万元。这一员工的行为严重违反《华为员工商业行为准则》中的两条：不滥用华为影响（华为员工不应滥用在华为的职位或影响，去促进或协助自身或他人的活动）；不从事第二职业。经问责，该员工被予以解除劳动关系，其直接主管负管理责任，被罚款并通报批评。

2014年，华为将预防和查处腐败确立为当年内部管理的工作重点，并开展过一次声势浩大的内部反腐活动。此次反腐活动涉及面之广、程度之深前所未有，用华为的话说是"有必查，查必彻"，其结果是"问题非常严重，涉及历任、多人、多家、团伙"，量化到数据上，多达116名员工涉嫌腐败，其中4名员工被移交司法机关处理。

除了对腐败进行处理之外，华为还盯上了"不犯错误的不作为、胡乱作为的干部，没有能力作为、虚假作为的主管"，而虚假作为其中最重要的一个内容就是业务造假。

华为要求业务主管反复学习《关于对业务造假行为处理原则的决议》，对业务造假采取零容忍的态度，一切以实事求是为原则，除了自身不造假之外，作为团队的负责人，还要敢于拒绝其他人谎报业务，监督安全合规。

第四节　其他组织的财经责任

在华为内部，道德遵从委员会和子公司董事会这两个组织不太引人注目，甚至其成员都不完全是专职人员，但在华为的内控责任中，它们被赋予了很重要的使命。

一、道德遵从委员会

为了更好地融入西方世界，华为定义了三个遵从原则。一是管理遵从。主动融入由西方人主导的全球商业秩序，在管理制度和流程方面全面西化。二是法律遵从。遵守联合国法律和美国法律，以及遵守所在国家的法律。三是文化遵从。其主要职能就是引导和规范华为员工从语言、习俗、宗教乃至于生活习惯等方面主动适应和融入所在国家或地区。除了文化遵从，华为道德遵从委员会还有一个职责就是监管干部，对干部的任免持有否决权和弹劾权。

道德遵从委员会负责持续建立良好的道德遵从环境，传承华为的奋斗文化，引导员工遵守商业行为准则。"人力资源体系的整体定位是为公司找英雄、找领袖、鼓励员工冲锋的，管缺点的是道德遵从委员会，管坏人坏事的是审计部。"㊀

"道德遵从委员会的主要职责是发现好人，不要把主要职责变成帮助落后的人。对干部进行监督，首先你们要相信干部是好人，帮助他们去作

㊀　任正非关于人力资源组织运作优化的讲话，2018年。

战,别触犯到高压线。不能首先设定这是个坏人,然后去监控他。我们并不是要真正抓一个干部出来点点火,然后高兴地说'你看我又抓了一个出来',总体还是不希望公司干部有违规行为。昨天你违了规,赶快搭个楼梯,下楼洗个澡,把脏东西洗干净。"①

1. "干部八条"的"鸡毛掸子"

一个企业的流程不可能完善到无懈可击,自律永远是最低成本的管理。因此,华为在干部层面要求把践行"干部八条"作为座右铭,道德遵从委员会以此为抓手"促进自律,完善他律",形成一个良好的内部"场"的监控。

"干部八条实质就是一句话:说老实话,做老实事。我们还是维持这个干部八条,不用讲得太细化。干部八条可以采用一些张贴方式,做一些很漂亮的张贴画、小册子等。道德遵从委员会要形成一种针对干部违反干部八条后予以警醒的鸡毛掸子,比如干部在哪些地方违反了八条,先不撤你职,也不处分你,就是在一个公开平台上点你的名,希望大家不要违反。今年市场大会上,我们数千名高级干部庄严宣誓忠实执行干部八条,刚刚宣誓完,决不允许有人挑衅干部八条,公开或当面吹捧领导人,领袖的光辉伟大是自然形成的,而不是靠阿谀奉承堆砌的。对悍然挑衅干部八条权威的政治投机行为,决不允许它蔓延,越是在胜利冲昏头脑的时候,越是要警惕扒手。我们各级主管及干部,要看得见那些埋头苦干的人的背影。"②

2. 执行商业行为准则

2009 年,华为道德遵从委员会在签发《关于遵从〈华为员工商业行为准则〉的相关规定》时说:"人生路很长,无谓为了获得一些个人不当

---

① 任正非,《遍地英雄下夕烟,六亿神州尽舜尧》,2014 年。
② 任正非关于人力资源管理纲要 2.0 修订与研讨的讲话纪要,2017 年。

利益而去犯错误，这些错误是以自己的人格和品牌为代价的，在事后经历着心灵的煎熬，也是对父母养育和社会教育的辜负。公司对触犯 BCG 问题已建立了相关的监督、调查、问责制度，无论是管理者，还是普通员工，一切钻公司漏洞、借职务便利牟取私利的行为，都是公司坚决不允许的，这是公司的基本原则。"

华为在这一文件中明确了相应的问责机制：①各体系干部部负责组织体系管理团队根据《违反 BCG 的问责条例和标准》进行问责。②除问责直接责任人外，如果问题是由于部门管理失职而造成的，问题发生时期的任内主管必须被问责；在流程 Owner 明确以后，如果问题明显是流程体制没建好而造成的，相应流程 Owner 必须被问责。③对主动发现和报告问题、积极支持调查的主管，可减轻管理问责；对于捂盖子或故意破坏调查的主管，将降职、撤职或除名。④体系干部部负责在收到调查报告后 30 个工作日内完成问责。问责通报须明确当事人被处罚的原因，并根据具体情况进行全公司或部门通报。

文件还要求，各级业务主管作为内控体系的第一责任人，应通过对所查事件深入剖析，举一反三，完善管理体制和流程：①各一级部门干部部负责组织员工进行案例学习，引导员工对 BCG 的遵从，员工关系部负责监督。②由体系总裁负责，相关运作支持部门协助，自上而下推动管理改进；涉及流程的问题由 GPO 负责，未明确 GPO 的由体系总裁负责。③ GPO 和业务主管负责落实管理改进，并在收到调查报告后 30 个工作日内反馈管理改进报告；内控建设部负责支持业务主管落实管理改进，内审部负责监督闭环改进情况并向审计委员会报告。④业务部门和 GPO 应在高风险区域和流程建立监测机制，实现业务过程中的例行监测，以防范问题的重复发生。

2016 年 8 月 11 日，华为还以电子邮件文件的形式发布了"十六条军规"（后扩展到二十一条，但仍沿用"十六条军规"的提法），进一步深化对 BCG 的解读和执行。

（1）商业模式永远在变，唯一不变的是以真心换真金。

（2）如果你的声音没人重视，那是因为你离客户不够近。

（3）只要作战需要，造炮弹的人也可以成为一个好炮手。

（4）永远不要低估比你努力的人，因为你很快就需要追赶他了。

（5）胶片文化让你浮在半空，深入现场才能脚踏实地。

（6）那个反对你的声音可能说出了成败的关键。

（7）如果你觉得主管错了，请告诉他。

（8）讨好领导的最好方式，就是把工作做好。

（9）逢迎上级1小时，不如服务客户1分钟。

（10）如果你想跟人站队，请站在客户那队。

（11）忙着站队的结果只能是掉队。

（12）不要因为小圈子，而失去了大家庭！

（13）简单粗暴就像一堵无形的墙把你和他人隔开，你永远看不到墙那边的真实情况。

（14）大喊大叫的人只适合当啦啦队员，真正有本事的人都在场上。

（15）最简单的是讲真话，最难的也是。

（16）你越试图掩盖问题，就越暴露你是问题。

（17）造假比诚实更辛苦，你永远需要用新的造假来掩盖上一个造假。

（18）公司机密和你的灵魂永远是打包出卖的。

（19）从事第二职业的人，请加倍努力，因为它将很快成为你唯一的职业。

（20）在大数据时代，任何以权谋私、贪污腐败都会留下痕迹。

（21）所有想要一夜暴富的人，最终都一贫如洗。

二、子公司董事会

华为子公司的董事会，不是橡皮图章！

华为向前方授权的同时，将逐步实行多平台管理，因此需要有一个中立的、代表集团的机构到一线进行实地综合监管,这就是华为子公司董事会的使命和职责。"为什么要设子公司董事会呢?未来我们逐渐走向一线全面授权,让听得到炮声的人来呼唤炮火,首先需要有良好的监管机制,授权才不会混乱。对一线的授权主要是战斗的决定权,使他们能及时、准确地组织冲锋与呼唤炮火。但战果(合同生效、预算、核算等)的处置权,因为事情已经不着急,有可能机关在服务中二次处理。如果我们不能建立一个良好的子公司董事会组织,对一线的放权就不能完全放开。"⊖

1. 子公司董事会是权力机构

在全球经济相对低迷,而华为的竞争力在世界上越来越强,越来越引发外部关注的情况下,为了规避外部特别是欧洲国家的遵从风险,同时打破内部的"唯指标论",华为从2012年开始大力推进海外子公司董事会的建设,将子公司合规运营提高到一个战略高度。2014年,华为又提出用3~5年时间建设100个子公司董事会综合治理平台,配合授权体系逐步将权力下放给区域和项目,以增强一线作战能力和满足客户需求的能力。

华为子公司董事会是权力机构,是代表公司的监督系统,监督子公司对内对外合规,通过看风险、看机制来履行监督责任,因此,华为子公司董事会被称为"监督型董事会"。它与其他监督机构有本质区别。审计、稽查、内控、CEC、法务等都是执行机构,与子公司董事会是从属关系,支撑子公司董事会做好监督。子公司董事会体现的是"权力价值",不与这些机构争工作、分工作,而是这些机构对子公司董事会负责。

子公司董事会以建设和预防为目的,以对内对外合规为抓手,通过尽职调查和访谈,判断子公司存在哪些风险,分析机制建设方面有哪些漏洞,审视管理层有没有管好自己、管好下属、建好机制。将BCG违规、业务造假、组织氛围作为切入点,待条件成熟后逐步实现全面监督。

⊖ 任正非在董事赋能研讨会上与候选专职董事交流的讲话,2014年。

第一，看风险。首先要扫描高风险的领域，可以通过几个方面来获取输入：一是审计、内控、HR、法务等部门的输出；二是区域以往的案例，哪些问题是多发的；三是结合识别出的重点风险领域，沿着这些领域的风险场景进行梳理。

第二，看机制。透过发现的风险和漏洞，看子公司管理层在集团政策落地方面是否有效，有没有建立起合理的流程和子公司监管的大坝，有没有把教管查处法落地，机制方面有没有漏洞和不足。当流程建好以后，站在流程外看流程，做到事前提醒和事后管理，提醒管理层改进。

华为子公司董事会有推荐优秀干部的责任，有干部的提议权、评价权和弹劾权，确保干部在多产粮食的同时做到不违规。"子公司 CEO 不仅承担合规责任，最主要的是去作战。如果作战时总是犯规，那就不用他了。成绩做不上去，每年都应该有员工被末位淘汰。"⊖

2. 如何建设子公司董事会

华为建设子公司董事会并不是一开始就全面铺开，而是以一两个国家作为试点，从中总结出经验。一个子公司的董事会由 5 名有经验的员工担任专职董事，再加两三名业务主管，两三名外部董事共同组成。

子公司董事会相对运作成熟以后，再把 5 名专职董事拆开，派到华为其他国家子公司担任董事，实现以点带面；原团队空缺的位置，补充一两名新人进去，不断实现人员的循环。

子公司董事会干得好与不好的标准，仍然是看这个子公司是否实现持续有效增长。

子公司董事会也是子公司治理的战略预备队。华为的大量干部都是技术、销售出身，不懂公司治理，华为为了解决这个矛盾，先是从地区部抽调一些干部补充到董事队伍，放到子公司董事会学习经营管理，学习如何

⊖ 任正非在董事赋能研讨会上与候选专职董事交流的讲话，2014 年。

治理公司。

子公司董事会作为督战队，代表公司进行监督，不干预一线业务运作，但要善于发现问题，把问题反映出来。因此，华为要求子公司董事会的董事必须亲自到一线做调查，能读懂各种报表，了解真实情况，会写调查报告。"郭平的报告《机关一定是为一线服务并提供支持的，老让一线证明'你妈是我妈'是不正确的》就是个范本，你们要学一学。调查不一定都要全面反映问题，反映一个局部问题也是很好的……董事要多看、多听、多想，不要急于发表意见，想法不成熟就少说；要充分发现问题、识别问题、报告问题，不要为地区部做背书、唱赞歌，没有必要替CEO挡子弹。"㊀

3. 与监事会的关系

简单介绍一下华为目前的决策体系。集团董事会是华为的最高领导委员会，代表集团的管理权力，下设消费者业务管理委员会、ICT基础设施业务管理委员会和平台协调管理委员会。平台协调管理委员会是支撑集团管理的协调权力机构，承接从董事会下来的主张与要求，做细节性的穿透工作，形成公司的共同平台；两个业务管理委员会是分治平台，拥有分治权力，对分属业务进行管理和监督。

集团董事会和监事会进行分权制衡。董事会承担的责任主要有四条：一是战略洞察；二是建立业务边界与管理规则；三是管理高层关键干部；四是监督。监事会主要负责董事/高级管理人员履职监督、公司经营和财务状况监督、合规监督。董事会可进行分治授权，监事会属于中央集权管理。

华为子公司董事会直接归属于集团监事会管理。子公司董事会的核心思维是价值管理，支撑多打粮食，其合规管理是以建设和预防为目的。监事会则是垂直向下，从内外合规着手，一步一步地把监管做深入。

监事会有责任协助子公司董事资源局建设子公司董事会，并协同子公司董事会加强监控重装旅的干部循环。

㊀ 任正非在子公司监督型董事会管理层监督方案及试点情况汇报上的讲话，2015年。

附录A

华为发展历程

2020年

华为助力全球170多个国家和地区的1500多张运营商网络稳定运行。全球多家第三方机构进行的全球大城市5G网络体验测试结果显示，华为承建的多个运营商5G网络体验排名第一。

目前华为已参与全球超过3000个创新项目实践，和运营商、合作伙伴一起在20多个行业签署了1000多个5G toB项目合同。

截至2020年年底，华为企业市场合作伙伴数量超过30 000家，其中销售伙伴超过22 000家，解决方案伙伴超过1600家，服务与运营伙伴超过5400家，人才联盟伙伴超过1600家。

华为帮助全球多家运营商在LTE/5G网络评测中全面领先；在GlobalData发布的报告中，华为5G RAN和LTE RAN综合竞争力均排名第一，蝉联"唯一领导者"桂冠。

华为履行绿色节能、PowerStar解决方案，已在中国商用超过40万个站点，每年带来约2亿度电的节省。

华为云已上线220多个云服务、210多个解决方案，在全球累计获得了80多个权威安全认证，发展了19 000多家合作伙伴，汇聚160万开发者，云市场上架应用4000多个。

华为全球终端连接数超过10亿，手机存量用户突破7.3亿。

华为全球集成HMS Core能力的应用已超过12万个，全球注册开发者超过230

万，其中海外开发者 30 万，上架华为应用市场的海外应用数较 2019 年增长超过 10 倍，HMS 生态已经成为全球第三大移动应用生态。

2019 年

华为帮助全球 35 家已商用 5G 的运营商打造 5G 精品网。

华为（含荣耀）智能手机市场份额达到 17.6%，稳居全球第二（IDC）；5G 手机市场份额全球第一（Strategy Analytics）。

全球有 700 多个城市、228 家世界 500 强企业（含 58 家世界 100 强企业）选择华为作为数字化转型的伙伴。

华为云上线 200 多个云服务以及 190 多个解决方案，300 多万企业和开发者基于华为云进行云端开发。

发布兼容 ARM 的处理器鲲鹏 920，推出基于鲲鹏 920 的 TaiShan 系列服务器产品和云服务。

发布人工智能原生（AI-Native）数据库 GaussDB 和业界性能第一的分布式存储 FusionStorage 8.0。

首次发布计算战略，计算产业新的大航海时代由此开启。先后发布了算力最强的 AI 芯片昇腾（Ascend）910、全场景 AI 计算框架 MindSpore，推出全球最快 AI 训练集群 Atlas 900 以及华为云昇腾集群服务。

正式发布智简全光网战略，携手上下游产业链重新定义光产业。

发布下一代分布式多端智慧化操作系统鸿蒙，为消费者带来跨终端无缝协同体验，满足了全场景智慧时代对操作系统提出的新要求。

全面开放 HMS，使全球开发者能便捷、快速地接入 HMS 生态进行应用创新，实现生态共享。全球集成 HMS Core 的应用数量已超过 5.5 万款。

华为应用市场 AppGallery 服务于全球 170 多个国家和地区，全球月活跃用户超 4 亿，上架应用持续快速增长。

2018 年

全年全球销售收入首超千亿美元。

华为手机（含荣耀）全球发货量突破 2 亿台，稳居全球第三。

211 家世界 500 强企业（含 48 家世界 100 强企业）选择华为作为数字化转型的合

作伙伴。

5G 微波开启全面商用的新征程。

发布全球首个覆盖全场景人工智能的昇腾系列芯片，以及基于昇腾系列芯片的产品和云服务。

发布 AI 战略与全栈全场景 AI 解决方案，在全云化网络基础上引入全栈全场景 AI 能力，打造自动驾驶网络。

发布新一代人工智能手机芯片——麒麟 980。

颁奖给"Polar 码（5G 极化码）之父"，致敬基础研究和探索精神。

发布基于 3GPP 标准的端到端全系列 5G 产品解决方案。

2017 年

运营商业务：从"投资驱动"走向"价值驱动"

物联网战略持续推进，NB-IoT 技术日趋成熟，全球部署超过 50 万个华为基站，商用连接突破 1000 万个。华为与 1000 多家生态合作伙伴共建生态，开启了物联网黄金时代。

全云化战略持续推进，华为在全球签署超过 350 个 NFV（网络功能虚拟化）和 380 个 SDN（软件定义网络）商用合同，部署超过 30 个 CloudAIR 无线空口云化商用网络，引领全云化网络走向现实。

5G 领域，华为在全球 10 余个城市与 30 多家领先运营商进行 5G 预商用测试，性能全面超越国际电信联盟（ITU）的要求。

企业业务：使能行业数字化转型

在云计算、大数据、企业园区、数据中心、物联网等领域，不断强化产品与解决方案创新，并推动在智慧城市、平安城市以及金融、能源、交通、制造等行业广泛应用。

通过打造开放、灵活、安全的端管云协同 ICT 基础设施平台，做客户和伙伴平台的平台；同时坚定不移地与生态伙伴"共生、共赢"，做生态的土壤，共同实现可持续增长。

197 家世界 500 强企业（含 45 家世界 100 强企业）选择华为作为数字化转型的合作伙伴。

消费者业务：打造"世界级智能终端品牌"

华为与荣耀双品牌并驾齐驱，用户忠诚度不断提升，市场规模快速增长，华为

（含荣耀）智能手机全年发货 1.53 亿台，全球市场份额突破 10%，稳居全球第三，在中国市场也持续保持领先。

华为新推出的 HUAWEI Mate10，成为首款加载人工智能芯片的手机，为消费者带来了真正意义上的足以称为由 AI 主导的智能手机。

全球品牌知名度从 81% 提升至 86%，海外消费者对华为品牌的考虑度大幅提升，较 2016 年同比增长 100%，首次进入全球前三。

华为云：构建开放可信的云平台

新成立 Cloud BU；截至 2017 年年底，华为云已上线 14 大类 99 个云服务，以及制造、医疗、电商、车联网、SAP、HPC、IoT 等 50 多个解决方案。

华为云正式发布 EI 企业智能平台，将华为多年来在人工智能领域的技术积累、最佳实践与企业应用场景相结合，为企业客户提供一站式人工智能平台型服务。

持续构筑开放、合作、共赢的云生态，现已发展云服务伙伴超过 2000 家，包括 4 家同舟共济合作伙伴。

2016 年

华为支持全球 170 多个国家和地区的 1500 多张网络的稳定运行，服务全球 1/3 以上的人口。

华为已在全球部署了超过 60 张 4.5G 网络；华为无线家庭宽带解决方案（WTTx），覆盖全球 3000 万家庭；华为在超过 100 个国家累计部署 190 多张移动承载网络。

华为已在全球获得了 170 多个云化商用合同；VoLTE 和 VoWiFi 解决方案累计服务于全球 110 张网络；数字业务云服务平台累计引入超过 4000 家合作伙伴，聚合超过 60 万数字内容和应用。

华为联合 500 多家合作伙伴为全球 130 多个国家和地区的客户提供云计算解决方案，共部署了超过 200 万台虚拟机和 420 个云数据中心。

华为智慧城市解决方案已应用于全球 40 多个国家的 100 多个城市，华为还主笔了 9 项智慧城市中国国家标准；华为平安城市解决方案已服务于 80 多个国家和地区的 200 多个城市，覆盖 8 亿多人口。

在金融领域，华为全渠道银行解决方案已服务于全球 300 多家金融机构，包括全球十大银行中的 6 家；在能源领域，华为全联接电网解决方案已应用于全球 65 个国家，服务 170 多个电力客户；在交通领域，华为已与业内 60 多个合作伙伴开展合作，提供数字城轨、智慧机场等解决方案，服务全球超过 22 万千米的铁路和高速公路、15 家以上客流量超 3000 万的机场。

全年智能手机发货量达到 1.39 亿台，同比增长 29%，连续 5 年稳健增长；全球市场份额提升至 11.9%，居全球第三。

2015 年

根据世界知识产权组织公布的数据，在企业专利申请排名方面，2015 年华为以 3898 件连续第二年位居全球榜首。

华为 LTE 已进入 140 多个首都城市，成功部署 400 多张 LTE 商用网络和 180 多张 EPC 商用网络。

在光传送领域，华为与欧洲运营商共同建设了全球首张 1T OTN 网络，与英国电信合作完成业界最高速率 3Tbps 光传输现网测试。

发布了全球首个基于 SDN 架构的敏捷物联解决方案。

发布了全球首款 32 路 ×86 开放架构小型机昆仑服务器。

华为智能手机发货超 1 亿台，在全球智能手机市场稳居全球第三，在中国的市场份额位居首位（GFK 数据）。

2014 年

在全球 9 个国家建立了 5G 创新研究中心。

承建了全球 186 个 400G 核心路由器商用网络。

为全球客户建设了 480 多个数据中心，其中 160 多个云数据中心。

全球研发中心总数达到 16 个，联合创新中心共 28 个。

在全球加入 177 个标准组织和开源组织，在其中担任 183 个重要职务。

智能手机发货量超过 7500 万台。

2013 年

华为全球财务风险控制中心在英国伦敦成立，监管华为全球财务运营风险，确保财经业务规范、高效、低风险地运行；华为欧洲物流中心在匈牙利正式投入运营，辐射欧洲、中亚、中东和非洲国家。

作为欧盟 5G 项目主要推动者、英国 5G 创新中心（5GIC）的发起者，华为发布

5G 白皮书，积极构建 5G 全球生态圈，并与全球 20 多所大学开展紧密的联合研究，华为为构建无线未来技术发展、行业标准和产业链积极贡献力量。

400G 路由器商用方案得到 49 个客户的认可并规模投入商用；此外，华为还率先发布了骨干路由器——1T 路由线卡，以及 40T 超大容量的波分样机和全光交换网络 AOSN 新架构。

持续领跑全球 LTE 商用部署，已经进入全球 100 多个首都城市，覆盖九大金融中心。

发布全球首个以业务和用户体验为中心的敏捷网络架构及全球首款敏捷交换机 S12700，以满足云计算、BYOD、SDN、物联网、多业务以及大数据等新应用的需求。

以消费者为中心，"以行践言"（Make it Possible）持续聚焦精品战略，其中旗舰机型华为 Ascend P6 实现了品牌和利润双赢，智能手机业务获得历史性突破，进入全球前三，华为手机的品牌知名度全球同比增长 110%。

2012 年

持续推进全球本地化经营，加强了在欧洲的投资，重点加大了对英国的投资，在芬兰新建了研发中心，并在法国和英国成立了本地董事会和咨询委员会。

在 3GPP LTE 核心标准中贡献了全球通过提案总数的 20%。

发布业界首个 400G DWDM 光传送系统，在 IP 领域发布业界容量最大的 480G 线路板。

和全球 33 个国家和地区的客户开展云计算合作，并建设了 7 万人规模的全球最大的桌面云。

推出的 Ascend P1、Ascend D1 四核、荣耀等中高端旗舰产品在发达国家热销。

2011 年

发布 GigaSite 解决方案和泛在超宽带网络架构 U2Net。

建设了 20 个云计算数据中心。

智能手机销售量达到 2000 万部。

以 5.3 亿美元收购华赛。

整合成立了"2012 实验室"。

发布 HUAWEI SmartCare 解决方案。

在全球范围内囊获了 6 大 LTE 顶级奖项。

2010 年

全球部署超过 80 个 SingleRAN 商用网络，其中 28 个已商用发布或即将发布 LTE/EPC 业务。

在英国成立安全认证中心。

与中国工业和信息化部签署节能自愿协议。

加入联合国世界宽带委员会。

获英国《经济学人》杂志"2010 年度公司创新大奖"。

2009 年

无线接入市场份额跻身全球第二。

成功交付全球首个 LTE/EPC 商用网络，获得的 LTE 商用合同数居全球首位。

率先发布从路由器到传输系统的端到端 100G 解决方案。

荣获美国电子和电气工程协会国际标准组织（IEEE）2009 年度杰出公司贡献奖。

获英国《金融时报》颁发的"业务新锐奖"，并入选美国《快公司》杂志评选的最具创新力公司前五强。

主要产品都实现了资源消耗同比降低 20% 以上，在全球部署了 3000 多个新能源供电解决方案站点。

2008 年

被《商业周刊》评为全球十大最有影响力的公司。

根据 Informa 的咨询报告，华为在移动设备市场领域排名全球第三。

首次在北美大规模商用 UMTS/HSPA 网络，为加拿大运营商 Telus 和 Bell 建设下一代无线网络。

移动宽带产品全球累计发货量超过 2000 万部，根据 ABI 的数据，华为市场份额位列全球第一。

全年共递交 1737 件 PCT 专利申请，据世界知识产权组织统计，在 2008 年专利申请公司（人）排名榜上华为排名第一；LTE 专利数占全球 10% 以上。

2007 年

与赛门铁克合作成立合资公司，开发存储和安全产品及解决方案。

与 Global Marine 合作成立合资公司，提供海缆端到端网络解决方案。

在 2007 年年底成为欧洲所有顶级运营商的合作伙伴。

被沃达丰授予"2007 杰出表现奖"，是唯一获此奖项的电信网络解决方案供应商。

推出基于全 IP 网络的移动固定融合（FMC）解决方案战略，帮助电信运营商节省运作总成本，减少能源消耗。

2006 年

以 8.8 亿美元的价格出售了 H3C 公司 49% 的股份。

与摩托罗拉合作在上海成立联合研发中心，开发 UMTS 技术。

推出新的企业标识，新标识充分体现华为聚焦客户、创新、稳健增长和和谐的精神。

2005 年

海外合同销售额首次超过国内。

与沃达丰签署《全球框架协议》，正式成为沃达丰优选通信设备供应商。

成为英国电信（BT）首选的 21 世纪网络供应商，为 BT 的 21 世纪网络提供多业务网络接入（MSAN）部件和传输设备。

2004 年

与西门子合作成立合资公司，开发 TD-SCDMA 解决方案。

获得荷兰运营商 Telfort 价值超过 2500 万美元的合同，首次实现在欧洲的重大突破。

2003 年

与 3Com 合作成立合资公司，专注于企业数据网络解决方案的研究。

2002 年

海外市场销售额达 5.52 亿美元。

2001 年
以 7.5 亿美元的价格将非核心子公司 Avansys 出售给爱默生。

在美国设立四个研发中心。

加入国际电信联盟（ITU）。

2000 年
在瑞典首都斯德哥尔摩设立研发中心。

海外市场销售额达 1 亿美元。

1999 年
在印度班加罗尔设立研发中心，该研发中心分别于 2001 年和 2003 年获得 CMM4 级认证和 CMM5 级认证。

1997 年
推出无线 GSM 解决方案，并于第二年将市场拓展到中国主要城市。

1995 年
销售额达 15 亿元，主要来自中国农村市场。

1992 年
开始研发并推出农村数字交换解决方案。

1990 年
开始自主研发面向酒店与小企业的 PBX 技术并进行商用。

1987 年
创立于深圳，成为一家生产用户交换机（PBX）的香港公司的销售代理。

附录 B

华为员工商业行为准则

（1.0版）

1.0 前言

每位华为员工在公司商业行为中遵守法律规定和道德规范，是华为能够长久发展的重要保障之一。公司在研究已发生的案例和公司面临的全球化环境后对员工在商业行为中应遵循何种规范进行了深入讨论，讨论结果形成了华为员工商业行为准则，该准则是帮助我们遵循法律与道德标准的指导规范。

华为员工商业行为准则是所有华为员工应该遵守的一般性商业行为规范，除此之外，华为员工还应遵守公司、所在部门或所从事业务领域的其他规则。其他规则与华为员工商业行为准则不一致的，以华为员工商业行为准则为准。世界是不断变化的，公司的经营以及我们所处的世界不断发展，新的道德和法律问题不断涌现，没有任何一套规范是绝对适用于所有情况的。公司将根据情况及时修订华为员工商业行为准则，随着新问题的出现，华为员工商业行为准则或具体业务规则在解释或适用上可能在其基本理念范围内被赋予新的含义。如果您对准则或业务规则有解释上或适用上的问题，应向直接主管咨询。如果直接主管不能清楚解释或您对直接主管的答复仍有异议，直接主管或您可通过以下渠道向人力资源部员工关系部咨询：

Email：BCGinquiries@huawei.com

华为的业务覆盖全球，公司商业行为准则是按照遵从华为业务所在各国法律要求的原则来制定的。但是由于各个国家的法律、法规千差万别，宗教习惯也不一样，如果公司商业行为准则中某一项或几项规定与相关法律、宗教的强制性规定相冲突，则以该强制性规定为准，同时并不影响其他规定的效力。

华为员工商业行为准则适用于深圳市华为投资控股有限公司及其全球范围内直接或间接控股子公司的员工，其他人员可由相关业务部门参照适用。华为员工商业行为准则对公司具有重要意义。每位华为员工均应签署、学习、掌握并遵守华为员工商业行为准则的各项要求。华为员工如有违反本准则的行为，将会受相应处罚（包括解除劳动合同、追究法律责任等）。

如您发现有任何违反本准则的行为，请通过以下渠道进行投诉：

NOTES：BCG complain/huawei

Email：BCGcomplain@huawei.com

华为对相关举报将展开调查，且绝不允许任何人对举报者采取打击报复行动或进行威胁。

华为员工商业行为准则由人力资源部负责解释并定期维护。

2.0 基本准则

所有员工均应诚实守信，遵守商业行为准则，诚实劳动、恪尽职守、严禁欺诈。每位员工应做到：

- 处理所有华为业务活动与业务关系时，要诚实、守信；
- 遵守适用的、与华为业务经营活动相关的法律和法规；
- 保护并正当使用华为资产，尊重他人知识产权；
- 维护公司利益，正确处理公、私利益关系；
- 尊重差异，对来自全世界客户、供应商、业务伙伴以及员工的文化、宗教信仰，应予以尊重和公正对待。

3.0 对内业务行为

3.1 维护工作环境

3.1.1 禁止歧视和其他困扰

公司不允许工作环境中有以下行为：

- 因种族、肤色、宗教、性别、年龄、国籍、遗传、残障或其他与华为合法利益无关的歧视或差别对待；

- 任何性骚扰的言论或行为；
- 不适宜的评论、玩笑、行为等。

3.1.2 禁止违法行为

以下行为可能违反法律或破坏工作环境，因此公司禁止：
- 胁迫；
- 暴力行为；
- 造成、鼓动或引起工作环境冲突、恐怖的行为；
- 持有任何形式的武器；
- 使用、分发、贩卖或持有非法药物、毒品、其他非经核准供医药用途的管制品。

3.1.3 禁止含酒精饮料

受到禁药、管制品或含酒精饮料的影响的员工，不得在华为办公场所或其他工作场所出现。不得在华为办公场所饮用含酒精饮料。

3.2 保护华为资产

华为有多种资产，包括有形资产和无形资产。公司的知识产权，尤其是技术秘密与商业秘密，是公司最重要的资产，是全体员工辛勤劳动的果实。资产的遗失、被盗或被滥用，均将危害到公司的未来，所以妥善保护资产至关重要。华为员工有责任保护公司的一切有形资产、知识产权、技术秘密与商业秘密以及其他无形资产，同时应对华为资产的不安全隐患保持警觉，发现异常情况应立即向直接主管或相应管理部门报告。

过去的一些案例显示，华为的有形资产和知识财产存在被非法或未经授权使用的情形。在个别案例中，个别人员（包括已离职的华为员工）曾因他们的行为被起诉，并因参与窃取、侵占华为资产而被追究刑事责任。

3.2.1 有形资产

华为的有形资产，如厂房、设备、系统、设施、公司信用卡、用品等，只能用于华为业务或经相关管理层授权使用目的。

3.2.2 华为信息通信系统

华为的信息通信系统，包括与外部网络的连接，对于华为的业务经营非常重要。华为有权对其信息通信系统进行监控，以保证信息通信系统的安全。任何不正当使用华为信息通信系统的行为，都是对华为资产的滥用。
- 员工只能将华为信息通信系统用于华为业务或经相关管理层授权使用的目的。
- 华为员工未经授权不得利用华为的信息通信系统访问与工作无关网站。
- 每位员工均有责任确保为正当目的使用华为的信息通信系统。任何员工不得因不当使用华为的信息通信系统而影响自己或他人的工作效率。

3.2.3 华为专有信息

华为专有信息指由华为所有的信息，包括但不限于华为各数据库中包含的信息。与华为目前或未来产品、服务或研究有关的技术或科技信息、业务或营销计划或预测、营业收入或其他财务资料、人事资料（包含主管或组织变更）、源代码形式的软件、华为从顾问公司等第三方获得的咨询成果或资料、教材等均属于华为专有信息。此类信息，尤其是华为的保密信息，使华为在市场竞争中占有优势，一旦华为专有信息未经授权泄露、被竞争对手或其他行业人员利用，华为将遭受严重损害。

3.2.3.1 华为员工必须遵守公司各项信息安全制度，未经授权不得披露公司的专有信息，也不得在从事华为业务外使用。无论专有信息是否本人开发，作为华为员工均应对华为专有信息承担保密义务，并且在离职之后也仍然负有保密的义务。

3.2.3.2 华为员工也应避免无意地泄露华为专有信息。为了避免无意泄密，员工不得和任何未经授权的人员讨论华为专有信息，在任何有未经授权人员的场合，不得谈论华为专有信息，如在交易会、机场等公共场所，或在使用移动电话、无线电及其他电子媒体或数据库时。在与家人或朋友谈话时，也应避免谈及华为的保密信息，因为他们可能在不知情或疏忽的情况下，向别人透露信息。

3.2.3.3 透露少量的保密资料也可能导致严重的泄密事件，因为所泄露的片段消息可与其他来源的片段消息组合，构成完整的信息。

3.2.4 华为知识产权

华为的知识产权包括但不限于专利、商标、版权、商业秘密和其他信息。员工应遵守公司知识产权和信息安全政策，保护和合法使用华为知识产权。

华为员工从事管理、技术、产品规划、程序设计、科学研究、培训教学或其他工作所获得的智力成果的一切权利与利益均归华为所有。这些智力成果包括但不限于：与华为现在或未来业务或研发有关的构想、发明、设计、计算机程序以及各种技术文件等，以及华为员工从事华为业务或代表华为时所产生的构想、发明、设计、计算机程序、技术文件等。如产生了上述智力成果，员工应向华为报告。

华为员工在被聘于华为期间：
- 在开发新产品或服务，或者使用新产品或服务的名称之前，应确认是否存在知识产权问题；
- 在申请专利前，应征询知识产权部门意见，并应将已申请或已取得专利的复本提交给知识产权部门；
- 在配合公司知识产权部门完成专利申请之前，不得擅自介绍或披露有关新产品或服务的信息；
- 如果员工认为该构想、发明、设计或计算机程序不在华为现在或未来的业务范围内，也不是从事华为工作而产生的，员工应该与知识产权部门讨论确定。

3.2.4.1　参加外部的与标准相关的组织

华为员工参加任何外部的与标准相关的组织和活动之前，必须获得相关管理层的批准，并应同时听从华为知识产权和标准主管部门的意见。参加与标准相关活动的员工须承担以下责任：
- 了解并遵守华为和员工本人对与标准相关的组织的承诺及义务的责任；
- 保护华为知识产权的责任，尤其是在向某个组织有所承诺或贡献时；
- 避免任何利益冲突的责任。

3.2.4.2　开放源代码软件活动

参与或介入任何开放源代码软件活动的行为，均可能导致与华为利益相冲突的问题或不恰当的转让、转移华为知识产权的问题。因此，任何员工在参与或介入开放源代码软件活动时，或者希望使用开放源代码时必须向相关管理层和知识产权部门寻求指导，并遵守华为关于参与或介入开放源代码活动的规定和要求。

3.2.4.3　离开华为的交接

华为员工无论因何种原因离开华为，必须向公司移交所持有的所有华为财产，包括但不限于文件及任何含有华为专有信息的介质等，并且不得泄露或使用华为专有信息。在员工离职之后，华为仍将继续拥有员工在聘用期间创作所产生的知识产权。员工离职不能带走和使用任何华为公司的资产、文档、代码、技术和其他专有信息，即使这些资产、文档、代码、技术和其他信息是该员工本人在华为期间所产生或创造的。

3.3 信息记录、报告与保存

华为员工应正确并诚实地记录和报告信息。每位员工都会制作某种记录并提交给公司，如产品工程师的产品测试报告、营销人员的销售报告、会计人员的营业收入及成本报告、研发人员的研究报告、客户服务工程师的服务报告等。

3.3.1 费用报销单是华为员工常用的一种重要报告。员工可报销公司制度许可范围内的花费，但必须是真实的、为业务而发生的费用。不得对任何未实际发生的费用或任何非业务原因发生的费用进行报销。虚假报销是不诚实的行为，是绝对禁止的。

3.3.2 根据相关法律，华为必须对各种业务交易保存账册记录，这些账册记录必须真实、准确。禁止向管理层、稽核部门或审计人员提供不实报告。

3.3.3 对外提供财务报告、环境监测报告或其他提交给政府机关或由政府机关保存的文件时，或者合同履行报告（尤其是对政府机构提供产品或服务）时，员工必须确保这些报告上没有错误、不实或误导的陈述，否则可能会为自身及华为带来民事甚至刑事责任。

3.3.4 华为员工应遵守华为记录管理的相关制度，正确保存及销毁所处理的文件。该制度适用于储存于任何介质上的信息，包含纸质文件或电子邮件等电子记录。

3.4 个人信息与个人物品

3.4.1 个人信息

华为及授权的员工将获得和保存与您受聘有关的个人资料。由于华为是一家全球性的公司，其业务流程、管理结构和技术系统是跨国界的，因业务开展需要，华为可能会将您作为华为员工的个人资料传递到华为有业务的国家，员工应认可这种个人信息的传递。这些资料将会严格限制在业务上有必要知悉的人员范围内使用。

凡曾经接触员工个人资料的人员，非因业务需要并经相关管理层同意，不得将该资料透露给他人。

3.4.2 个人物品

凡属私人物品、留言或资料，都不宜存放于华为办公场所，如电话系统、办公系统、电子文件、办公桌、柜子、保密柜或办公室中。华为公司有权开启该设备以及华为提供的任何其他设备。为了保护公司的员工和公司资产，华为可以要求检查员工存放在办公场所的个人物品，包括摆放在华为办公场所或从该场所带走的公事包、手提包等，员工对此检查应予以配合。员工未经授权，不得侵犯其他同事的工作空间，包括电子文件等。

4.0 对外业务行为

华为员工从事华为的所有各项业务时，不论是采购、销售还是其他情形，都必须遵守商业道德及适用的法律。华为与其他组织、实体或个人有着各种关系，这些组织、实体或个人包括客户、经授权的业务伙伴、OEM厂商、政府部门等。无论员工接触何种类型的组织、实体或个人，也无论这些组织、实体或个人与华为的关系如何，员工在从事对外业务时都应遵守以下准则。

4.1 代表华为对外做出承诺或签约的权限

华为的合同签署流程和授权机制是为保护华为资产及提供适当的管理控制，以使华为能有效地执行与客户、业务伙伴、供应商及其他第三方业务而制定的。

任何华为员工不得在正当流程和授权外做出商业上或其他方面的承诺或约定，即华为员工在未取得相关授权之前，不得向第三人做出任何口头或书面的承诺，如达成新合同或修改现有的合同。

4.2 避免错误说明

建立在明确沟通基础上的诚信是道德行为中不可或缺的部分，而由此产生的信赖，对维持稳定而持久的关系极为重要。员工在对外的业务交往中，不得向任何人士做错误说明或不实陈述。如员工认为别人可能存在误解，应立即更正。

4.3 与供应商交易

在选择供应商时，应毫无偏私地衡量所有决定因素，从公司最大利益出发选择最优供应商。无论华为员工在哪个部门从事采购工作，也无论采购量的多少，都应坚持公正原则。

4.3.1 不管华为员工的职位是否能影响供应商的选择与评估，不应运用或试图运用自身的影响力，使特定供应商得到"特殊待遇"。只要员工表露此意，就会破坏华为既有程序的公正。华为员工不应将交易交给关联供应商，特别是亲属拥有或管理的供应商。当员工的亲友与华为的某供应商存在利益关系时，员工应主动申报并回避与该供应商的交易活动。

4.3.2 供应商的报价和其他资料，以及华为对这些资料的评估，均视为保密信息。

如无华为管理层的书面许可，员工和离职员工均不得在华为工作以外运用这些资料。让供应商相信华为的选择过程是公正的，是十分重要的。

4.4 市场竞争

华为以积极进取的态度争取业务。员工从事华为的营销或服务活动时，公司要求员工参与市场竞争时，不仅要积极、有效，也要合法及符合商业道德。

华为的政策是以产品或服务的优异特点来争取客户。华为员工在市场竞争中不应对竞争对手或其产品、服务进行错误或误导性陈述、影射，这种行为会引起客户和竞争对手的不满。与竞争对手或其产品、服务质量的比较，必须根据事实做出，且必须完整、正确。

4.5 与其他组织的关系

4.5.1 与竞争对手的业务接触

华为员工可能会时常与竞争对手碰面、交谈或参加相同的产业或协会有关会议。在遵照公司既定准则的前提下，华为员工可与竞争对手进行接触，包括出售产品给同业、向同业购买产品、参与共同投标及参加商业展览，或者与建立标准有关的机构或贸易协会联系。

- 员工与竞争对手接触时，不应讨论定价政策、合同条款、成本、存货、营销与产品计划、市场调查及研究、生产计划与生产能力等，也不应讨论其他任何华为专有信息或保密信息。
- 与竞争对手讨论或就前述事项进行合作可能违反相关法律。如竞争对手论及其中任何一项，即使是轻描淡写或是无意提及，华为员工也应立即反对并停止谈话，同时告诉对方不能谈论这些事项。如有需要，华为员工应离开该会议。

4.5.2 与政府部门或政府官员的关系

政府部门可能向华为采购产品或服务。在政府部门采购过程中，华为员工应了解和完全遵守有关政府采购的相关法律，不得违反。

华为员工在业务开展过程中，不得向政府官员提供金钱，或任何可能导致被怀疑与该政府单位有特殊关系的礼品。

4.5.3 与新闻媒体、司法人员及其他各界的联系

- 除非获得公司相关主管部门的授权，华为员工不得接受记者、咨询顾问等人员

的采访或访问，回答与华为有关的问题；
- 未经授权，华为员工不得以公司名义在新闻媒体上发表意见、发布消息，也不得代表公司出席公众活动；
- 当接到律师、司法人员、调查人员或其他执行人员的要求，需提供与华为业务有关的资料时，您应该将此要求转交华为法务部门处理；当接到政府官员或机构的请求，则应将其转交华为政府事务部门处理。

4.6 尊重他人知识产权

尊重他人知识产权是华为的重要政策。华为员工应了解并遵守业务所在国关于商业秘密、专有信息及其他知识产权的法律法规，尊重他人知识产权，避免因不当使用他人知识产权而导致的对个人或公司的经济或刑事处罚。

4.6.1 他人所拥有的信息

其他公司和组织与华为一样，都有需要保护的知识财产，包括保密信息。为了业务开展需要，其他公司或组织可能愿意透露并同意他人使用自身的专有信息。如华为员工接受他人的专有信息，应谨慎处理，必要时向知识产权部门寻求指导，以免华为被控告非法或未经授权使用他人专有信息。

华为员工未经第三方授权和经华为公司同意，不得将第三方专有信息或其他拥有知识产权的信息带入华为公司或用于华为公司的业务。

对于华为与第三方签署的具有保密义务的信息，员工在华为工作期间及离职后均应遵守保密义务。

4.6.2 接受有机密性或有使用限制的信息

为避免华为被控非法或未经授权使用他人的保密或限制性信息，当华为员工合法持有该保密信息或限制性信息时，均应谨慎处理。除合同条款允许范围外，不得使用、复制、散布或泄露这些信息。如华为员工认为所持有的信息可能是第三方的保密信息或有使用限制的信息，应立即向华为法务部门咨询。

4.6.3 获取他人软件

华为员工应确保所使用的第三方软件均经合法授权，并且在使用时遵守许可合同的条款规定。

- 在接受他人软件、使用网络上的软件或资料或签订许可合同之前，必须遵守既定的流程，如请华为法务部门对许可合同进行法律评审；
- 不得将为私人设备取得的软件用于为华为开发的工作项目，也不得将其复制安装于华为的任何计算机系统中，也不可将它带进华为的办公场所。

4.6.4 使用他人商标

许多公司如同华为一样，都拥有自己的商标（包括文字、名称、标记或图样等），用来凸显与区别公司的产品或服务。商标包括注册商标和未注册商标。

在业务开展的国家或地区，华为员工均应认知和适当使用其他公司的商标，确保根据商标所有人的商标政策使用其商标。如果您对如何适当使用商标有疑问，应该咨询华为知识产权部门。

4.7 馈赠与款待

不同公司所提供的礼品差异很大，小至可以接受的价值不高的宣传赠品，大至绝对不能接受或提供的贿赂。馈赠不仅指物质，还包括服务、优惠和折扣。

华为员工不得提供或接受超出一般价值的馈赠和商业款待。以下是华为员工应遵守的华为馈赠与商业款待的行为准则。

4.7.1 商业款待

华为员工可接受或向他人提供正常的、符合商业惯例的款待，如餐宴等，但费用必须合理，且不为法律或已知的客户、商业伙伴、供应商的商业惯例所禁止。

经常性地接受款待会影响员工代表华为的客观判断力。华为员工须谨慎处理外部的各种宴请和交际应酬活动，如果觉得某一邀请不合适，应拒绝或由员工自己付费。

4.7.2 接受馈赠限制

华为员工应该避免受贿或使人怀疑受贿的行为。

员工及家属不能接受可能影响与华为业务关系的任何赠礼。

严禁直接或间接索取业务关联单位的礼物或利益。

严禁接受任何回扣、佣金、小费等。

在某些特殊情况下，员工因一时推脱不掉，而收到金钱或异于一般商业惯例的礼品，应马上报告主管，并上交公司。

4.7.3 不得收受介绍费、佣金或酬劳

在华为，只有被授权部门才能向客户或其他公司、组织推荐供应商或合作伙伴，

如华为指定的经销商、协作厂商、软件公司或金融机构等。未经授权，华为员工个人不得推荐，更不得因推荐而接受介绍费、佣金或酬劳。

4.7.4 遵守馈赠的法律和习惯

公司要求员工遵守各适用国家关于馈赠、送礼的法律法规和习惯。员工不得向供应商、客户或任何组织的主管或员工送金钱或贵重礼品，以致可能影响或令人怀疑将影响其与华为关系。但提供符合法律及已知的客户业务惯例的、价值一般的礼品除外。

4.8 遵守法律

华为业务遍及全球多个国家，员工的国籍也各不相同。华为的政策是开展业务经营时遵守所在国家、地区或区域经济共同体的法律及国际商业惯例和认可的标准。这些法律、惯例或标准涉及投资、贸易、进出口、外汇、劳工、环境、合同、消费者保护、知识产权、会计、税务等各个方面。

4.8.1 竞争法规

在华为经营业务的许多国家，当地政府均有管制竞争的法律。

华为的政策是遵守业务所在国家或地区的竞争法规。华为员工应遵守华为员工商业行为准则，遵守竞争法规的有关要求。如对竞争法规有疑问，应向华为法务部门咨询。

4.8.2 进出口法规

华为是一家全球性的公司，在世界上很多国家均有进出口业务。公司从事进出口业务的员工，应了解和遵守适用的进出口法律法规、出口控制法律，不得有违反进出口法律法规的行为。不遵守进出口法律法规，会导致公司受到严厉处罚，包括罚款、丧失进出口权利，甚至被追究刑事责任。

员工不能利用从事进出口业务的便利，夹带、走私物品，无论是公司物品还是个人物品。

4.8.3 环境保护法规

华为致力于环境保护，并遵守所有适用的环境保护法律法规。每位华为员工均应遵守环境保护法律法规及华为的环保政策，增强环保意识，养成良好的环保习惯，成为环境的保护者，而不是破坏者。

如果华为员工的工作涉及环境保护，如负责测量、记录或报告影响环境的排放物，或者处理有害废弃物时，必须遵守环保规定及许可，且确保所做的报告准确完整。

4.8.4 财务信息报告法规

每位华为员工应：

- 遵守财务信息报告相关法律法规；
- 如在财务报告方面负有相关责任或有任何介入，必须理解并遵守财务报告相关规则；
- 不得帮助他人不适当地记账或做虚假、误导的财务信息报告；
- 准确、完整地记录并报告所有信息，不得帮助任何人记录或报告任何不准确或有可能误导的任何信息；
- 不得给华为之外的任何人（包括客户、供应商或合作伙伴）提供关于他们应如何记录及报告他们自己收入、支出、成本及其他资产和负债的意见。

违反财务信息报告相关的法律法规将会导致罚款、惩罚或刑罚。如华为员工意识到有与财务信息报告相关的不适当的行为，应当按照华为的投诉渠道告知华为。

5.0 个人行为

华为员工在其生活的任何活动中，不得与其作为华为员工的责任发生冲突，不得滥用华为的资源或影响力，损害华为的良好声誉。

5.1 避免利益冲突

华为尊重员工的私人生活。然而，如果员工从事的活动损害华为的利益，或者利用华为的资源和影响来谋取个人私利，就会引发利益冲突。华为员工应该避免利益冲突的情形发生。以下列举几种常见的利益冲突情形，以帮助员工做决定。

5.1.1 不帮助竞争对手

协助华为目前或未来产品或服务的竞争对手，是一种明显的利益冲突。未经华为书面同意，华为员工不得在竞争对手任职、担任顾问、董事会成员或以其他任何方式为竞争对手提供服务，也不得向竞争对手提供信息。

5.1.2 不与华为竞争

华为员工个人不得以任何形式销售与华为现在或未来的产品、服务相竞争的产品或服务。如果员工不能明确判断所从事的活动是否会与华为利益相冲突，则应该在从事这些活动前，咨询直接主管或华为法务部门的意见。

5.1.3 不在华为供应商兼职

非经相关管理层批准，华为员工不得担任华为的供应商或华为供应商的代表，也不能为华为的供应商工作，或担任其雇员、顾问、董事或股东等。华为员工也不得因为向供应商提供有关华为业务的建议或服务而接受金钱或任何形式的利益。

5.1.4 恰当地使用华为的时间与资产

华为员工不得在华为办公场所或在上班时间内从事非华为业务相关的其他工作，也不得使用华为的资产（包括设备、电话、用品、资源及华为专有信息等）来从事非华为的工作。

5.1.5 不滥用华为影响

华为员工不应滥用在华为的职位或影响，去促进或协助自身或他人的活动。未经公司授权或批准，员工不得以华为公司名义或华为员工名义进行考察、谈判、签约、招投标、竞拍、为自身或他人提供担保、证明等相关业务活动。

5.1.6 不从事第二职业

从事第二职业可能会让员工难以专注于在华为的工作，容易影响职业判断，进而影响员工正确和勤勉地履行华为工作职责，也可能会占用工作时间或华为工作资源，因此通常情况下华为不允许员工从事第二职业。如果华为员工有这方面的问题或要求，应事先告诉直接主管并征得公司的同意。

5.1.7 个人经济利益冲突的处理

由于可能导致与华为利益的冲突，华为员工不得在与华为有业务交易或与华为有竞争关系的机构中享有经济上的利益。前述机构包括但不限于供应商、竞争对手、客户、经销商等。

在某些情况下，员工的配偶或其他与员工关系密切的人是华为的竞争对手或供应商，或者受聘于他们，虽然每个人都有选择及发展事业的权利，但上述情况会引起安全、保密和利益冲突的特殊考虑。这类密切关系可能使您无意中妥协而牺牲了华为的利益。

如果员工存在上述情形，应告知您的直接主管，以评估问题的性质及寻求解决办法。在有的情况下，您和亲人其中一人必须改变职务。

5.2 不利用内幕消息及进行内幕交易

华为员工由于从事华为业务，可能会知悉或了解华为或其他公司尚未公开的内幕消息。华为员工及其家人不得利用华为或因工作原因知悉的其他公司的内幕消息谋取经济利益，因为这不仅是不道德的行为，也可能触犯法律。

华为员工及其家属不得：
- 利用华为或其他公司的内幕消息谋取经济利益；
- 借他人名义进行投资，以规避禁止内幕交易的准则；
- 向其他无关人员包括华为员工透露内幕消息。

5.3 政治活动或社区活动

员工参与政治活动或社区活动，可能会占用华为工作时间、利用华为的资产或资源；可能会影响其履行职务，影响其职业判断；可能会让人误解为是华为公司的行为，给公司造成影响。

因此，华为公司应在商言商，员工未经批准不得参与政治活动，发表政治言论，不得以华为公司或华为员工的名义进行任何社区活动，如果因此给公司造成不利影响，员工应辞去在华为的工作，以免造成冲突。

5.4 个人行为约束

5.4.1 员工个人品德操守直接影响公司的形象与信誉，一个品行操守低俗的人，很难想象他在工作上能够担当重任，在与客户、同事相处时能够获得信任。华为员工不得有违反道德规范或可能触犯当地法律，从而可能会使公司声誉遭受影响的个人行为。

5.4.2 华为员工可能因跨国出差经常会出入海关，因此应该了解并遵守各国对于走私、违禁品的法律规定，避免触犯法律。例如，在很多国家，携带象牙、钻石、动物毛皮、黄金等出入海关可能面临严重的刑事责任。

5.4.3 除遵守法律外，华为员工还应该了解和尊重所在国的宗教教义和习惯，避免冒犯有关宗教的要求。

本人确认已经仔细阅读并完全知悉、清楚华为员工商业行为准则内容，并将遵照执行。

姓名：

身份证件号码：

工号：

日期：

后 记

笔者是一个华为管理的学习者和研究者。华为之所以能在全球ICT领域处于绝对领先地位，应该说得益于华为长期向西方学习，并与东方文化有机融合，形成了华为自成一格的战略及市场管理体系、研发投资管理体系、人力资源管理体系、财经管理体系，以及各类纷繁复杂的流程体系。华为的创始人、CEO任正非是一位非常了不起的企业家，更是中国难得的商业思想家。非常感谢任正非和华为将许多内部的会议纪要和文献资料向社会公开，这必然带动中国一批企业的崛起。笔者也因此有幸能近距离对华为的管理方法进行近10年的解读和学习。

笔者也是一个企业管理的实践者和传播者。不仅管理着自己的企业，同时也给一些中小企业提供管理咨询辅导。笔者非常看重人力资源管理和财经管理在企业发展过程中的应用，但遗憾地发现，企业人力资源经理不懂财务，财务经理不懂人力资源，而且彼此之间还有点互不搭理，笔者认为，在这两个管理领域，人应该是互通的，知识也应该是互通的。所以，笔者就一并写了《华为奋斗密码》和《华为财经密码》这两本书。

由于市场上难以找到业财融合方面的书籍做参考，《华为财经密码》写得异常艰难。这个过程因为有了夫人和女儿的陪伴和鼓励，最终没有放弃。

非常感谢机械工业出版社华章公司的岳晓月、石美华两位编辑老师，她们极其严谨、认真地审阅书稿，不放过每一个细节，不仅帮助笔者查缺补漏，还提醒纠正了不少错误内容。

感谢众多企业界的朋友，他们每一个人提供的宝贵意见，都如点点繁星闪耀在本书中。

限于个人能力，书中难免疏漏和错误，欢迎各位读者批评指正！笔者将始终致力于企业管理的实践和探索，希望与大家手握手共同推动中国企业管理的进步。

杨爱国（咔嚓院长）
2020年4月于厦门

会计极速入职晋级

书号	定价	书名	作者	特点
66560	39	一看就懂的会计入门书	钟小灵	非常简单的会计入门书；丰富的实际应用举例，贴心提示注意事项，大量图解，通俗易懂，一看就会
44258	30	世界上最简单的会计书	达雷尔·穆利斯	被当当、卓越读者誉为最真材实料的易懂又有用的会计入门书
59148	49	管理会计实践	郭永清	总结调查了近1000家企业问卷，教你构建全面管理会计图景，在实务中融会贯通地去应用和实践
55905	39	手把手教你编制高质量现金流量表：从入门到精通	徐峥	模拟实务工作真实场景，说透现金流量表的编制原理与操作的基本思路
38435	30	真账实操学成本核算	鲁爱民	作者是财务总监和会计专家；基本核算要点，手把手讲解；重点账务处理，举例综合演示
57492	49	房地产税收面对面（第3版）	朱光磊	作者是房地产从业者，结合自身工作经验和培训学员常遇问题写成，丰富案例
58610	39	中小企业税务与会计实务	张海涛	厘清常见经济事项的会计和税务处理，对日常工作中容易遇到重点和难点财税事项，结合案例详细阐释
62827	49	降低税负：企业涉税风险防范与节税技巧实战	马昌尧	深度分析隐藏在企业中的涉税风险，详细介绍金三环境下如何合理节税。5大经营环节，97个常见经济事项，107个实操案例，带你活学活用税收法规和政策
62750	99	一本书看透个人所得税	计敏 等	税务局所得税专业人士深度解读税法条例、部委文件重要政策问答形式，直击361项个税操作要点 115个案例，51张精心绘制图表从普遍到特殊、从简单到复杂 个税热点、难点、盲点问题一本书看透
42845	30	财务是个真实的谎言（珍藏版）	钟文庆	被读者誉为最生动易懂的财务书；作者是沃尔沃财务总监
64673	79	全面预算管理：案例与实务指引（第2版）	龚巧莉	权威预算专家，精心总结多年工作经验/基本理论、实用案例、执行要点，一册讲清/大量现成的制度、图形、表单等工具，即改即用
50885	49	全面预算管理实践	贾卒	不仅介绍原理和方法，更有59个案例示范如何让预算真正落地，附赠完整的全面预算管理表格和"经营业绩考评会"表格模板
61153	65	轻松合并财务报表：原理、过程与Excel实战	宋明月	87张大型实战图表，手把手教你用EXCEL做好合并报表工作；书中表格和合并报表的编制方法可直接用于工作实务！
64686	69	500强企业成本核算实务	范晓东	"详细的成本核算逻辑和方法，全景展示先进500强企业的成本核算做法"
60448	45	左手外贸右手英语	朱子斌	22年外贸老手，实录外贸成交秘诀，提示你陷阱和套路，告诉你方法和策略，大量范本和实例
63740	45	地道英语即学即用	毅冰	贸大咖毅冰的英语私房书；366个真实情景，浅显易懂；正确和错误表达对比讲解，一看就会
55681	59	美容院这样开才赚钱	张恒	中国美容院高业绩常态化的核心密码，美容院病态经营之盲区误区大起底，美容院院长运营管理的八大核心要素，美容院生态运营时代的案头读物
54616	39	十年涨薪30倍	李燕翔	实录500强企业工作经验，透视职场江湖，分享财务技能，让涨薪、让升职，变为现实

财务知识轻松学

书号	定价	书名	作者	特点
45115	39	IPO财务透视：方法、重点和案例	叶金福	大华会计师事务所合伙人经验作品，书中最大的特点就是干货多
58925	49	从报表看舞弊：财务报表分析与风险识别	叶金福	从财务舞弊和盈余管理的角度，融合工作实务中的体会、总结和思考，提供全新的报表分析思维和方法，黄世忠、夏草、梁春、苗润生、徐珊推荐阅读
62368	79	一本书看透股权架构	李利威	126张股权结构图，9种可套用架构模型；挖出38个节税的点，避开95个法律的坑；蚂蚁金服、小米、华谊兄弟等30个真实案例
52074	39	财报粉饰面对面	夏草	夏草作品，带你识别财报风险
62606	79	财务诡计（原书第4版）	（美）霍华德·M·施利特 等	畅销25年，告诉你如何通过财务报告发现会计造假和欺诈
58202	35	上市公司财务报表解读：从入门到精通（第3版）	景小勇	以万科公司财报为例，详细介绍分析财报必须了解的各项基本财务知识
67215	89	财务报表分析与股票估值（第2版）	郭永清	源自上海国家会计学院内部讲义，估值方法经过资本市场验证
58302	49	财务报表解读：教你快速学会分析一家公司	续芹	26家国内外上市公司财报分析案例，17家相关竞争对手、同行业分析，遍及教育、房地产等20个行业；通俗易懂，有趣有用
67559	79	500强企业财务分析实务（第2版）	李燕翔	作者将其在外企工作期间积攒下的财务分析方法倾囊而授，被业界称为最实用的管理会计书
67063	89	财务报表阅读与信贷分析实务（第2版）	崔宏	重点介绍商业银行授信风险管理工作中如何使用和分析财务信息
58308	69	一本书看透信贷：信贷业务全流程深度剖析	何华平	作者长期从事信贷管理与风险模型开发，大量一手从业经验，结合法规、理论和实操融会贯通讲解
55845	68	内部审计工作法	谭丽丽 等	8家知名企业内部审计部长联手分享，从思维到方法，一手经验，全面展现
62193	49	财务分析：挖掘数字背后的商业价值	吴坚	著名外企财务总监的工作日志和思考笔记；财务分析视角侧重于为管理决策提供支持；提供财务管理和分析决策工具
67624	49	新手读财报：业务、数据、报表与财务分析实战	郑瑞雪	零基础财报入门，业财融合视角，大量案例，配有练习题和答案
66825	69	利润的12个定律	史永翔	15个行业冠军企业，亲身分享利润创造过程；带你重新理解客户、产品和销售方式
60011	79	一本书看透IPO	沈春晖	全面解析A股上市的操作和流程；大量方法、步骤和案例
65858	79	投行十讲	沈春晖	20年的投行老兵，带你透彻了解"投行是什么"和"怎么干投行"；权威讲解注册制、新证券法对投行的影响
65894	79	一本书看透价值投资	林奇 何天峰	基金经理长线投资经验；13个行业专题研究，36家龙头上市公司案例分析，8大选股指标
67511	69	我在通用汽车的岁月	阿尔弗雷德·斯隆	经典商业著作，畅销50多年；译文准确、流畅